자살하는 대한민국

자살하는

우리가 선택한 파국과 소멸의 사회경제학

김현성 지음

대한민국

SIDEWAYS

차례

스스로 사멸하는 사회의 일원이라는 것

공포 마케팅은 어느 시대에나 효과가 탁월하다. 특히 내면의 가장 깊은 두려움을 자극하는 건강에 대한 공포와 자신이 몸담고 있는 사회가 병들고 있을지 모른다는 공포는 항상 보통 이상의 관심을 끈다. 특히 한국 사회에선 공동체가 망해간다는 이야기가 다소 지겨울 정도로 자주 유통되었다. 같은 이야기라도 이제는 듣는 사람이 대개 심드렁해질 만큼 높은 빈도였던 건 확실해 보인다. 그만큼 **망국론**은 우리 공동체에서 양치기 소년 빰칠 정도로 빈번하게 제기됐던 게 사실이다.

하지만 2024년 현재 한국 사회를 지켜보면, 우리 주위엔 마케팅의 용도가 아닌 실질적이고 구체적인 공포가 만연해 있다. 하나의 공동체가 결국 인간이라는 물리적 요소로 구성된다는 점을 고려할 때, 그 존속의 필요조건인 **구성원의 수효**란 측면에서 우리는 국가가 유지되기 어려울 정도로 빠른 속력으로 사멸을 향해 달려가고 있다.

그렇다면 기존의 망국론과 지금 우리가 직면한 현실에는 어떤 차이가 있을까? 본문에서 자세하게 서술하겠지만, 지금까지 제기돼 왔던 망국론은 한국 사회의 쇠퇴가 특정 그룹의 잘못에서 기인한다고 간주하거나, 한국인들의 정신 상태에 문제가 많기 때문에 망하는 것이 당연하다는 식이었다. 즉, 누군가의 '탓'을 해왔다는 것이다.

그러나 나는 이 책에서 이야기할 것이다. **우리가 직면한 현실은 비교적 긴 세월 동안 한국 공동체 구성원들 스스로가 만들어왔다고.** 그간 망국론이 그처럼 빈번하게 제기되었음에도, 아울러 실제로 우리 공동체가 마주친 현실이 상당히 절망적임에도, 이 사회의 구성원들은 이 문제를 수정하고자 하는 의지가 전혀 없다. 흡사 연명치료를 거부하는 말기 불치병 환자를 보는 것 같다.

그러나 그것은 한국인들의 심성이나 정신적 특질의 문제가 아니다. 이 말은 한국 공동체 구성원들이 자신의 문제를 해결하기를 거부하거나 해결할 의지가 없는 건 맞지만, 우리 모두의 의지가 부재하는 현상 자체의 근본적인 원인은 따로 있다는 뜻이다. 또 과거 공포 마케팅으로서의 망국론들이 그 근본 요인을 제대로 짚어내지 못했거나 엉뚱한 원인들을 짚어냈다는 말이기도 할 것이다. 그러므로 이 책에서는 기존과는 아예 다른 지점에서 이야기를 시작하려 한다. 정치의 문제도, 공동체의 품성적인 문제도 아닌 바로 **돈의 관점**에서다.

왜 나는 돈의 관점에서 문제를 바라보고자 하는가? 지금까지 한국 공동체를 해설하면서 이야기되었던 두 가지 대표적인 관점, 정치 진영이나 한국인의 품성에 대한 문제 제기가 모두 우리 공동체를 해석하기에 적절한 방식이 아니라고 생각하기 때문이다. 먼저 특정한 **정파**가 권력을 잡으면 국정이 잘못 운영되고, 그 때문에 국가가 쇠퇴할 것이라는 말은 비단 선거철뿐만 아니라 평상시에도 흔히 접할 수 있다. 그러나 그간 개발 독재 세력에서부터 산업화 세대를 대변하는 그룹, 민주화 세대를 대변하는 그룹 등이 골고루 권력을 잡았었지만 그 어떤 시기에도 '나라가 망한다'라는 아우성이 제대로 입증된 적은 없었다.

품성론 역시 마찬가지이다. 한국인들이 원래 심성적으로 문제가 있다거나 또는 정신적으로 빈곤하다는 식의 문제제기는, 우리 사회가 상당히 오랜 역사를 두고 존속해 왔다는 맥락을 도외시한 분석이다. 우리가 특정한 품성을 갖고 있기 때문에 그에 따른 부작용으로 쇠퇴하는 게 맞다면, 과거의 한국인들도 그러한 정신적인 특성을 갖고 있었다고 해석하는 것이 자연스러울 것이다. 그러나 구성원의 마음을 들여다보며 한국 공동체의 몰락을 주장하는 담론 어디에서도 그들이 정의한 '품성'이 어느 시점부터, 어떤 기제로 발동되었는지를 체계적으로 설명하지 못한다. 그러므로 공동체를 망하게 할 품성을 우리 모두가 옛날부터 지니고 있었으나 왜 과거의 특정 시점이 아니라 이제 와서 공동체가 몰락하게 되는지를 설명할 수 없다는 모순이 등장한다. 우린 과거에도 망할 수밖에 없는 특성을 지니고 있었지만 결코 망하지 않았다는 아이러니가 발생하는 것이다.

기존의 이 두 담론이 모두 설득력이 없다면 남은 것은 **돈의 문제**뿐이다. 한국은 꽤나 고도화된 자본주의 사회이고, 자본주의 사회는 돈으로 돌아간다. 이 때문에 많은 것이 돈이라는 요소로 설명된다. 또한 돈은 공동체의 경제적 기반을 구성하는 가장 원천적인 단위이면서 사람들이 숨을 쉬고 물을 마시듯 빈번하게 사용하는 것이다. 그래서 우리는 자연스럽게 사람들의 집단적인 행동 양식 또는 이를 통해 관측할 수 있는 공동체의 미래가 이 변수에 좌우될 것이라고 판단할 수 있다. **내가 이 책에서 펼칠 관점에 따르면, 기존의 공포 마케팅을 탈출하는 방법은 결국 마음의 문제가 아닌 '돈의 문제'를 날카롭고 중층적으로 바라보는 것이라고 할 수 있다.**

그린란드상어와 고양이에 관하여

논의를 쉽게 풀어 나가기 위해, 먼저 동물의 예를 들어보자. 북대서양의 차가운 바닷속에서만 사는 그린란드상어라는 어류가 있다. 이 그린란드상어는 특이한 성질을 많이 지닌 물고기로 유명하다. 가장 널리 알려진 특징은 장수하는 동물이라는 것이다. 이 상어는 성장을 마치는 데만 150년을 소요하며, 가끔 포획된 성체 개체들의 나이를 분석하니 200살대 중반에서 최대 500살까지 측정되는 경우가 있었다고 한다. 포획되지 않은 그린란드상어는 나이가 더 많을 수 있기 때문에, 아마 정말로 500살이 넘는 그린란드상어가 있다면 그 상어는 지금 기준으로 조선 연산군 시대에 태어났을 수도 있다.

그린란드상어는 500년에 이르는 시간을 살 수 있지만, 주변에서 흔히 볼 수 있는 귀여운 고양이의 경우 집에서 아무리 잘 돌봐준다 한들 안타깝게도 20년을 넘기기가 매우 어렵다. 그 대신 고양이는 그린란드상어보다 훨씬 더 빨리 성장한다. 보통 고양이는 태어나서 1년만 되어도 성묘로 간주된다는 것을 고려한다면, 이 동물은 그린란드상어의 백 배에 달하는 성장 속도를 지닌 셈이다. 물론 그린란드상어는 고양이보다 열 배가 넘게 오래 살지만 말이다.

그린란드상어가 고양이보다 훨씬 더 오래 살 수 있는 이유는 무엇일까? 바로 특유의 느릿함 덕분이다. 이 상어는 심장이 10초에 1번 뛸 정도로 신진대사가 느리다. 이들은 심장 박동 수만 느린 것이 아니라 모든 것이 다 느려터져서, 헤엄치는 속도는 최대 시속 2.6킬로미터로 인간이 걷는 속도보다 느리다. 인간은 보통 초당 1~1.2회가량을 정상적인 심박수로 간주하고 아무리 천천히 걸어도 그 속도가 시속 3킬로미터 정도라니, 인간의 신진대사도 그들보다는 10배 더 빠르다고 할 수 있다. 앞서 언급한 고양이는 초당 2~4회의 심박수를 자랑한다.

그린란드상어의 예시는 다소 극단적이라고 볼 수도 있겠지만, 대사체학의 관점에서 신진대사가 느린 동물이 오래 사는 것은 과학적으로 입증된 사실이기도 하다. 이를 사회 공동체 단위에도 적용할 수 있을 것이다. 특히 세계에서 유례없이 빠른 성장을 기록하였지만 언제부턴가 공동체가 통째로 사라지는 것을 걱정하고 있는 한국 사회에 말이다.

우리는 동물로 따지면 마치 고양이와 같이 **빠른 신진대사**를 활용하여 놀라운 성장 속도를 기록한 사회였다. 이 세계의 국가들 중에서 과거의 식민 제국을 제외하고는, 제로에서 출발하여 세계 10위권의 경제 규모를 기록한 나라는 한국이 유일하다. 특히 피지배 경험이 있는 나라들로 그 범주를 다시 좁히면 우리 공동체를 따라올 나라는 어디에도 없다. 아시아에서는 대만을 꼽을 수 있지만 대만은 전쟁으로 온 국토가 파괴된 상태에서 출발한 나라는 아니므로 우리와 다르다. 한국은 분명히 성공한 나라이며, 전후 체제의 우등생이다.

하지만 신진대사가 빠른 동물이 오래 살지 못한다는 과학적 사실은 불행히도 우리 공동체의 인문 환경에 그대로 적용되는 것처럼 보인다. **우리 사회가 빨리 성장한 만큼 빨리 쇠락하기 시작했다는 사실을 부정할 수 없기 때문이다.** 합리적이고 객관적인 근거를 갖추지 못한 망국론을 빈번하게 제기해 온 지적 토양은 이러한 현실에서 기인한 것이기도 하다. 한국 공동체의 성장은 최소한 양적인 측면에선 세계적으로도 희귀한 사례였으나, 구성원들 심리에는 우리가 뒤를 돌아보지 못하고 달려왔다는 불안감이 성장의 와중에도 차츰차츰 누적되어 왔다고 볼 수 있다. 1990년대 중후반부터 연이어 발생한 대형 참사와 외환 위기는 이 불안감을 고착화했다. 이 때문에 기존의 망국론들은 원인에 대한 고찰보단 '빨리빨리'로 대표되는 일종의 무형적인 현상에 집착하게 되었으며, 결국 마케팅의 수준에 머물고 말았던 것이다.

대한민국은 어떻게 소멸하고 있는가

한 사회의 흥망성쇠를 이야기하려면 상당한 조심스러움이 필요하다. 우리나라에서 쇠락의 증거로 가장 많이 제시되는 것은 앞서도 언급했던 **세계에서 가장 낮은 수준의 출산율**이라고 할 수 있다. 한국의 출산율은 2019년부터 1.0명 미만을 맴돌기 시작했으며, 2023년 합계출산율은 0.72명, 조출생률*은 4.5명이라는 파멸적인 결과를 나타냈다. 이것이 끝이 아니다. 2023년 12월 통계청의 「2022~2027 장래인구추계」에 의하면 2024년 합계출산율은 0.68명으로 줄고, 2025년에는 0.65명까지 감소하리라는 암울한 예측이 있다.

이 같은 예측은 한국 사회의 미래를 바라보는 시각에 일종의 변화를 일으켰다. 1997년 외환 위기 이후로 한국 사회가 일종의 병에 걸려 있다는 진단은 새로운 것이 아니었으나 대만에 이어 세계에서 두 번째로 합계출산율 1.0명대가 붕괴한 2019년부터 미래에 한국이라는 공동체가 정말 소멸할 수도 있겠다는 우려가 대중화되었기 때문이다.

* 당해연도의 전체 출생아 수를 당해연도 인구(보통 7월 1일 인구인 '연앙인구'를 기준으로 한다.)로 나눈 수치를 1000분비로 나타낸 것으로, 특정인구집단의 출산 수준을 나타내는 기본적인 지표로 활용된다.

인구는 공동체를 이루는 가장 기본적인 요소다. 인구가 사회의 모든 것을 설명할 수는 없지만 인구의 극적인 감소는 사람들에게 이전과는 다른 크기의 공포심을 심어주기에 충분할 수 있다. 한국의 출산율이 공동체 유지가 불가능한 수준으로 하락하는 추세는 2000년대 초반부터 거의 20년 가까이 지속되었다. 그렇지만 1.0명이라는 상징적인 숫자가 무너진 것은 인구 감소가 가져올 사회 기능의 광범위한 결함을 우리 모두가 구체적으로 떠올리게 만들었다. 인간으로 비유하자면 다발성 장기 부전에 가까운 미래가 다가온다는 우려를 느끼기에 충분한 수치였던 것이다.

한 공동체의 인구가 줄지 않고 유지될 수 있는 출산율을 대체출산율이라고 한다. 한국의 대체출산율은 2025년 기준 합계출산율의 3배를 넘는 2.08명이다. 우리가 물리적으로 소멸하는 단계에 접어들었다고 볼 수밖에 없는 수치다. 과거 낮은 출산율로 유명했으며 한국보다 먼저 인구 감소의 문제에 직면할 것이라 여겨졌던 일본은 아직도 1.3명대의 출산율을 유지하고 있어 오히려 한국보다 상황이 나아졌다. 세상은 끊임없이 변하고 있다지만, 대한민국의 변화는 분명히 급격하고 파괴적이다. 우리는 변하고 있는 것이 아니라 망하고 있는 것이다.

여기서 우리는 한 가지 의문을 제기해 볼 수 있다. 단지 인구가 감소한다고 하여 그것이 '망한다'라는 개념의 정의를 완전히 충족하는가? 인구가 줄어드는 국가가 우리나라만도 아니고, 인구가 줄어든다고 하여 무조건 그 사회가 돌이킬 수 없는 소멸의 길로 간다고 볼 수도 없다. 경제 활동 인구의 감소에도 불구하고 그 사회의 경제적 생산성이 증가한다면, 같은 크기의 국내총생산을 더 적은 인구가 나눠 갖는 것이기 때문에 오히려 개개인은 더 부유해질 수 있고, 복지정책 또는 사회 안전망을 펼치는 것이 좀 더 용이해지는 효율적인 사회로 변화할 수도 있다.

그러나 우리 공동체가 미래에 겪게 될 쇠퇴의 경로는 단지 인구가 줄어들기 때문에 생겨나는 것은 아니다. 우리 사회는 인구를 포함해서 의료, 교육을 중심으로 한 사회 인프라, 그리고 경제 구조의 기초를 떠받치고 있는 노동현장 등 **공동체에 필수적인 기둥들의 지속성**이 점점 사라지고 있기 때문이다. **인구의 감소는 공동체 쇠락을 이야기할 수 있는 '증거'라기보다는 이 책의 본론에서 설명할 다양한 요인들로 인해 발생하는 '결과물'에 가깝다.** 우리 공동체는 그렇듯 본격적인 해체의 과정을 밟아 가기 시작했으며, 한국의 여러 특성상 인구의 감소는 가난으로 향하는 고속열차와도 같을 것이다. 공동체 전체의 규모가 축소되는 한편, 그 공동체의 생활수준 역시 점점 낮아지는 상황을 '망한다' 이외에 달리 표현할 방법이 없을 것이다.

대체 우리나라의 어떤 특성 때문에 공동체의 규모가 줄어들면 생활수준이 하락한다고 볼 수 있는 것일까? 이는 **한국 경제의 근본적인 한계**에서 기인하는 면이 있다. 한국은 기축통화를 운용하지 않는 나라이고, 일본과 같이 해외에 광범위한 자산을 보유하고 있지도 않으며, 공동체 유지에 필수적인 식량과 에너지를 자급할 수 없다는 세 가지 특성을 갖고 있다. 이는 경제 규모가 축소되는 시점에 이르러 각각의 부문에 매칭되는 문제를 일으킨다.

먼저 자국 통화의 유통 규모가 줄어듦으로써 원화의 수요가 종합적으로 감소하고, 이렇게 원화의 수요가 종합적으로 감소하면 기축통화인 달러 대비 원화의 가치는 낮아지게 된다. 이 때문에 환율이 계속 우리나라에 불리한 방향으로 움직일 수밖에 없다. 여기에 국제 무역 시장에서 한국의 시장 규모가 계속 작아지며 발생하는 여러 문제들이 이어질 것이다. 한국에 수출을 하는 나라의 입장에서는 한국향 생산의 채산성이 떨어지기 때문에 가격을 계속 올릴 가능성이 높아진다. 거기에 환율의 문제까지 겹친다면 식량과 에너지 물가가 대책 없이 높아질 가능성도 커진다. 그처럼 **천천히 가난해지는 삶**은 의심의 여지 없이 우리의 가까운 미래가 되어가고 있다.

우리 공동체의 선택을 '자살'이라 말해야 하는 이유

물론 현재 우리의 위상을 찬찬히 따지면, 우리가 망하고 있다는 주장 자체를 얼핏 받아들이기 쉽지 않다. 인구가 감소한다고 하지만 그것은 먼 미래의 일이라 여겨질 수 있고, 지금은 한국의 문화 콘텐츠가 전 세계에서 소비되는 중이며, 외국을 여행하다 보면 한국어로 인사 정도는 할 수 있는 사람들을 드물지 않게 만날 수 있다. 게다가 세계적으로 한국어를 배우려고 하는 사람들이 점점 늘어나고 있는 것도 맞다. 이러한 사실들이 세계 10위라는 이 나라의 거대한 경제 규모와 함께 우리 공동체의 위상은 앞으로도 더 높아지기만 할 것 같다는 인상을 주는 것도 무리는 아니다.

그러나 명백히, 우리는 조금씩 사라지고 있다. 한 가지 재미있는 점은 전 세계가 이제 막 한국이라는 나라에 관심을 쏟기 시작하고 그것이 많은 나라 곳곳에 반영되는 게 우리의 눈과 귀에도 제법 들어오기 시작한 바로 그 시점이 우리의 쇠락이 시작된 황혼의 지점과 거의 비슷하다는 것이다. 한국의 영화감독이 아카데미 작품상을 수상하고, 한국의 아이돌 그룹이 세계적인 스타가 되며, 한국 출신의 축구 선수가 영국 프리미어리그 득점왕이 되고, 외국인들이 한국 문화를 공부하기 위해 일부러 한국어를 배우는 바로 이때가 공교롭게도 우리가 망하기 시작한 때라는 것이다.

신진대사 이야기로 다시 돌아가 보자. '빨리빨리'의 나라답게 우리 공동체는 빠른 심장 박동에 의지해 놀라운 속력으로 혈액을 공동체의 성장에 공급했으며, 이 덕택에 남들보다 훨씬 더 급속하게 체구가 커졌다. 그러나 그러한 과정 속에서 우리가 간과한 것들이 있었던 모양이다. 가령 성장은 빠르게 했는데 알고 봤더니 머리만 굵어지고 팔다리는 가늘어졌다든지, 근육만 많고 지방이 지나치게 적어서 면역력이 나빠졌다든지, 반대로 지방만 너무 늘어 혈관에 콜레스테롤이 쌓이기 시작했다든지 하는 식으로 **불균형**이 발생했던 것이다.

빠른 신진대사의 부작용은 여기서부터 본격적으로 표출된다. 아무리 빠르게 성장하는 공동체라도 언젠가 정점은 찾아오고, 정점을 지나면 심장이 같은 속도로 펌프질을 하더라도 성장 속도가 느려질 수밖에 없다. 이제부턴 성장 과정에서 쌓아온 불균형이 몸 여기저기에 병을 만들기 시작한다. 그런 순간이 찾아왔을 때 우선 펌프질을 멈추고 병원을 가서 병을 고쳐야 했지만 우리는 그렇게 하지 않고 펌프질만을 계속 이어 왔다. 공동체의 나이가 비교적 젊은 편이니 특정 시점까지는 버틸 수 있었겠지만 임계점을 넘어가 심장이 한계에 도달하게 되면 노화가 아주 갑작스럽고 빠르게 진행될 것이다. 젊은이가 암에 걸리면 노인보다 생존하기 힘들다는 건 잘 알려진 의학적 사실이다. 성장을 뒷받침하는 활발한 신진대사가 암의 빠른 확산에도 동일하게 기여하기 때문이다.

그런데 **우리가 병들기 시작했다는 신호**는 사실 상당히 오래전부터 관측되고 있었다. 출산율이 주요국에 비해 상당히 낮아지기 시작한 것도 어제오늘 일이 아니며, 기성세대에게 당연하게 여겨졌던 결혼, 출산, 취업, 내 집 마련과 같은 것들이 청년 세대에게 사치스러운 일이 된 것도 벌써 10년이 넘은 이야기이다. 2010년대 초입인 그 시점은 우리 공동체의 미래를 암울하게 만들 불평등, 지나친 경쟁 압력, 지방 소멸 등이 조금씩 '정해진 미래'로 다가오기 시작한 때인데, 이때쯤부터 우리는 무리하는 것을 멈추고 당장 병원부터 갔어야 마땅했다. 그러나 우리는 쉼 없이 달리는 일을 선택했고, 그에 따라 임계점을 넘어선 공동체는 이제 급격한 노화에 이은 죽음을 기다리게 됐다는 게 나의 관점이다. 특히 이는 우리 공동체 스스로가 선택한 결과이므로, 일종의 자살과도 같다고 표현할 수 있다.

그러므로 내가 이 책에서 답을 찾아나갈 질문들은 다음과 같다. **우리는 왜 가장 영광스러운 순간에 쇠락하기 시작하였는가? 왜 한국은 과거의 성장 속도만큼 빠르게 죽어가고 있는 것일까? 대한민국이 망하기 시작한 근본적인 원인은 무엇이며, 이러한 신호들은 어떤 통계와 수치로써 검증될 수 있는가?**

전근대 시절 한 사회의 흥망은 대개 내부의 모순과 외부의 침입이 복합적으로 작용한 결과물이었다는 특징이 있다. 그러나 현대에 와서는 그 사회의 흥망을 완전히 결정지을 정도로 규모가 큰 전쟁은 잘 일어나지 않는다. 심지어 한반도는 세계에서 전면전이 일어날 가능성이 가장 높은 지역임에도 전쟁 때문에 나라가 비극적인 결말을 맞이할 것이라곤 예상하기 힘들다. 그렇다면 우리는 왜 망하고 있을까. **이 사회의 비극은 우리 내부의 모순을 우리가 직시하지 못했기 때문이며, 이를 직시해**

야 할 집단이 제대로 신뢰받지 못하고 있기 때문이다. 그러므로 우리의 모순을 스스로 극복하지 못하고 이를 그대로 내버려두었기 때문에 공동체의 쇠퇴가 급격히 다가왔다는 관점에서, 다시 한번 이것은 일종의 '자살'과 같이 정의되어야 옳다. 지금까지 우리가 주목했던 이야기는 "우리가 지금까지 어떻게 달려왔고, 앞으로 어떻게 달려가야 하는가"였을 수 있다. 하지만 이제는 그 과정에서 우리가 어떤 독배를 조금씩 들이켜 왔으며, 그렇게 천천히 몸속에 쌓인 독이 우리를 어떠한 곳으로 이끌고 있는지에 대한 이야기를 시작해야만 한다.

즉, 한국 사회가 스스로의 선택으로 죽어가고 있다는 이야기를 해야 한다는 말이다. 더불어 이 이야기를 어떤 지점에서 시작해야 하는지도 상당히 중요하다. 우리 공동체가 걸어갈 길에 대한 지금까지의 많은 담론들은 인구 감소라는 사회의 병리적 현상이 불러온 결과에 천착하는 측면이 있었다. 또 다른 사람들은 한국인의 품성을 꺼내 들기도 한다. 한국인들은 지나치게 물질적 가치에 집착하는데다 이기적인 성향이 강해서 천성이 공동체를 장기적으로 유지할 수 없는 사람들이라는 것이다. 그러나 이러한 담론들은 모두 적절한 분석이나 진단으로 볼 수가 없다. 나는 앞으로 기존의 논의를 대부분 과감하게 부정할 것이고, 우리에겐 그런 것들과는 전혀 다른 분석적 관점과 프레임이 필요하다고 주장할 것이다. 또 그러한 관점과 프레임으로 이 책의 논의를 이끌어갈 것이다. **돈의 관점에서 볼 때, 한국은 아프지만 병원비가 없는 나라이기 때문이다.**

'품성론'은 틀렸다

앞에서 언급했듯, 우리나라에선 **한국인들의 일정한 집단적 성격 특성** 때문에 많은 문제가 발생한다는 담론이 강한 힘을 가지고 유통이 돼 왔다. 이러한 담론이 힘을 가질 수밖에 없었던 이유는 담론 자체가 그럴싸했던 데도 있지만, 5천만명이 넘는 거대한 집단의 방향성을 구체적인 근거를 들어 설명하는 것이 매우 어렵다는 데도 있었다. 애초에 객관적 데이터와 근거보단 아전인수식의 스토리텔링을 더 중요하게 생각하는 분위기도 품성론이 활개를 치기 좋은 토양으로 작동한다. 특히 이러한 품성론이 어느 정도 일리 있어 보이는 통계적 수치에 의해 뒷받침이 되는 것처럼 착시 현상을 일으키는 경우 더욱 그러하다.

지난 2021년 소셜 미디어 및 각종 인터넷 커뮤니티 등지에서는 한 여론 조사 결과가 화제가 된 적이 있다. 미국의 퓨 리서치 센터(Pew Research Center)*에서 2021년 11월 18일 발표한 **「무엇이 삶을 의미 있게 만드는가(What Makes Life Meaningful?)」**의 조사 결과가 바로 그것이다. 당시 17개 조사 대상 국가 중 오직 한국만이 유일하게 '돈'을 1위로 꼽았다는 것이 알려지면서 한국인들은 역시 황금만능주의에 물들어 있다는 식의 말들이 들끓었다. 해당 조사에서 "당신의 삶에 의미와 만족감을 주는 것은 무엇인가?"라는 질문에 한국인들이 **'물질적 풍요(Material**

* 미국의 기업가 존 하워드 퓨(John Howard Pew)가 설립했으며, 미국의 수도 워싱턴 D.C.에 본부를 둔 연구 기관이다. 미국의 연구 기관들은 상당수가 민주당 또는 공화당의 정책적 입장을 뒷받침하는 경우가 많으나 퓨 리서치 센터의 경우 초당적인 연구 기관이라는 점을 자신들의 특징으로 내세우고 있다.

Well-Being)'를 가장 많이 선택한 것은 사실이다. 그러나 이를 두고 한국인들이 오직 금전만을 추종하고, 그렇기 때문에 우리 공동체가 위기에 처했다고 단순히 평가를 하는 것은 틀렸다. 조사 결과가 몇 가지 착시 현상을 일으키기 때문이다.

우선 몇몇 국내 언론 및 소셜 미디어 등에서 물질적 풍요라는 항목을 단순히 돈으로 번역한 것부터 오류라고 봐야 한다. 퓨 리서치의 보고서에 의하면 해당 조사에서의 물질적 풍요라는 항목은 그 사회 내에서의 전반적인 삶의 질과 안정성을 뜻하는 것이지, 단순히 부유한 정도의 크기를 뜻하는 것이 아니었기 때문이다. 보고서에 소개된 한국인들의 답변을 상세히 살펴보면, 그저 빚이 없었으면 좋겠다든지, 가족을 충분히 부양할 수 있으면 된다든지, 1년에 한 번 정도는 여행을 다닐 정도의 여유를 갖고 싶다든지 하는 상대적으로 소박한 바람도 모두 물질적 풍요와 관련된 답변으로 분류되었다. 열거한 것들이 상식적으로 황금만능주의와는 거리가 상당히 먼 삶의 목표들이라는 점을 생각하면 한국인들이 품성적으로 그렇게 돈만을 열렬히 좇는 사람들은 아닌 것이다.

두 번째로 해당 조사가 복수 응답이 가능한 조사였음에도 한국인들이 대부분 단수 응답을 했다는 숨겨진 사실이 있다. 이 조사에서 선택 가능한 항목들은 물질적 풍요 이외에도 가족, 친구, 종교적 신념, 신체적 및 정신적 건강, 직업 등이 있었고 이들은 모두 복수 선택이 가능한 항목들이었다. 하지만 조사 대상국들 중 유독 한국과 일본만이 단수 응답률이 50%를 초과했다. 한국의 단수 응답률은 62%로 조사 대상국들의 단수 응답률 중간값인 34%의 거의 두 배였으며, 일본 역시 59%로 상당히 높았다. 이는 조사 당시 설문의 형태에 대한 안내가 한국과 일본에는 다소 잘못 전달된 것이 아닌지 의문을 제기하기에 충분한 수치다.

한국인들은 이 조사에서 '물질적 풍요'를 가장 많이 선택했다는 이유로 **황금만능주의 추종자들이라는 오명**을 뒤집어쓴 꼴이 되었지만, 실제로 한국인들이 물질적 풍요 항목을 선택한 비율은 고작 19%에 불과했다. 같은 조사에서 스페인의 경우 물질적 풍요가 2등이지만, 스페인 응답자들 중 물질적 풍요 항목을 선택한 사람은 무려 42%, 네덜란드의 경우는 33%에 달했다. 대신 스페인의 응답자들은 물질적 풍요 항목을 선택한 사람 중에서 다른 항목에 대해 복수 응답을 한 경우가 많다 보니 48%가 응답한 '건강'이 1위를 차지한 것뿐이었다.

다시 말해 한국인들은 (설령 품성적인 측면에서 설명한다 할지라도) 특별히 황금만능주의를 추종하거나 돈 때문에 가족도 친구도 소중히 여기지 않는 그런 사람들이 아니다. 만약 한국인들이 집단적으로 그런 사람들이었다면 이 공동체는 이미 오래전에 소멸했을 게 확실하다. 모두가 이기적인 사회는 존속이 불가능하기 때문이다. 이 조사에선 품성론이 전혀 근거가 없다는 점 이외에도 그동안 아무도 주목하지 않았던 중요한 점 한 가지를 더 찾을 수 있었다. **삶에 의미 있는 것들**을 이야기하라는 물음에서, 삶에 의미 있는 것이 없다든지 또는 의미가 있는 것을 찾고 싶어도 삶이 힘들어서 어렵다는 식의, **전반적으로 부정적인** 답변을 한 사람들의 비중을 따졌을 때, 한국은 14%로 21%의 이탈리아와 17%의 미국의 뒤를 이어 3위를 차지했다는 것이다.

퓨 리서치의 보고서에서는, 조사에서 '전반적으로 부정적인' 답변을 한 사람들의 경제적 배경이 그와 반대의 답변을 한 사람들과 비교해 상당한 차이를 보인다고 서술되어 있다. 특히 한국의 경우 소득 분위가 중위소득 이하로 조사된 사람들의 경우 그 이상인 사람들보다 부정적인 답변을 한 비중이 상당히 더 높았다. 이것은 무엇을 가리키는가? 우리가 퓨 리서치의 보고서에서 주목해야 할 것은 물질적 풍요를 자신의 삶에서 가장 중요한 것으로 꼽았다는 19%의 사람들이 아니다. 대신 자신의 삶에 대해 논할 때 경제적, 사회적으로 부정적인 응답을 한 14%의 사람들이 우리가 초점을 맞추어야 할 대상이다.

우리나라가 이탈리아와 미국의 뒤를 이어 세 번째로 많은 부정적 응답자가 나왔다는 것은, 한국이 외형은 선진국으로 진입했을지 몰라도 우리 사회 내에 실질적으로 어려운 상태에 처한 사람이 생각보다 훨씬 더 많을 수 있음을 의미한다. **바꿔 말해 한국인은 '물질적 풍요'를 중요한 것으로 여겨 '돈'만 좇는 사람들이 아닐 뿐만 아니라 실제로 '돈'이 없는 사람들이 많으므로 자신의 삶에서 무엇이 중요한가를 떠올릴 때 사회적·경제적으로 장애물이 많다는 식의 부정적인 답변을 했을 가능성이 크다는 말이다.**

자살하는 대한민국, 그 진정한 원인을 찾기 위해

그러므로 우리는 이러한 공동체의 문제를 풀어가기 위해서 완전히 새로운 이야기를 시작해야만 한다. 한국인들의 전반적인 성격이 이기적이거나 황금만능주의의 면모를 갖고 있기 때문에 공동체가 위기에 처했다는 담론은 과감하게 폐기해야 한다. **우리는 돈에 관해서 정말로 솔직하게, 있는 그대로 이야기를 해야 한다.** 나는 앞으로 우리에게 공동체를 건강하게 운영할 수 있을 만큼 충분한 돈이 있는가 하는 문제제기로부터 시작해서, 우리가 왜 그토록 공동체를 위한 지출에 인색한가라는 이야기를 거친 후, 이러한 구조적 환경이 계속되면 과연 대한민국이 어떤 사회로 진입하게 될지를 다양한 경제 현안을 아우르며 폭넓게 다룰 것이다.

다음에 펼쳐질 이 책의 1장에서 나는 한국 공동체의 거대한 경제 규모에도 불구하고, 상당수의 한국인이 실질적으로 빈곤함과 크게 다르지 않은 상태에 처해 있다는 것을 검증할 것이다. 우리는 기본적으로 소비 측면에서 다른 국가에 비해 더 많거나 비효율적으로 비용을 지출하고 있으며, 그 와중에 소득 역시 생각보다 많지 않은 편이기 때문이다. 우리는 한국 사회 속에 있기 때문에 체감하기 어려울 수 있으나, 한국은 이제 선진국 못지않게 주요 도시의 생활 비용이 상당히 큰 편이며 그중에서도 식료품 물가는 거의 최상위권을 다투는 수준이다.

그럼에도 늘 삶이 팍팍하다고 호소는 할지언정 객관적으로 물가가 너무 비싸다는 담론은 잘 형성되지 않는데, 이는 한국의 서비스 물가, 인프라 이용료, 에너지 가격이라는 3대 필수 요소의 가격이 낮게 억제되어 있기 때문이라는 사실을 지적할 것이다. 그리고 한국 사회의 고질병으로 손꼽히는 높은 사교육비가 실질적으로 도시 노동자 가계의 가처분소득에 구체적으로 어느 정도의 영향을 끼치는지를 따져봄으로써, 한국인들이 공동체의 병폐를 치유하기 위해 병원을 방문하거나 치료를 받을 만한 재정적 여유가 사실상 거의 존재하지 않음을 입증할 것이다. 이 **1장 '한국인에게 돈이 부족하다면, 믿으시겠습니까?'**의 내용은 앞으로 펼쳐나갈 2장부터 9장까지의 논의에 기초적인 관점을 제공한다는 측면에서 매우 중요하다.

이후 나는 비싼 생활 비용 문제와 맞물려 **한국 공동체가 가지고 있는 모든 문제의 근원이 되는 수도권 편중 현상**(2장 '서울, 서울, 서울, 아름다운 이 거리')을 들여다볼 것이다. **대한민국의 낮은 노동생산성**(3장 '모두가 가난한 이유, 노동생산성')**과 노인 문제**(4장 '청년 문제는 노인 문제의 결과일 뿐이다')도 빼놓을 수 없는 핵심적인 쟁점이다. 나아가 이러한 상황에서 우리 사회가 어떤 병폐를 가질 수밖에 없었는지를 구체적으로 파헤치고자 한다. 먼저 나는 **현재 한국 사회를 설명하는 '각자도생'이라는 개념**(5장 '이곳은 원래부터 각자도생의 나라였습니다')은 2020년대에 와서 갑자기 도깨비처럼 나타난 것이 아니라, 원래부터 우리 사회를 운영하는 주류 개념이었음을 설명하면서 한국인들이 왜 공동체에 인색한지에 대한 논의의 문을 열 것이다.

이어 공동체의 물리적 소멸에 직접적인 영향을 끼치며 현재 가장 많은 논쟁거리가 되고 있는 **결혼과 출산의 문제**(6장 '한국에서 가장 비싼 선택, 결혼')를 경제적 비용의 관점에서 철저하게 분석할 것이다. 현재 우리 공동체의 청년들이 결혼도 출산도 하려 하지 않는 건 단지 그들의 욕망 구조가 바뀌었다거나 심리적인 요인들만 작용해서가 아니다. 한국은 근본적으로 결혼과 출산이 사치재가 되는 단계에 진입했으며, 이는 우리의 사회경제적인 여러 병폐와 결함이 유기적으로 결합한 결과이다. **한국을 운영하는 가장 강력한 체계인 '시험'에 대한 집착과 '공정'이라는 개념에 대한 왜곡된 이해**(7장 '시험과 공정, 그리고 '약자'에 관하여'), **한국 특유의 경제 구조에서 오는 가성비적 소비 행태의 정착과 이로 인해 축적되는 지나친 경쟁 압력**(8장 '모든 것을 파괴하는 '경쟁'의 매운 맛')은 바로 이러한 구조적 결함들이 폭발적으로 표출된 결과라고 봐야 한다.

죽음으로 달려가는 우리 공동체의 내일을 역전하는 일은 가능할까? 나는 우리 사회를 왜 '자살하는 대한민국'이라고 불러야 하는지를 입체적으로 분석한 뒤, **우리가 '결단'하지 않았을 때 맞이할 어두운 미래의 모습, 그 황혼의 풍경**(9장 '우리의 황혼은 어떤 모습일까')을 예견했다. 그렇지만 나는 우리가 다른 선택을 할 수 있으리라고 믿는다. 지금 이 순간, 다른 선택을 해야만 한다. 책의 결론부에서 살펴볼 것처럼 우리 사회의 모든 병폐를 압축적으로 표현한 **'황금 티켓 증후군'**에 대한 해결책은 분명히 존재한다. 우리는 죽지 않을 수 있다. 우리가 이 사회를 다르게 바라보고, 정확하게 진단하며, 과감하게 바꿔갈 수만 있다면. 이제부터 그 진단의 긴 여정을 함께 시작해 보기로 하자.

1장

한국인에게 돈이 부족하다면, 믿으시겠습니까?

우리 공동체가 겪고 있는 모든 문제는, 일반적인 생각과는 달리 우리가 정말 돈이 없어서 생긴 것일지도 모른다. 돈이 많다고 무조건 행복해지는 것은 아니지만, 없으면 무조건 불행해진다. 안타까운 점은 우리는 왜 우리가 돈이 없는지도 잘 모른다는 것이다. 우리에게 왜 항상 돈이 부족한가? 그건 우리의 일상생활에서 숨쉬듯이 작동하는 여러 기제들 때문이며, 그런 기제가 아무도 모르게 우리를 궁핍하게 만들고 있기 때문이다.

한국이 죽어가는 원인, 그것도 외적인 요인이 아닌 공동체 구성원들 스스로 그 길을 선택하게 된 원인은 앞에서 짤막하게 밝힌 바 있다. **한국인들이 돈이 없기 때문이다.** 나의 가장 기초적인 논의는 바로 이 사실에서 출발한다.

그러나 이 말은 직관적으로 받아들이기 어려울 것이다. 한국은 GDP 규모 세계 10위권의 국가이며, 20세기 전후 국제 질서의 풍랑 속에서 경제 발전을 이룩해 낸 몇 안 되는 공동체이기 때문이다. 맞다. '한국인들이 돈이 없다'라는 명제를 '한국인들은 높은 생활수준을 영위하기에 가진 자원이 부족하다'라는 명제와 같다고 볼 수는 없다. **한국인들은 자신들의 생활수준을 유지하기가 어려운 것이 아니라, 공동체의 유지를 위해 지출할 자원이 없는 것이기 때문이다.**

공동체를 유지하려면 왜 타인을 위한 지출, 즉 내가 내놓는 돈이 필요한 것일까? 어렵지 않다. 우리가 돈을 쓰지 않는다면, 이 사회는 그 돈이 들어가야 할 유지, 보수의 영역에 노동력을 더 길게 투입해야 하기 때문이다. 차차 자세하게 입증하겠지만, 가령 밤거리를 안전하게 만들기 위해 길에 CCTV를 늘리는 문제를 생각해 보자. 얼른 생각하기에는 CCTV 기계만 더 많이 설치하면 그만이겠지만, 사실은 그 뒤에서 더 많아진 CCTV를 관찰하고 이 기계를 계속 관리할 사람도 그에 비례해서 더 많이 필요해진다. 그러나 한국 공동체에서 자주 보이는 모습은 일단 CCTV부터 많이 깔고 보자는 식이었고, 이런 경우 뒤에서 운영 업무를 보는 사람들은 노동 시간이 늘어날 수밖에 없는 메커니즘 안에서 일해야 한다.

그러므로 한국 공동체를 설명할 때 흔히 사용되는 **'사람을 갈아넣는다'**라는 말은 **'돈을 쓰지 않는다'**라는 말의 뒷면과도 같다고 할 수 있다. 하지만 사람은 공동체를 구성하는 가장 기본적인 물리적 단위이고, 이 물리적 단위가 계속해서 '갈려 나가는' 상황이 오래도록 유지된다면 그 공동체의 **재생산성**은 붕괴될 것이다. 돈이 쓰이지 않는 상황에서 그만큼 사람이 더 쓰인다는 것은 돈을 아끼는 것이 아니라 더 쓰이는 사람에게 자원이 적절하게 배분되지 않는다는 의미이며, 그럼 그 사람은 자원을 배분받지 못하면서 자신의 시간마저 잃게 되는 것이라고 봐야 한다. **시간을 잃는다는 건 소비, 출산, 육아, 교육 등 사회적 재생산을 위한 활동에서 배제를 당한다는 것과 같은 의미다.** 이런 메커니즘이 사회 전체로 확대되어 만약 대부분의 경제 활동 참여자가 같은 상황에 놓인다면 끝내 한 사회의 재생산성이 무너지는 결말로 이어지는 것이다. 하지만 이 같은 현실에도 불구하고 한국 구성원들은 공동체 유지를 위해 자신의 자원을 지출하는 일에 상당히 부정적이며, 실제로 지출할 수 있는 자원이 상당히 부족한 상황이다.

그럼 왜 한국인들에게는 공동체의 유지를 위해 지출할 자원이 없을까? 먼저 공동체의 유지를 위해 자원을 지출한다는 것의 성격은 본질적으로 **타인을 위해 자기 지갑을 연다는 것**이기 때문에, 심리적으로 그 일의 우선순위를 가장 앞세우기 어렵다는 인간의 본능적인 지점을 생각할 필요가 있다. 우선 가처분소득이 있고, 그 가처분소득에서 필수적인 생존의 비용을 지출하고, 그 이외 자산의 축적이나 자아의 실현, 행복의 추구 등을 위해 자원을 사용한 뒤 남은 잉여 자원에서 타인을 위한 지출을 하고자 하는 것이 자본주의 사회에서 자연스럽게 목격할 수 있는 사적인 자원 배분의 우선순위이다.

그런데 현실에서 공동체에 자원이 배분되는 방식은 그렇게 작동하지 않는다. 지출은 각 경제 주체가 할지 몰라도, 그 형태는 대개 **조세**라는 방식으로 소득의 수령 전 원천징수되어 공동체를 운영하는 정부가 모두 수취한 뒤 대의민주주의의 의사결정을 거쳐 배분되기 때문이다. 이로부터 대다수 경제 주체들의 심리적 차원에서 볼 때, 공동체에 대한 자원 배분은 우선순위가 낮지만 각각의 가처분소득에는 시간적으로 가장 먼저 영향을 끼친다는 문제가 발생한다. 물론 이는 원천징수를 당하는 임금노동자에 한정된 이야기이나, 2022년 기준 우리나라의 임금노동자 비율이 76.5%에 달한다는 점을 고려할 때 공동체를 위한 지출의 시점은 실제 각자의 심리적 우선순위 대비 상당히 앞서 있다고 봐도 무방할 것이다.

그러므로 한국인들이 공동체를 위해 돈을 쓰기 싫어한다는 말로 어영부영 정리하고 넘어가선 안 된다. **우리는 한국인들의 심리적 인색함이 과연 어떤 기제에서 작동하는지를 세부적으로 살필 필요가 있다.** 그러기 위해선 소득과 소비 양면을 따로 떼어놓고 관찰을 시작해야 한다. 우리 공동체 구성원들은 어쩌면 필수적으로 지출해야만 하는 비용이 너무 비싸기 때문에 이것저것 다 처리한 후엔 실제로 지갑이 텅 비어 있을 수도 있다. 또는 이 문제에 관한 일반적인 통념과는 달리 소득이 실제로 그렇게 많지 않기 때문에 어쩔 수 없는 인색함에 시달리고 있을 수도 있다.

아주 높은 물가의 나라, 대한민국

먼저 소비의 측면에서 이야기를 해보자. 우리 공동체 구성원들이 항상 입버릇처럼 하는 이야기는 "서민이 살기 힘들다"이다. 살기 힘들다는 것은 사람마다 여러 가지의 양상을 지니겠지만, 딱 집어 구체적인 장면을 묘사하지 않더라도 언제나 우리 공동체의 서민은 살기 힘들었다. 서민의 정확한 범위가 어디까지냐에 관해선 차치하더라도, 어쨌든 서민이든 아니든 우리 모두가 금전적으로 늘 허덕이는 이유를 생각해 보도록 하자. 우리는 무엇보다도 **한국의 왜곡된 물가 구조에서 오는 높은 생활 비용**에 주목하며 이 문제를 다뤄가야 한다. 한국은 타국 대비 생필품이 비싸고 대신 사회 인프라와 서비스 물가가 저렴하다는 특성을 지니고 있는데, 이 두 가지 특성이 시너지 효과를 불러일으켜 지금과 같은 인색함의 구조를 완성하였다는 게 나의 기본적인 관점이다.

과거 한국은 선진국보다 물가가 저렴하다고 인식되었으며, 통념상으로는 현재도 역시 주요 선진국 대비 물가는 더 싼 것으로 받아들여지는 중이다. 실제로는 그렇지 않다. 서울을 포함한 수도권의 물가는 이미 선진국 주요 대도시의 물가와 비슷하거나 조금 낮은 수준이다.* 내

* 지방의 경우 수도권보다는 물가 압력이 낮은 편이지만, 현재 계속되는 인구 유출로 인해 소멸의 길로 가고 있으므로 물가 측면에서 수도

가 가장 먼저 수도권의 물가를 언급하는 이유가 있다. 2장에서 자세하게 설명하겠지만, 한국은 수도권이라는 일정한 공간에 대한 수요가 비정상적으로 높은 편이며, 그러므로 수도권 공간에 잠재 수요를 가지는 지방이 수도권 물가에 함께 영향을 미치기 때문이다. 공간에 대한 잠재 수요가 물가에 영향을 주면 이 잠재 수요는 부동산 가격에 영향을 끼치고, 부동산 가격의 상승은 곧 전반적인 거주 비용의 상승을 야기한다. 반대로 지방은 수도권에 비해 물가가 낮은 편이라고 할지라도, 그것이 서울 및 수도권이 아닌 지방에 대한 잠재 수요를 발생시키지 않는다. 요컨대 우리 공동체의 물가 구조를 시작으로 한국 사회 구조의 문제를 풀어 나가려면, 우선 가장 많은 인구가 집중되어 있고 가장 높은 생활 압력이 존재하는 수도권을 위주로 우리나라의 왜곡된 물가 구조를 파

권과는 다소 다른 성질의 위험에 처해 있다. 수도권과 달리 물자의 유통이나 판매 과정에서 규모의 경제를 달성하기 어려운 상황으로 향하고 있기 때문이다. 그래서 지방은 수도권처럼 소비자가 가진 높은 경제력이나 이를 따라 증가하는 수요가 견인하는 물가 수준이 아닌, 생산자의 입장에서 채산성이 떨어짐으로써 발생하는 수익-비용 간 수지 측면에서의 높은 물가 수준이라는 문제에 직면할 수 있다.
사회 공동체 규모가 축소되면서 나타나는 생산자의 경제적 채산성 하락의 문제가 발생하는 이유는, 자본주의 사회에서 형태를 갖춘 거의 모든 재화가 규모의 경제라는 법칙을 따르기 때문이다. 미시경제학에서는 같은 재화라도 더 많이 생산할수록 단위당 비용이 낮아지는 효과를 가리켜 규모의 경제라고 일컫는다. 이를 거꾸로 이야기하자면 재화의 수요가 줄어 생산량이 줄어들었을 때 단위당 생산비용이 다시 높아지게 된다는 뜻이 된다. 이 경우 기업은 당연히 단위당 생산비용을 벌충하기 위해 재화의 판매가격을 올리거나 또는 그 생산을 중단하게 된다. 그러므로 높은 생활 비용이라는 문제에서 한국의 수도권과 비수도권은 그 원인은 다를지 몰라도 동일한 위험에 처해 있다고 볼 수 있다. 이에 관한 자세한 논의는 9장을 참조하라.

한국은 물가가 비싼 나라입니다

국가명	총생활비용	임대료	식료품	음식점	구매력
스위스	117.3	50.6	114.2	111.9	110.8
싱가포르	85.9	94	75.4	59.8	85.9
덴마크	79.2	30.9	64.2	93.9	96.9
호주	75.4	38.8	72.9	73.8	89.3
미국	74.2	46.4	71.4	78.8	117.7
홍콩	72.4	61	77.9	48.7	68.8
대한민국	**69.2**	**17.4**	**84**	**37.6**	**83.5**
프랑스	69.1	23.6	65.8	68	81.5
캐나다	68	33.8	66.1	67.8	90.9
네덜란드	67.5	32.6	55.8	68.6	106.9
독일	66	25.1	52.5	59.5	100.2
벨기에	65.8	22.4	55.7	73.6	90.7
영국	63.6	31	50.2	73.3	94.3
이탈리아	61	19.5	53.1	63	63.8
스웨덴	60.9	21.2	54.3	61.8	95.3
일본	54.3	17.8	56.4	34.3	94.3
대만	53.3	14.7	62.3	27.3	67.8
스페인	49.9	20.9	41.9	50.3	83.6

출처: Numbeo.com, 「Cost of Living Index by Country 2023 Mid-Year」, 2023에서 주요 18개국을 추출함.

악할 필요가 있다는 뜻이다.

'넘베오(Numbeo)'라는 글로벌 국가 및 도시의 물가를 비교하는 사이트가 있다. 이 사이트에선 전 세계 555개 주요 도시의 생활 물가를 분석하여, 미국 뉴욕을 100으로 설정한 뒤 이를 기준으로 각 도시의 생활 물가 수준을 산출한다. 여기서 대한민국 서울은 555개 도시 중 79위를 기록 중이며, 한국과 비교 가능한 주요국 도시를 추출하여 재산출하면 29개 도시 중 11위를 차지하고 있다. 단순히 한국의 수도인 서울만으로 비교를 하면 이 통계의 함의가 왜곡될 수 있기 때문에 여기서는 국가별 전체적인 생활비용 수준을 놓고 다시 비교를 해야 한다. 그럴 경우 한국은 140개국 중 19위, 비교 가능한 주요 18개국을 추출할 경우 7위를 차지해 여전히 높은 수준의 생활비용을 보여준다.

이 표에 따르면 한국보다 물가가 비싼 국가로 스위스, 싱가포르, 덴마크 등이 있으나 이들은 상당한 소국이며 한국과는 경제 구조가 다르다는 점을 감안해야 한다. 그렇다면 유의미하게 한국보다 물가가 비싼 선진국은 호주와 미국 정도를 꼽을 수 있다. 그 외의 국가와 비교하면 한국은 전 세계에서 생활 비용이 가장 높은 축에 속한다. **특히 그 중 높은 것은 식료품 물가이며, 낮은 것은 임대료와 음식점 물가이다.** 한국인들이 대개 전세나 자가 거주를 선호한다는 점(이는 6장에서 상세히 살펴볼 것이다), 한국은 서비스업 물가가 상당히 낮다는 점(이는 3장에서 다룰 내용이다) 등을 고려할 때 서비스를 제외한 한국의 물가는 공동체 구성원들에게 이미 평균적으로도 상당히 부담스러운 수준이라는 점을 확인할 수 있다.

물가와 구매력을 상호 비교하면 한국은 18개국 중 14위로 하위권에 속한다. 비교대상 18개국은 생활 비용에 비해 평균 약 132%의 구매력을 가지지만 한국은 120%에 그친다. 한국보다 낮은 4개국은 이탈리아, 홍콩, 싱가포르, 스위스뿐이며 이 중 우리와 유의미하게 유사성을 띠는 나라는 이탈리아뿐이다. **즉, 한국은 비교 가능한 대상 국가군 중 구매력에 비해 물가가 가장 비싼 나라라고 봐도 좋다. 다시 말해서 한국인들은 늘 버는 것에 비해서 많은 돈을 써야만 한다.** 구매력에서 물가의 수준을 제한 수치가 일종의 저축 여력이라는 점을 생각해 본다면, 한국은 비교 대상 국가들에 비해 상당히 낮은 경제적 여유를 지닌다고 해석할 수도 있다. 낮은 경제적 여유를 지닌 구성원들이 자기가 소속된 공동체를 위한 지출에 인색한 것은 자연스러운 현상일 것이다.

우리나라의 식료품 물가를 들여다보면

앞서도 확인하였지만, 가뜩이나 비싼 한국의 물가 중 압도적으로 한국인들의 생활에 압력을 넣는 것은 바로 **식료품**이다. 한국의 식료품 물가는 전 세계적으로 비교해도 가장 높은 수준이다. 세계 주요 선진국들을 포함해도 스위스를 제외하면 2023년 기준 모든 나라가 한국보다 식료품 물가가 저렴하다. 위 자료에서 비교대상국을 더욱 확대할 경우 한국과 비슷한 수준의 식료품 물가를 나타내는 곳은 아이슬란드와 노르웨이, 룩셈부르크 정도이지만 아이슬란드와 노르웨이는 농경에 적합하지 않은 북반구 고위도 한대기후의 국가라는 점, 룩셈부르크의 경우 국토가 매우 협소하여 대부분의 식료품을 수입에 의존해야 하는 국가라는 점 등에서 우리와 차이가 있다.

OECD 주요국 식료품 물가 수준

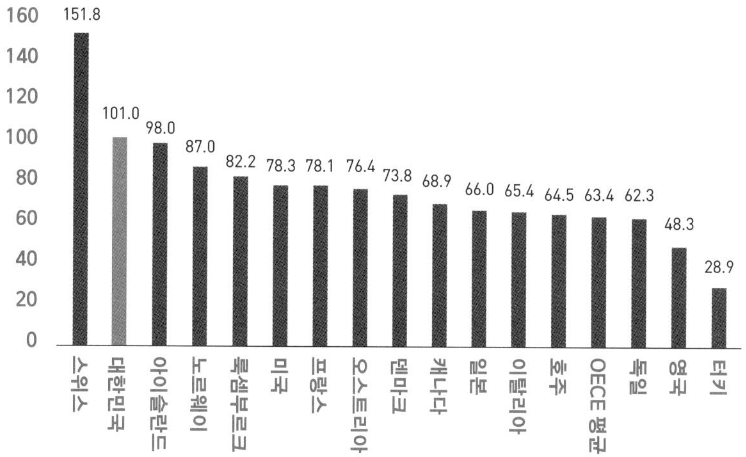

출처: 박해리, 「'장보기 물가' 따져보니…
주요국 중 韓보다 비싼 곳 스위스뿐」, 《중앙일보》 2023. 7. 24.*

넘베오가 조사한 뒤 《조선일보》와 《중앙일보》가 각각 2019년과 2023년에 이를 인용하여 분석한 데이터를 살펴보자. 한국은 두 해 모두 식료품 물가에서 최상위권을 차지했으며, 특히 과일, 채소 등 신선식품의 경우 가격이 OECD 국가 중 가장 비싼 경우가 많았다. 심지어 2023년의 경우 한국인의 주식이라 할 수 있는 쌀의 경우에도 1kg당 가격이 OECD 평균인 2.28달러의 1.51배인 3.44달러로 세계 1위였다.

* 《중앙일보》가 전국경제인연합회에 의뢰하여 Numbeo.com의 데이터를 기반으로 재구성하였음.

OECD 주요국 식료품 소비자물가 상승률, 2015=100

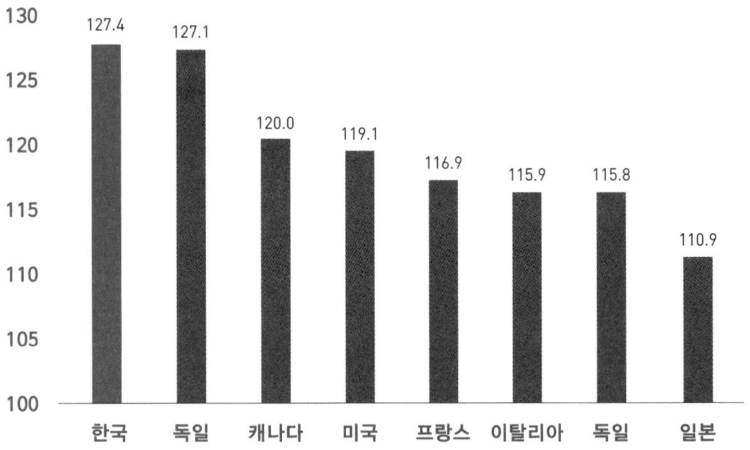

출처: OECD, 「Inflation(CPI)」, 식료품(Food) 항목 기준
2015년을 100으로 하여 2022년의 CPI를 나타냈음.

절대적으로 높은 식료품 물가 수준도 문제이지만, 더욱 큰 문제는 식료품 물가의 상승 속도 역시 한국이 전 세계에서 가장 빠른 수준이라는 점이다. OECD 통계 기준 2015년의 주요국 식료품 물가 수준을 모두 100으로 통일한 뒤 2022년과 비교하면, 한국은 127.4로 OECD 주요국 중 독일과 함께 식료품 물가가 가장 가파르게 상승한 국가로 집계된다. 코로나19 대유행을 거치면서 이러한 움직임은 더욱 가팔라졌는데, UN 식량농업기구에 따르면 코로나19 대유행 이후 한국의 식품 소비자물가 상승률은 연 평균 5.2%로 주요 선진국 평균인 1.7%에 비해 3배 이상 높았다. 이런 식료품의 가격 상승은 앞으로 고령화의 추세와 겹쳐 한국인들의 일상생활의 여유를 더욱 빠르게 좁힐 가장 큰 원인이 될 것이다.

다른 지표를 살펴보아도 마찬가지이다. 비싼 식료품 물가는 한국의 선진국 대비 높은 **엥겔 지수**로도 증명할 수 있다. 2021년 기준 한국의 엥겔 지수는 12.8%로 일본(16.3%) 및 프랑스(13.9%)보다는 낮지만 영국, 독일, 미국보다 높다. 엥겔 지수의 증가폭 역시 마찬가지다. 우리나라는 2019년 대비 2021년 1.4%p 증가로 영국, 독일, 일본, 프랑스, 미국 등 주요 5개국 평균인 0.9%p 증가 대비 가파르다.

일본은 선진국 중 프랑스와 함께 한국보다 엥겔 지수가 높은 국가에 속하지만, 일본의 높은 엥겔 지수는 우리와 전연 무관한 것이 아니다. 오히려 일본의 엥겔 지수는 한국의 미래를 설명할 수 있는 예시라고 볼 수 있다. 일본 총무성 통계국 데이터를 기준으로 한 일본의 엥겔 지수*는 1963년 38.7% 이후 2005년까지 40년 가까이 감소하였으나, 2005년 22.9%로 최저치를 기록한 후 증가하여 2016년 오히려 25.8%로 1987년 이후 최고치를 기록했다. 일본 총무성이 2014년부터 2016년까지의 엥겔 지수 상승분 1.8%p를 분석한 결과, 0.9%p가 식료품 가격의 상승, 0.7%p가 소비 자체의 감소, 0.2%p는 밀키트 등 간편 식품 소비의 증가 등으로 설명된다고 밝힌 바 있다.**

이와 같은 결과는 **일본 엥겔 지수의 상승 요인이 모두 한국이 근미래에 직면할 현실과 정확하게 맞아떨어진다는 것**을 보여준다. 이미 높은 수준

* 측정 방식 및 기준의 차이로 인해 OECD 국민계정 데이터 기준 엥겔 지수와는 차이가 있음.

** 조기원, 「'경제대국' 일본 엥겔 지수 29년 만에 최고치 된 까닭은?」, 《한겨레신문》 2017. 3. 30.

한국 및 주요 선진국의 채소, 육류, 해산물 1인당 섭취량

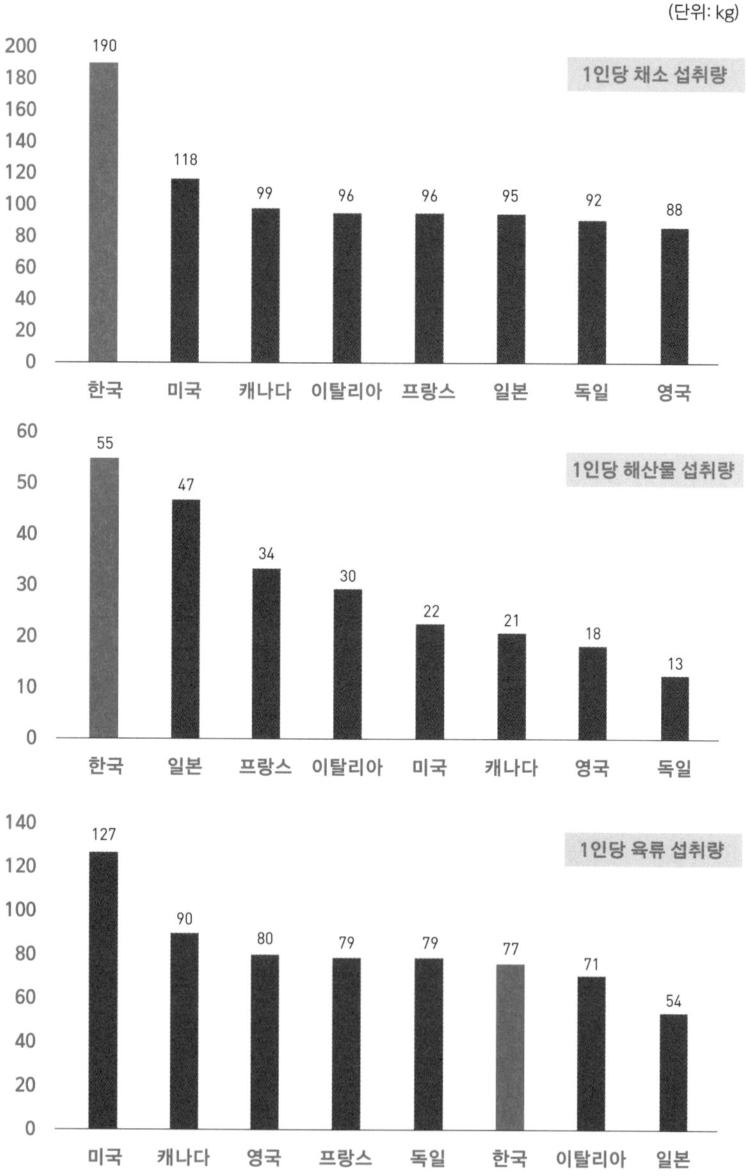

출처: Our World in Data, 「Vegetable consumption per capita, 1961 to 2020」, 「Fish and seafood consumption per capita, 2020」 및 「Per capita meat consumption by type, 2020」에서 각각 2020년의 수치를 사용함. 육류의 경우 원자료에는 해산물이 포함되어 있어 해산물을 제외하고 산출함.*

이지만 더욱 빠르게 상승하는 식료품 물가, 고령화로 인한 소비 축소 인구집단의 증가, 2인 이하 가구 및 맞벌이 가구의 증가로 인한 간편 식품 소비의 증가 등이 모두 현재 한국의 현실에 해당되기 때문이다. 이처럼 엥겔 지수로 대표되는 우리 사회의 비용 압력은 향후 한국인들의 일상생활에 더 큰 부담으로 작용할 것이라고 예측할 수 있다.

그러나 현재까지는 한국의 높은 식료품 물가가 가계에 부담은 될지라도 한국인들의 일상생활 전체를 크게 훼손하지는 않는 범위 내에 있다고 볼 수 있다. 심지어 한국인들의 주요 식료품 섭취량이 타국 대비해서 상당히 많은 수준임에도 불구하고 그러하다. 2020년 기준 한국인 1인당 채소 섭취량은 189.95kg으로 미국의 117.53kg 대비 70%가량 많으며, 주요 경제 선진국들인 일본의 95.23kg, 독일의 91.23kg, 영국의 87.61kg에 비하면 두 배 이상 많다.

해산물의 경우 정도가 더하다. 같은 해 기준 한국인의 1인당 해산물 섭취량은 54.66kg으로, 섬나라인 일본의 46.65kg보다도 많으며 독일의 12.66kg에 비하면 4배가 넘는다. 그렇다고 한국인들이 육류를 적게 섭취하는 것도 아니다. 역시 같은 해 기준 한국인의 1인당 육류 소비량은 77kg으로, 미국의 127kg보다는 한참 적지만 프랑스(79kg), 일본(54kg), 영국(80kg), 독일(79kg) 등 주요 선진국과 비슷한 수준이다.

요약하자면 한국에선 기본적인 삶의 수준을 유지하는 데 가장 필수적인 식료품의 가격이 주요 선진국들과 비교해도 매우 높은 수준임에

* 'Our World in Data', OWID는 잉글랜드와 웨일스에 등록된 자선단체 'Global Change Data Lab'의 프로젝트로, 옥스포드대학교에 기반을 두고 있으며 사회학자이자 경제학자인 맥스 로저(Max Roser)가 설립했다.

도, 공동체 구성원들이 상당히 많이 먹고 있다는 건 분명하다. 그러나 무엇을 얼마나 먹는지는 그 나라 또는 문화권의 역사적 맥락에 달린 것이므로 이러한 식습관이 경제적 문제를 불러일으킨다고 볼 수는 없다. 이 경우엔 우리의 수요량을 조달하는 시스템 어딘가에 문제가 있다고 생각할 수밖에 없는 것이다.

우리 농업 구조의 기원과 양상

그렇다면 단지 한국인들의 식료품 소비가 많으므로 그 수요가 높아서 식료품 물가가 비싼 것인가? 그렇지는 않다. 아이러니하게도 한국 공동체는 과거로부터 농업을 대단히 중요시해 왔지만, 정작 2020년대에 이르러 한국 공동체는 상당히 낮은 식량 자급률로 때만 되면 식량안보에 문제가 발생할 수 있는 처지에 놓여 있다. 이는 결국 **한국 공동체를 지탱하는 식료품 수급 환경**에 근본적으로 문제가 있다는 뜻과 같다. 이 지점에서 가장 위력을 발휘하는 담론은 역시 '유통업자들의 폭리'이다. 한국은 식료품 유통 과정에 중간 상인이 너무나 많고, 이들이 각각의 이익을 각자의 주머니에 넣기 바쁘다 보니 양 끝에 있는 농민과 도시 소비자만 피해를 본다는 식의 관점이다.

이런 주장이 완전히 틀린 건 아니지만, 우리 식료품 수급 환경 전체를 설명하기에는 충분하지 않다. 실제로 한국농수산식품유통공사가 농산물 유통비용 구조에 관해 조사한 것을 살펴보면, 2021년 기준 한국의 농산물 가격에서 유통비용이 차지하는 비중은 48.8%이다. 이는 2020년의 47.5%에 비해서는 다소 상승한 것이긴 하지만, 유통 마진 때문에 식료품이 전반적으로 비싸다고만 주장하기는 어려운 수치다. 농산물 가격에서 유통비용이 차지하는 비중은 미국의 경우 평균 70% 이상이고, 대만은 60~84%, 일본은 50~85% 수준으로 오히려 우리나라보다 높기 때문이다.* 그러므로 한국의 식료품 물가가 지나치게 비싼 이유는 높은 유통비용 때문이 아니다. 애당초 우리나라의 **농업생산성**이 낮아서 그렇다. 이처럼 농업생산성의 측면에서 접근해야 올바른 분석이 가능하다.

한국은 왜 농업생산성이 낮은가? 이 문제는 두 가지 측면에서 분석이 가능하다. 첫째로는 국토의 대부분이 산지인 특성상, 그리고 평지의 상당 부분이 도시화된 특성상 한국은 현재 상태의 인구를 부양하기에는 **농경지가 너무 좁다는 점**을 들 수 있다. 한국의 농경지는 총 1만 5121제곱킬로미터이며 이 면적에서 5천만명을 부양해야 하는 반면, 프랑스의 경우 한국의 15배에 달하는 22만 6617제곱킬로미터의 농경지에서 한국보다 23%가량 많은 6681만명을 부양하고, 미국은 한국의 100배가 넘는 168만 1826제곱킬로미터의 농경지에서 한국의 6배가 조금 넘는 3억 2천만명을 부양한다. 즉, 다른 모든 조건이 동일하다고 가정해도 한국은 프랑스의 10배가 넘는 농업생산성을 갖추고 있어야 프랑스만큼의 식료품 가격을 달성할 수 있는 것이다.**

둘째로는 **한국 농업 특유의 영세함** 때문이다. 한국은 다수의 중소 자영농으로 구성된 농업 체계를 보유하고 있는데, 물론 이는 역사적으로

* 「〈사설〉 농산물 유통마진 올바른 이해가 필요하다」, 《한국농어민신문》 1999. 7. 4.

** Central Intelligence Agency(CIA), 「The World Factbook」
김영준, 『골목의 전쟁』, 스마트북스, 2017, 118p.

한국이 걸어왔던 경로상 어쩔 수 없이 선택한 구조였다고 볼 수 있다. 동시에 이 구조는 세계화의 길로 접어들면서 오히려 한국 농업의 생산성을 상대적으로 쇠퇴시킨 원인이 되었다. 한국의 역사적 경로란 구체적으로 무엇을 가리키는가? 해방 직후 남북이 분단되면서 당시 대한민국 제1공화국 정부는 북한과의 경쟁에서 승리하기 위해 소수의 대지주와 다수의 소작농으로 구성돼 있던 한국의 농업 구조를 대다수의 중소자영농으로 바꾸고, 기존의 지주들을 구 일본 제국이 남기고 간 각종 산업 자산들을 불하하여 산업자본가로 바꾸는 방식의 대대적이고 전략적인 **토지개혁**을 시행했던 게 그것이다. 대한민국 헌법엔 아직도 그 흔적이 남아 있다. 헌법 제121조에는 "농지의 소작제도는 금지된다"라고 명문화되어 있는 것이다. 이 때문에 한국은 지금까지도 농지에 전세권을 설정할 수 없다.

대한민국 제1공화국, 이승만 정권의 농지개혁은 이승만이라는 사람을 어떻게 평가하든 관계없이 모두 긍정적인 평가를 내리는 거의 유일한 정책이라고 할 수 있을 것이다. 실제로 해방 직후인 1945년 말 대한민국 전체 농지 2226정보 중 65%가량인 1447정보가 소작지였으며, 자작지 면적은 779정보에 불과했다. 이것이 1951년 말에 이르면 전체 농지 1958정보 중 자작지가 1800정보로 거의 92%에 달했으며 소작지는 158정보로 8% 수준까지 하락할 정도가 되었다. 그나마 남아 있던 소작지는 한국전쟁이 끝난 후 모두 사라졌다.*

* 김성호 외, 『농지 개혁사 연구』, 한국농촌경제연구원, 1989. 1945년 말에 비해 1951년의 전체 농지 면적이 감소한 이유는 분단 및 한국전쟁으로 인한 영향으로 판단된다.

정부가 단행했던 건국 초기의 농지 개혁은 다수의 자영농을 성공적으로 육성함으로써 당시 매우 중요했던 북한과의 체제 경쟁에서 어느 정도 경쟁력을 갖게 했을 뿐만 아니라, 간접적으로 그 이후의 산업 발전에도 어느 정도 긍정적인 영향을 끼쳤다고 볼 수 있다. 대다수의 농민들이 토지를 보유하여 최소한의 경제적 생산 수단을 갖출 수 있게 되었고, 이 때문에 이들의 자녀들이 1960년대 이후 도시권과 산업 현장으로 이동하여 1960~1970년대의 경제 발전을 이끈 노동력의 토대가 될 수 있었던 것이다. 그래서 한국의 초기 농지개혁의 성공은 식민 지배에서 벗어난 후 대책 없는 양극화에 시달리는 다른 개발도상국과 달리 자본주의 사회 발전 도상에서 자연스럽게 발생하는 빈부격차를 계속 억제하게끔 하는 계기가 되기도 했다.

하지만 이렇게 경제 발전 초창기 한국 경제의 토대를 만들었던 **다수의 중소 자영농 육성 방침**은 한국의 자본주의가 고도화되고 자유무역 시대가 열림에 따라 새로운 문제를 맞이한다. 농산물 시장이 개방되자 선진국 대비 높은 영세율로 인해 오히려 상대적으로 경쟁력이 떨어지기 시작했던 것이다. 우리는 **규모의 경제**가 대단위의 공업 현장에만 적용되는 것으로 생각하기 쉽지만, 농업에서도 규모의 경제는 당연히 작동한다. 농지 면적이 작아도 그 농지가 규모의 경제에 따라 효율적으로 운영되면 단위당 생산 비용은 낮아지고 농산물 가격도 낮게 유지될 수 있다.

하지만 한국은 개별 농지 면적이 작고 각 농지를 영세한 개별 농가가 운영하는 형태였으므로 1990년대 우루과이 라운드를 시작으로 농업이 본격적으로 개방되자 가격 경쟁력에서 금방 열세에 처했다. 수십만 평 이상을 기계화된 농업으로 운영하는 미국 등지의 농산물이 저렴한 가격으로 유입되기 시작했기 때문이다. 이때부터 한국은 농업에 한해 보호주의로 전환했다. 이는 당시의 한국 공동체 의사결정권자들이 농업 경쟁력 강화보다는 농가 소득 보전에 더욱 집중했다는 하나의 증거이기도 하다.

그러나 이런 의사결정 과정이 과연 농가 소득 보전에는 성공했는가에 대해서는 여전히 의문이 남는다. 1995년 WTO 체제가 공식 출범한 후 8년 뒤인 2003년 한국의 농가소득은 2687만원 수준이었으며, 이는 2022년 4615만원가량으로 증가하긴 했다. 그러나 농가소득의 구성요소 중 실제 농업으로 획득한 소득인 **농업소득**을 따로 분리하여 따져보면 이야기가 달라진다. 2003년 우리 농가의 농업소득은 연 1057만원가량이었지만, 이는 2022년 948만원으로 19년 새 오히려 줄어들었다. 2021년의 경우 1296만원이긴 했으나, 이는 2003년과 2021년의 물가를 비교하면 농가의 실질 농업소득이 크게 감소하였다는 사실을 뒤집지 못한다. 오히려 2003년 각 농가의 농외소득은 약 939만원가량이었으나, 2022년에 이르면 농외소득은 2배 이상 증가한 1920만원에 육박하고, 정부 보조금과 쌀 직불금 등으로 추정되는 이전소득은 2003년 203만원에서 2022년 1524만원까지 증가했다.* **즉, 한국 공동체의 농업 보호 정책은 농가의 영세함을 유지함과 동시에 농업소득의 보전에도 근본적으로는 실패했던 것이다.**

한국 농업의 이러한 변천 과정은 지금 우리에게 무엇을 남겼는가. 한국은 원래부터 농업이 영세했지만, 그 영세성을 극복하지 못한 채 계속

* 통계청, 농가경제조사, 「농가소득」

거꾸로 가는 문제가 해결되지 않은 상태로 지속되는 중이다. 2020년 기준 한국의 농가당 경지 면적은 1.08헥타르로 2015년의 1.2헥타르보다 오히려 감소했으며, 그나마 경작지 면적이 더 큰 2헥타르 이상의 농가 비중은 계속 감소하고 있다.* 이처럼 농가 가구 및 인구가 감소하는 가운데 농가당 경지 면적도 같이 감소하고 있어서, 한국 농업의 영세함은 앞으로도 개선을 기대하기 힘들다고 봐도 좋을 것이다. 이런 사실은 한국이 앞으로도 계속 비싼 도시 생활 물가를 유지하게 되리라는 전망을 낳게 된다.

나는 서문에서 한국 공동체의 빠른 신진대사가 공동체 전체의 불균형을 초래함으로써 우리를 스스로 소멸의 길에 몰아넣는 원인이 되었다고 밝힌 바 있다. 여기서 설명한 한국 농업과 식료품 물가의 문제가 바로 그 대표적인 예시이다. 우리 덩치는 커졌지만, 몸 곳곳에 혈액을 공급하는 심장은 상당히 취약한 상태로 그간 방치돼 왔음을 보여주기 때문이다. 심지어 산업 보호라는 심장약을 계속 복용해 왔음에도 불구하고 말이다.

지나치게 낮은 사회간접자본 비용은 무엇을 가리키는가

반복하건대, 한국인들은 높은 수준의 식료품 물가에도 불구하고 많이 먹는다. 비싸지만 어쨌든 많이 먹는다는 것은 그 높은 비용이 일상생활

* 이병성, 「농가당 경지면적 1.08ha…5년 전보다 10% 줄었다」, 《한국농어민신문》 2021. 9. 28.

을 축소해야 할 정도의 심대한 영향을 끼칠 정도가 아니라는 뜻도 된다. 이는 자본주의의 기본 원칙인 수요와 공급의 법칙과도 다소 상충하는 부분이 있다. 물가 수준이 높으면 그만큼 수요량이 줄어야 하는데, 한국인들은 가격이 높음에도 불구하고 다른 경제권 대비해서 식료품의 수요량이 높기 때문이다.

이 같은 기이한 상황은 세 가지 측면에서 기인한다. 바로 **낮은 에너지 물가와 낮은 사회간접자본 비용, 그리고 낮은 서비스 물가**가 그것이다. 이 중 낮은 서비스 물가는 한국의 다른 고질적인 문제인 낮은 노동생산성과 연결되는데, 이는 뒤에서 더 자세히 다루도록 하고 우선 앞의 두 가지를 먼저 이야기하자.

한국은 에너지를 전량 수입에 의존해야 하는 나라이지만, 특이하게도 에너지 물가가 상당히 저렴한 구조를 가지고 있다. 한국인들은 주유소에서 휘발유 가격이 조금만 올라도 한숨을 짓기 일쑤지만, 석유가 한 방울도 나지 않는 나라치고 한국은 휘발유 소매가격이 상당히 저렴한 편에 속한다. 실제로 앞의 조사와 같은 통계를 활용한 결과 대한민국 서울의 평균 휘발유 가격은 리터당 1.41달러, 부산은 리터당 1.29달러로, 리터당 2.02달러인 파리와 런던보다 30% 이상 저렴하다. 또 리터당 2.89달러인 홍콩의 절반에 불과하고, 1.09달러인 도쿄보다 조금 높은 수준이다. 물론 미국의 도시들보다는 한국 도시들의 휘발유 값이 다소 높은 편이나 미국은 세계 1, 2위를 다투는 산유국이라는 점을 생각해야만 한다.

단순히 자동차 연료로 사용되는 에너지 가격을 벗어나, 온수와 난방 그리고 전력 등 생활 전반에 사용되는 에너지를 살펴보자. 85제곱미터 면적의 주택 기초 인프라 비용을 기준으로 한 에너지 가격 역시 한국은 그 어떤 천연자원도 없지만 주요 선진국에 비해 그렇게 높지 않다.

세계 주요 도시 휘발유 1리터당 가격 및 85제곱미터 주택 기초 인프라 비용

85제곱미터 기준 주택 기초 인프라 비용

(단위: 미국 달러)

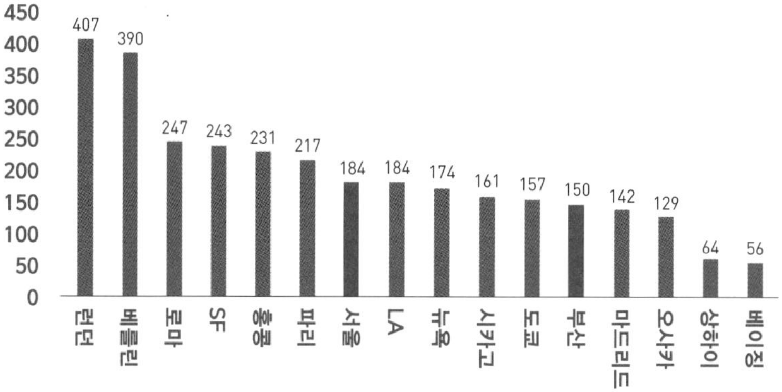

세계 주요 도시 휘발유 1리터당 가격

(단위: 미국 달러)

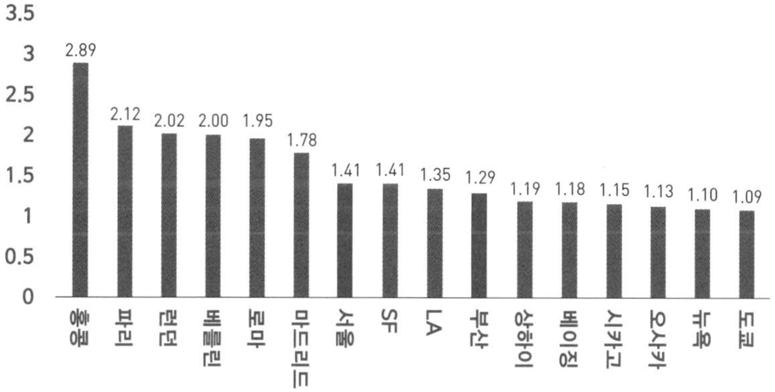

출처: Numbeo.com「Cost of Living Index by City 2023-Mid Year」

서울의 경우 183.93달러, 부산은 149.74달러로 도쿄($156.91)나 뉴욕($173.71)보다는 조금 높지만, 샌프란시스코($242.52), 런던($407.12), 파리($217.42), 베를린($389.77), 홍콩($231.14)보다는 상당히 낮은 수준이다. 물론 유럽의 경우 러시아산 천연가스 의존도가 높고 영국은 산유국이라는 점을 감안해야 하지만, 에너지 전량을 수입에 의존해야 하고 대부분을 장거리 운송해야 하는 한국의 입장에서 가정용 에너지 가격은 절대로 비싼 것이 아니다.

에너지 물가에 영향을 받게 마련인 대중교통 인프라 역시 한국은 주요국 대비 가장 저렴한 수준이다. 서울과 부산의 대중교통 1회권 가격은 0.98달러로, 주요국의 1/2에서 높게는 1/3 수준으로 저렴하다. 이런 데이터가 명백하게 보여주는 바는 다음과 같다. **한국 인구의 90%가 거주하는 도시 생활경제 구조는 낮은 사회간접자본 및 에너지 물가로 높은 식료품 물가를 지탱하고 있는 것이다.**

이 같은 구조는 두 가지 문제를 불러일으킨다. **첫째는 필연적으로 공공부문의 적자가 누적될 수밖에 없다는 것이다.** 한국의 낮은 에너지 가격과 사회간접자본 비용은 실제로 이들 부문의 운영이 거의 공공에 맡겨져 있다는 사실에서 기인한다. 공공부문은 수익성 추구가 본래의 목적이 아니기도 하며 우리 구성원들이 감당해야 했던 높은 도시 생활 물가라는 측면 때문에 오랜 동안 가격 상승을 억누를 수밖에 없었다. 또한 정부 차원에서 '서민의 무엇'이라는 표현까지 써가면서 가격 통제를 사실상 강제한 측면도 있었다.

서울의 버스와 지하철 요금을 예로 들어보자. 우리는 정치인들을 시험하는 용도로 버스와 지하철 요금을 으레 묻고 그들이 당황해하거나 잘못 대답하면 그들을 비난하지만 사실 한국의 사회간접자본 이용료가 어느 정도인지, 이것이 과연 저렴한지 아닌지에 대해서는 우리 스스로도 잘 알지 못하는 경우가 많다. 서울 시내버스의 경우 2000년 7월 1일 교통카드 기준 550원이었고, 2000년 당시의 1인당 국민총소득은 1만 1030달러였다. 2021년의 서울 시내버스 요금은 간선버스에서 교통카드를 사용하는 것을 기준으로 1200원이었으며, 2021년 기준 1인당 국민총소득은 3만 4980달러였다. 단순히 산술적으로만 비교해 봐도 소득이 3배가 오를 동안 버스 요금은 그 1/3 수준인 118%밖에 인상되지 않았다. 지하철의 경우 같은 기간에 기본구간 요금이 600원에서 1250원으로 108% 인상되는 것에 그쳤다. 일반적인 경제에서 인플레이션은 소득의 증가에 비례한다는 점을 고려할 때, 최소 코로나 이전까지 한국의 공공인프라는 물가가 100원이 오를 때마다 67원씩 손해를 봐왔다고 할 수 있다.

물론 이런 낮은 공공인프라 요금에 관해 한국의 정책 의사결정권자들이 관심을 전혀 두지 않았던 것은 아니며, 최근 들어서는 개선의 움직임도 없지 않았다. 2022년 대통령 선거에서 승리하여 집권한 윤석열 대통령과 여당인 국민의힘은 2023년에 대중교통 요금을 전격 인상하였다. 앞서 언급한 시내버스 요금은 서울 간선버스 기준 1200원에서 1500원으로 25%가량 인상했으며, 지하철 기본요금 역시 1250원에서 1400원으로 20%가량 인상했다.

이 조치에도 문제가 전혀 없었던 것은 아니다. 2022년 이후 전 세계가 포스트 코로나 시대로 접어들면서 강한 인플레이션이 발생해 대부분의 기축통화 국가들이 대대적으로 금리를 인상했고, 한국도 이에 동참하지 않을 수 없었던지라 물가는 앞서 언급했던 넘베오의 기준보다 더욱 올랐을 것이기 때문이다. 즉, 인구의 상당수를 차지하는 도시노동

서울 지하철 및 시내버스 요금 히스토리와 1인당 국민총소득, 2000=100

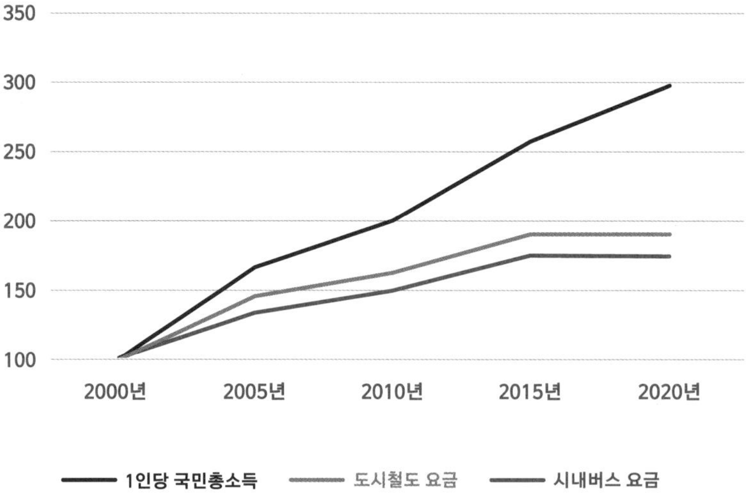

출처: 1인당 국민총소득은 한국은행의 「국민계정」에서 명목/달러화 소득을 추출하여 산출하였으며, 도시철도 요금 및 시내버스 요금의 경우 서울연구데이터서비스의 「데이터로 본 서울」 중 '일상소비생활'을 참고하였음.

자의 실질소득이 감소할 것으로 추정되는 시점에 공공부문 적자 해소를 명목으로 우선 요금부터 인상하면 물가 부담이 양쪽으로 가중되는 부작용이 발생한다는 뜻이다. 또한 지금 당장 요금을 인상한다고 과거에 누적된 손해가 당장 해결되는 것이 아니므로, 한국의 도시노동자들이 상당히 고통스러운 구간을 오랜 기간 강요받을 것이라는 예측을 어렵잖게 할 수 있다.

하지만 이 같은 부작용에 관하여 현재 한국을 운전하고 있는 세력을 마냥 탓할 것만은 아니다. 한국은 진영과 정당을 가리지 않고 공공요금을 현실화하는 것에 대단히 인색했는데, 이는 공공요금의 현실화를 경제 구조의 왜곡을 바로잡는다는 용도로 사용한 것이 아니라 '표'와 관련된 어떤 것으로 생각해 왔기 때문이다. 또 모든 정책 의사결정권자들이 이를 민심잡기용 수단으로 바라봤다는 것은 한국 사회를 운영했던 엘리트 집단이 우리나라의 경제 구조에선 **소득 대비 낮은 공공인프라 가격**이 필수적이라는 사실을 어느 정도 인식하고 있었다는 의미로도 볼 수 있다.

한국의 물가 구조가 맞닥뜨린 두 번째 문제는 생활 물가, 특히 식료품 물가가 높다는 사실 때문에 공공부문이 적자가 심하다고 해도 이것을 효율화할 방법이 마땅치 않다는 것이다. 적자를 해소하려면 가격을 올려야 하는데, 한국은 이미 도시화율도 높고 도시 생활물가가 만만한 수준이 아니다. 그러므로 앞서 언급했던 것처럼 인플레이션이 두드러지는 시대에 공공부문의 효율화를 동시에 추진하려다 보면 결국 피해를 입는 것은 인구 또는 납세자의 상당수를 차지하는 도시노동자 계층이 되고, 이는 한국에서 가장 중요한 계층의 경제적 여건을 악화시킴으로써 조세저항을 강화하거나 복지태도를 더욱 악화시키는 2차적인 문제를 일으킨다. 이 때문에 한국에서 공공부문을 효율화하기 위해서는 반드시 높은 식료품 물가라는 문제부터 해결해야 한다. 효율화 방법으로 제시되곤 하는 민영화가 한국에서 조심스러운 이유는 이 지점에 뿌리를 두고 있다.

한국이 이렇게 민영화가 어려운 나라이다 보니, 흥미롭게도 공공부문 효율화를 추진하고자 하는 정권은 언제나 인천국제공항으로 여론을 테스트하곤 했다. 공항은 국가 기간 인프라 중 하나이지만 일반 생활 물가에는 거의 영향을 끼치지 않기 때문이다. 공항을 민영화하게 되면 공항 이용료가 상승할 가능성이 높은데, 이는 1차적으로는 인천국

제공항에 입주한 항공사들이 부담하게 되고, 2차적으로 항공사들은 이를 항공권 가격에 전가하게 된다. 최종적으로는 한국의 항공 이용객들이 체감하는 항공권 가격이 상승하겠지만 항공기의 이용은 자동차나 수도, 전력의 이용보다 빈도가 상당히 낮으므로 이를 체감하기까지는 상당히 오랜 시간이 걸린다.

정리하자면, 높은 식료품 물가로 인한 부담을 해소하기 위해 낮은 사회간접자본 비용을 유지하는 것은 이후 뒤늦게 공공부문의 효율화를 추진하려 해도 부작용이 커질 수 있다는 문제점을 내포한다. 그래서 사회간접자본의 문제를 해결하기 위해서는 식료품 물가의 해결이 선행되어야 하지만, 식료품 물가의 해결은 한국 공동체의 농업 구조를 바꾸는 일과 연결된다. 오랜 보호 정책 하에 경쟁력이 상당히 약해진 한국의 농업은 시장을 완전히 개방하면 그대로 무너질 것이 분명하다. 그에 더해 앞서 언급했던 소작의 금지 조항 때문에 농업을 효율화하기 위해서 본격적인 기업화를 도입하려면 우리 사회에선 헌법의 개정까지 필요할 수 있는, 다소 드문 상황에 처해 있는 것이다.

농업의 기업화를 위해 개헌까지 필요한 이유는 무엇일까. 현재의 농업회사법인은 '농어업경영체 육성 및 지원에 관한 법률'에 의해 설립 주체가 농업인과 농업생산자단체로 한정이 돼 있기 때문이다. 그러므로 이미 많은 자원을 가진 대형 산업 자본은 헌법상의 소작 금지가 없어지지 않는 이상 농업회사법인을 설립할 수도, 농지를 경영할 수도 없다. 우리가 매일매일 별다르게 의식하지 않은 채 이용하고 있는 대중교통 등의 요금 구조는 이처럼 그 토대가 형성되기까지 상당히 복잡한 사정을 지니고 있으며, 또한 그래서 해결하기도 쉽지가 않은 상황이다.

사실상의 조세, '사교육 지출'을 생각한다

하지만 한국의 왜곡된 물가 구조는 여기에서 끝이 아니다. 한국은 다른 나라에는 통상적으로 존재하지 않거나 아주 작은 규모로만 존재하는 시장이 있다. 바로 **초중고 사교육 시장**이다. **한국의 사교육비는 사실상 준조세, 아니, 거의 조세의 성격을 가진다고 보아야 한다.** 실제로 한국은 근로소득세 납세율보다 사교육 시장 참여율이 더 높은 희한한 나라이다. OECD가 발표한 주요국 근로소득세 면세자 비중 중 한국의 면세자 비중은 38.9%로 OECD 주요국 중 가장 높았다. 근로소득자 중 61%만이 근로소득세를 납부한다는 것이다. 반면 통계청의 「2022년 초중고 사교육비 조사」에서 초중고 학생의 평균 사교육 참여율은 78.3%에 이른다. 물론 자녀가 있는 가구만을 대상으로 다시 조사한다면 근로소득세 면세율은 좀 더 낮아지겠으나, 그렇다고 하여 아득히 높은 사교육 참여율을 크게 웃돌지는 못할 것이다.

통계청의 「2022년 초중고 사교육비 조사」 내용을 조금 더 자세히 살펴보면, 사교육 시장 참여 학생 1인당 월 평균 사교육비는 평균 52.4만원으로 조사된다. 초등학생은 43.7만원 수준이지만, 중학생이 되면 57.5만원을 기록하고, 고등학생은 69.7만원까지 상승한다. 그 중 일반고의 경우엔 72.4만원까지 치솟는 것을 알 수 있다. 가장 많은 사교육비가 지출되는 고등학생만 지역별로 나눈다면 대도시의 경우 평균 82.3만원, 대도시 이외 지역의 경우 65.5만원 수준을 기록하고 있으며, 특히 서울은 월 평균 98.3만원으로 다른 광역시에 비해서도 월 평균 30만원가량 비싼, 독보적인 사교육비 수준을 자랑한다.

절대적인 사교육비 수준이 높은 것도 문제이지만, 식료품 물가와 같

이 사교육비 또한 소득에서 차지하는 비중이 높다는 게 더 큰 문제이다. 2022년 조사된 사교육비 숫자를 2022년 대한민국 가구별 중위소득* 데이터와 비교하여 사교육비가 소득에서 차지하는 비중을 조사하면 놀랄 만한 값이 산출된다. 고등학생 자녀가 1인만 있다고 할지라도 3인 가구 중위소득 기준 전국 평균 17.3%의 소득이 매월 사교육비로 지출되며, 서울을 기준으로 삼을 경우 그 비중은 23.4%까지 상승한다. 만약 고등학생 자녀가 2인이 있는 4인 가구일 경우 그 비중은 더욱 높아져 전국 평균 사교육비로도 가구 소득의 28.3%를 지출하게 되고, 서울의 경우 그 수치는 38.4%까지 올라간다.

우리는 앞서 구매력 대비 물가 수준을 비교한 결과, 한국은 기초 생활 물가 수준에 비해 구매력이 약 120% 수준에 머물러 비교 대상국 평균인 138%에 다소 미치지 못한다는 점을 확인한 바 있다. 단순하게 계산해서 기초 생활을 유지하기 위한 비용을 지출한 후 남은 비용이 총 구매력의 20%라고 가정한다면, 한국 사회의 대다수 가구들은 사교육비를 지출하고 났을 때 모두 적자를 보는 가정 경제를 꾸려가고 있다는 추론이 가능하다.

사교육비의 가장 치명적인 문제는 단순히 비용의 크기를 떠나 대부분의 사람들이 무조건 지출해야 하는 성격의 비용이라는 점에 있다. 앞으로 그 원인을 입체적인 맥락에서 짚어가겠지만, 한국에서 사교육비는 아이를 낳고 살아가는 이들의 **무조건적 지출**이 되어 있는 게 엄연한 현실이다. 더욱이 실질적인 준조세에 가까운 이 비용을 감당해

* 2022년 기준 중위소득은 3인 가구의 경우 월 419만 4701원, 4인 가구의 경우 월 512만 1080원이다.

지역별/각급 학교별 중위소득 대비 사교육비 지출 비중

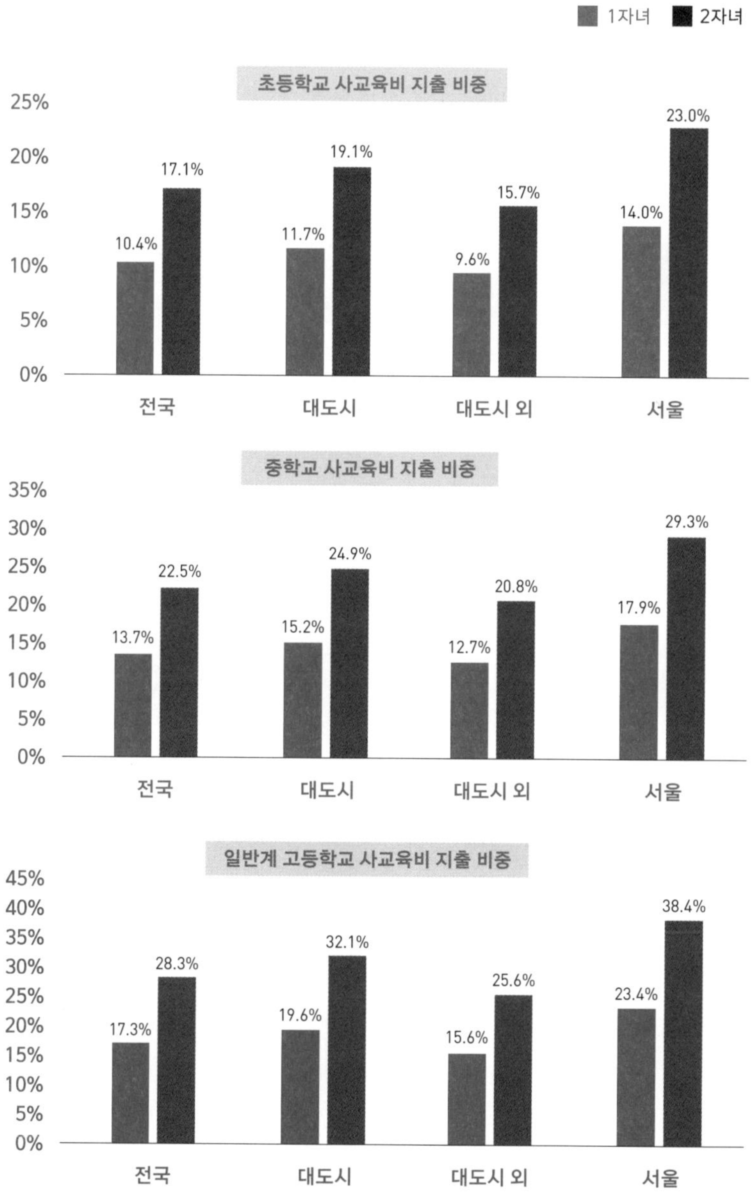

출처: 통계청, 「2022년 초중고 사교육비 조사결과」 및 「2022년 가계금융복지조사」

야 하는 인구집단이 30세에서 60세에 이르는 핵심 납세자 집단이라는 측면에도 주목해야 한다. 우리가 공동체를 개선하기 위해서는, 과거 1970~1980년대와 유사한 유형의 경제 성장이 없다면, 결국 증세라는 수단을 동원할 수밖에 없다. 그런데 핵심 납세자 집단의 상당수가 적게는 10%에서 많게는 40%까지의 준조세를 이미 어딘가에 '납부'하고 있다면 이들의 조세저항은 평균적인 그것보다 훨씬 더 강할 수밖에 없다.

이러한 사실은 무엇을 뜻하는가? 한국이라는 공동체가 이러한 경제 구조를 보유하게 된 것이 특정 정치 세력의 농간이나 한국인들의 어떤 품성 때문이 아니라는 점이다. 우리는 한국이 경제 발전 과정을 거치며 하나둘씩 내재화한 것들이 그 부작용을 내뿜고 있다는 사실에 초점을 맞추어야 한다.

그 중에서도 가장 먼저 주목해야 할 것은 내수시장이다. 우선 한국은 인구가 약 5200만에 달한 지금도 내수시장이 결코 크다고는 할 수 없는 상태다. 인구도 지금보다 적고 전반적인 경제력도 지금보다 부족했던 과거에 우리는 경제 발전을 위해 어쩔 수 없이 수출 주도형 경제를 추진할 수밖에 없었고,* 이는 **소규모 개방 경제**라는 한국 경제 구조의

* 이러한 방침을 처음 설계한 사람은 박정희 전 대통령이다. 박정희 전 대통령과 대선에서 한 차례 맞붙었던 김대중 전 대통령의 경우 7대 대선에서 박정희의 수출주도 공업화의 안티테제로 '대중경제론'을 내세운 바 있다. 대중경제론에서는 차관 도입을 바탕으로 정부가 적극적으로 중화학 공업 및 대기업 위주의 자원 배분을 하는 것을 비판하며, 이와 같은 운영은 경제가 외채에 종속되는 결과를 초래할 것이기에 우리가 독립적인 경제 구조를 유지하기 위해서는 수입대체산업화를 통한 자급자족을 추진해야 한다고 주장했다. 이와 같은 대중경제론은 당시 민족경제론을 주창하였던 재야 진보 경제학자 박현채 교수의 영향을 크게 받은 것인데, 이후 김대중은 1980년대 미국 망명 생활과 케임

특수성을 만들어냈다. 수출 의존도가 높고 내수시장의 크기가 작은 나라는 필연적으로 글로벌 경기 변동에 내수경기가 밀착되는 현상이 발생한다. 한국 또한 해외 수요에 따라 기업실적이 좌우되다 보니 가격 경쟁력을 유지하기 위해 국내 임금노동자의 임금을 억제해야 할 필요성이 생겼고, 이로써 국내에서 물가 상승 대비 임금이 정체되는 현상이 나타나기도 했다.

이러한 특성 때문에 한국이라는 공동체를 운영하는 사람들은 울며 겨자 먹기로 서비스업과 사회간접자본의 이용료를 낮게 유지할 수밖에 없었다. 그 와중에 형성된 입시 위주의 교육은 거대한 사교육 시장을 형성하여 제2의 세금을 만들어냈고, 임금이 상대적으로 정체될 수밖에 없는 환경에서 영세한 농업의 문제로 발생한 높은 식료품 물가는 주요 경제 활동 계층의 가처분소득을 더욱 낮췄다. "카후(카드 결제 대금을 제한 후) 소득이 양의 값이라면 고소득층"이라는 자조적인 밈(meme)은 이러한 현상과 매우 밀접한 관련을 갖고 있다.

여기에 새로운 문제가 하나 더 추가된다. 지금까지 검증했던 것처럼 **사교육이라는 제2의 세금, 높은 생활 물가 그리고 낮은 사회간접자본 이용료라는 구조**가 지나치게 오래 지속되다 보니 한국은 공동체 구성원들 인식 체계 속에서 이러한 경제적 토대가 너무 당연한 것이 되었다는 점이 그것이다. 그러므로 공동체를 손보기 위해 사회간접자본 등의 운

브리지대 유학 등을 거치며 점점 더 시장 친화적인 방향으로 대중경제론을 수정하였다. 그 이후 대중경제론은 대중참여경제론을 거쳐 '민주적 시장경제'로 새로이 형태를 갖춘 뒤 1997년 김대중 전 대통령이 당선되어 집권한 국민의 정부 시기 한국 경제 운영 방침의 기틀이 되기도 했다.

영비를 올리려고 시도할 경우엔 1차적으로 대중들의 강력한 심리적 저항에 직면할 수밖에 없다. 사회간접자본 비용은 '원래 저렴한 것'이라는 인식과 함께 이미 이를 제외한 생활 비용이 상당히 비싼 수준이기 때문에 추가적인 생활 비용 상승에 부담을 느낄 수밖에 없는 것이다. 그와 함께 높은 생활 비용과 이에 무게를 더하는 사교육비라는 준조세 때문에 **애시당초 시민들의 가처분소득 자체의 사이즈가 그렇게 크지 않다는 것**이 우리가 마주친 2차적 장벽이다. 바로 이 두 개의 장벽이 우리 공동체의 구조적인 변화를 근본적으로 가로막는 가장 중요한 요인이라고 할 수 있다.

요컨대 우리 공동체가 대대적인 개선 없이 달려오다 한계에 봉착한 것은 마음의 문제 때문이기도 하겠지만, 그보다 우리가 더 심각하게 고려해야 하는 건 돈의 문제여야 마땅하다. 한국은 공동체가 병들었지만, 병든 것을 모두가 알고 있지만, 이 병을 치료하려고 기꺼이 주머니를 여는 사람은 아무도 없는 나라이다. 물론 이것은 거듭 밝힌 바대로 한국인의 품성의 문제가 아닌 순전히 경제적인 이유에서 그러하다. 가구 단위로 살펴보았을 때 이렇게 가뜩이나 돈이 없는 한국인들의 가용 자원을 더더욱 앗아가는 거시적인 문제는 몇 가지가 더 있는데, 그 문제들의 실마리는 대한민국을 일명 **서울 공화국**이라 일컫게 만드는 수도권 집중 현상에서 찾을 수 있다. 우리는 신기하게도 돈 때문에 지방을 살려야 한다고 하지만, 한편으로는 돈 때문에 지방은 소멸해도 된다는 이중적인 태도를 지니고 있기 때문이다.

2장

서울, 서울, 서울, 아름다운 이 거리

"모든 한국인의 마음은 서울에 있다. 어느 계급일지라도 서울에 사는 사람들은 단 몇 주라도 서울을 떠나 살기를 원하지 않는다. 한국인들에게 서울은 오직 그 속에서만 살아갈 만한 삶의 가치가 있는 곳으로 여겨진다."

여기 인용한 말은 2020년대의 한국을 본 외국인이 남긴 것이 아니다. 지금으로부터 130년도 더 전인 1894년에 한국을 방문한(심지어 당시 이 나라는 대한민국도 대한제국도 아닌, 조선이었다.) 영국인 이사벨라 버드 비숍이 자신의 저서에 남긴 글이다. 그로부터 20년 정도 뒤인 1915년 서울의 총인구가 24만 1085명으로 조사되었으므로,* 비숍이 방문했던 때에는 서울 인구가 그것보다는 약간 적었을 것이라 예측된다. 1915년 한국의 총인구는 약 1732만 6883명으로 추정되기에** 비숍이 다녀간 지 20년이 지났어도 서울의 인구 비중은 총인구 대비 1.3% 수준에 불과했다는 것을 알 수 있다. 그럼에도 이미 그때부터 **서울은 한국의 모든 것**으로 인식이 되고 있었던 것이다.

* 서울연구데이터서비스, 「지표로 본 서울 변천」

** 박경숙, 「식민지 시기(1910년~1945년) 조선의 인구 동태와 구조」, 《한국인구학》 제32권 제2호, 2009. 8.

그로부터 120년이 넘게 흐른 2022년 한국의 총인구는 5169만 2272명으로 집계되었으며, 그 중 서울의 인구는 941만 7469명으로 18.2%를 차지하고 있다. 여기에 경기도의 인구 1371만 7827명과 인천광역시의 인구 298만 9125명을 더하면 총 2612만 4412명이 서울 광역권에 거주한다는 계산이 나온다. 이는 대한민국 총인구의 50.5%이다. **서울 인구가 총인구의 1% 남짓일 때에도 서울이 한국이고 한국이 곧 서울이었는데, 이제는 우리 공동체 구성원 중 절반이 넘는 사람이 서울과 수도권에 거주하게 된 것이다.**

한국에 거주하는 우리에겐 수도권 집중이 너무나 당연한 현상이어서 실감이 잘 나지 않을지도 모른다. 그렇기 때문에 우리가 얼마나 심각한 상황에 놓여 있는지는 다른 나라와 비교를 해야 한다. 미국과 중국, 인도 같은 나라도 수도권이나 주요 도시권에 많은 인구가 살지만, 이 세 나라는 그 자체의 크기만으로도 대륙과 견줄 수 있기 때문에 비교 대상에서 제외하도록 하자. OECD 주요국들 중 그나마 한국과 사이즈와 인구 규모 측면에서 비교가 가능한 국가들의 수도권을 나열하면 아래와 같다.

유럽에서는 프랑스와 영국이, 아시아에서는 이웃나라 일본이 수도권 집중도가 그나마 높은 편이지만 이 나라들 모두 한국의 수도권에는 상대가 되지 않는다는 점을 확인할 수 있다. 한국 수도권은 프랑스의 파리 광역권을 일컫는 '일드 프랑스'와 비교했을 때 기본적으로 인구밀도가 이미 2배에 달하며, 영국의 수도권인 '그레이터 런던'과 비교하면 나라의 전체 인구에서 해당 지역의 인구가 차지하는 비중인 인구비가 2배를 훌쩍 뛰어넘는다. 도쿄 광역권과 비교해도 마찬가지다. 한국 수도권은 훨씬 더 좁은 면적에서 많은 사람들이 복작거리고 있다.

한국 수도권에서, 우리는 유독 좁은 곳에 많이 몰려 산다

국가명	명칭	인구 (만 명)	전체 인구비	면적 (km^2)	전체 면적비	인구밀도 (명/km^2)
대한민국	수도권	**2,612**	**50.5%**	**11,871.7**	**11.8%**	**2200.2**
	동남권	656	12.7%	4,849.4	4.8%	1352.8
일본	도쿄 광역권	3,727	30.2%	36,889.3	9.8%	1178.4
영국	그레이터 런던	1,480	21.8%	8,382.0	3.4%	1765.7
프랑스	파리 광역권	1,306	19.0%	18,941.0	2.2%	690.0
이탈리아	로마 광역권	431	7.3%	5,352.0	1.8%	805.3
독일	베를린 광역권	621	7.3%	30,545.0	8.5%	202.2

출처: 대한민국 수도권 및 동남권 「KOSIS 국가통계포털」, 일본 도쿄 광역권 「Japan Statistics Bureau」, 영국 그레이터 런던 「legislation.gov.uk」, 프랑스 파리 광역권 「INSEE, Aire d'attraction des villes 2020 de Paris」, 2022, 이탈리아 로마 광역권 「Eurostat, Appsso Metropolitan Areas」. 독일 베를린 광역권 「deutsche-metropolregionen.org, Hauptstadtregion Berlin-Brandenburg」

그러나 서울의 문제는 비단 인구의 문제에서 그치지 않는다. 서울에는 인구뿐만 아니라 돈도 몰려 있기 때문이다. 서울에 돈이 몰린다는 것은 무엇을 의미하는가? 서울이라는 공간 자체에 대한 수요를 계속해서 높은 수준으로 유지하는 역할을 한다는 뜻이다. 공간에 대한 높은 수요는 그 공간의 거주비용을 상승시키는 효과를 가져오기 때문이다. 특히 한국은 월세보다는 부동산의 매수나 전세가 보편적인 국가라서 거주비용의 상승이 온전히 집값에만 집중되는 문제도 있다.

집값으로 집중되는 거주비용의 증가는 두 가지 추가적인 문제를 다시 발생시킨다. 첫 번째 문제는 해당 지역에 사는 사람들의 가처분소득을 낮춘다는 것이다. 이는 (수도권에 대한민국의 경제력이 집중되어 있다는 걸 이들 또한 잘 알더라도) 지방의 소멸을 막기 위해 수도권의 자원을 배분하는 정책에 심리적 저항감을 불러일으킨다. **두 번째 문제는 사회기반시설의 수도권 쏠림을 막을 수 없다는 것이다.** 인구 집중으로 인한 생활 환경의 저하 압력을 낮추기 위해서 추가적인 인프라의 필요성은 끊임없이 높아지게 되며, 이는 거주비용에 자신의 소득을 쏟아부은 수도권 거주민들에겐 더욱 간절할 수밖에 없는 사안이다. 그러나 그러한 쏠림은 악순환의 고리로 이어진다. 추가적인 인프라가 설치되면 잠시 동안은 과밀화로 말미암은 압력이 줄어들겠지만, 그 인프라가 개선한 공간 환경이 또 다시 그 공간의 수요를 높이게 됨으로써 얼마 가지 않아 다시 과밀화 상태가 유지되는 꼴을 만들기 때문이다.

인프라로 바라보는 수도권 집중화의 양상

이는 도시공학의 유명한 명제 중 하나인 **루이스-모그리지 명제(Lewis-Mogridge position)**와 통하는 면이 있다. 루이스-모그리지 명제는 '더 많은 도로를 건설할수록 그만큼 교통량이 증가할 뿐이므로, 혼잡도의 증가를 피하려면 다른 교통수단으로 분산해야 한다'는 이론을 확증한 것이다. 이 명제에 따르면, 자동차의 예비 수요나 '유도된 수요(induced demand)'의 측면을 고려하지 않은 도로의 공급은 교통 체증을 악화시킬 뿐이다. 한국 수도권의 과밀화가 가져온 악순환과 루이스-모그리지 명제를 비교하면 다음의 표와 같다.

결론적으로, 수도권의 인프라를 개선하는 것은 이 공간의 과밀화를 해소하는 대책이 될 수 없다. 대한민국의 모든 인구가 서울에 거주해도 불

루이스-모그리지 명제와 수도권 과밀의 순환

루이스-모그리지 명제 사고실험	수도권 과밀화 악순환
지점 1과 2를 잇는, 시간당 수용량 100대의 도로 A가 있는데, 이 도로를 시간당 200대가 이용하게 되어 정체가 발생한다.	수도권에는 원래 100명의 인구를 감당할 만한 인프라가 있었는데, 인구 유입으로 150명이 거주하게 되어 과밀화와 주거비용 상승이 발생한다.
이를 해결하기 위해 시간당 수용량 150대의 도로 B를 건설한다.	이를 해결하기 위해 수도권에 추가적인 인프라를 건설하여 200명의 인구를 감당하게끔 개선한다.
B가 완공되자 도로 수용량은 시간당 총 250대가 되어 정체가 해소된다.	개선이 완료되자 200명분의 인프라에 150명이 거주하게 되어 공간 환경이 개선된다.
그러나 정체가 해소되자 다른 교통수단을 이용하는 것보다 자동차를 이용하는 것이 더욱 유리해졌기 때문에, 원래 다른 교통수단을 이용하던 사람들 100명이 또 다시 자동차를 이용하게 된다.	그러나 공간 환경이 개선되자 다른 도시에 사는 것보다 수도권에 거주하는 것이 더욱 유리해졌기 때문에, 원래 다른 지역에 살던 사람들 100명이 다시 수도권으로 이주하게 된다.
이제 도로 A는 시간당 130대, 도로 B는 시간당 170대가 이용하게 되어 양쪽 모두 정체가 발생한다.	이제 수도권에는 총 250명이 살게 되어 또 다시 과밀화와 주거비용 상승이 발생한다.

편함이 없을 정도의 인프라가 설치되지 않고서는 해결이 원천적으로 불가능하기 때문이다. 그러나 수도권의 크기는 5천만명이 거주하기에는 지나치게 협소한 게 부정할 수 없는 사실이다. 결국 수도권의 인프라를 개선하는 것은 이 지역에 거주하고자 하는 예비 수요의 크기만 지속적으로 키울 뿐 문제해결에 전혀 도움이 되지 않는다는 점을 논리적으로 확인할 수 있다.

수도권으로 이주하고자 하는 예비 수요의 크기가 대략 어느 정도일까? 이는 한국리서치의 2021년 설문에서 확인할 수 있는데, 수도권 외 지방 거주자 중 거주 이전을 희망하는 자의 41%가 수도권으로의 이주를 희망하는 것으로 조사되었다. 앞서 제시한 바와 같이 현재 대한민국의 총인구 중 50.5%는 수도권에 거주하고 있다. 만약 수도권이 아닌 곳에 거주하는 사람 중 41%가 모두 수도권으로 이주하게 된다면, 수도권에는 대한민국 전체 인구의 70.8%, 약 3659만명이 거주하게 된다. 즉, 현재 수도권에 대한 수요는 이미 거주하고 있는 50.5%만이 아니라 **전 인구의 70.8%라는 잠재된 수요**까지 한꺼번에 집중되어 있다고 판단하는 것이 타당하다.

한국인의 이주 희망지 현황

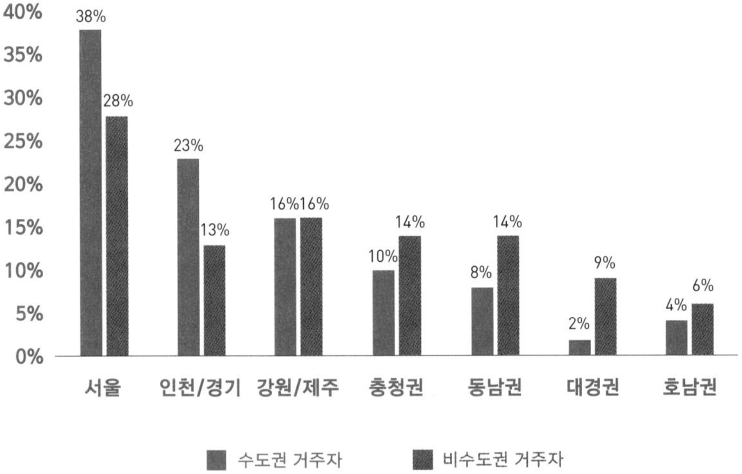

출처: 한국리서치 주간리포트(제136-2호),「기획: 지방소멸 위기와 지역 불균형 해소를 위한 노력」, 2021. 5.

이처럼 수도권, 특히 서울의 거주 수요는 언제나 높았다. 서울이라는 한정된 땅에는 늘 많은 사람이 몰려들었지만, 한국 공동체는 항상 인구를 지방으로 분배하는 대신 서울을 **고밀도 주거 위주의 공간**으로 바꾸는 방식만을 사용했다. **대규모 아파트 단지**는 이 과정에서 지배적인 주거 수단으로 등장했다. 일단 들어온 사람을 쫓아낼 순 없으니, 아파트가 한번 지어지면 더 많은 아파트 수요가 발생하게 되는 건 피할 수 없는 일이었다. 그동안 과거에 지은 아파트는 낡은 아파트가 되므로 여기서 다시 재건축 수요가 발생한다. 이 논리에 따라 재건축된 아파트는 더욱 기능이 좋은 새 아파트가 되어 다시 수요를 견인하는 효과를 가져온다. 이런 흐름에 따라 기능이 좋아지고 수요가 몰리는 새 아파트는 가격이 점점 더 높아지게 되고, 이 가격을 감당할 수 있는 사람들만이 서울의 아파트에서 살 수 있게 된 것이다.

이러한 순환 구조는 고소득층일수록 주거 형태가 아파트에 집중되는 특이한 양상을 만들어냈다. 실제로 국토교통부가 해마다 조사하는 「주거실태조사」에 의하면, 2012년 소득 9~10분위 고소득층의 아파트 거주 비율은 60.4%였으나 2021년에는 76%까지 상승하였으며, 5~8분위 중소득층의 아파트 거주 비율 역시 2012년 52.2%에서 2021년 58.2%로 상승하였다. 1~4분위 저소득층만 35.1%에서 33.5%로 1.6%p 감소했다.* 이렇듯 한국은 **전체 인구의 아파트 거주 비중이 매우 높지만, 동시에 아파트는 점점 고소득층의 거주 수단이 되어간다는 이중적인 현상**을 보여 주는 나라이기도 하다.

* 민보름, 「'선망의 대상' 된 대한민국 아파트, 어떻게 진화했나」, 《이코노미스트》, 2023. 7. 1.

이는 한국 수도권에서 **아파트 공동체**라는 특이한 그룹을 생성해 냈다. 아파트가 들어서면 그 단지 내에 소규모 공동체가 생기고, 그 공동체를 위주로 학군이 조성되며, 시간이 지난 후 해당 공동체는 주거 환경 개선을 위해 재건축 수요를 이끌어내어 종국에는 더 개선된 아파트 단지를 구축한다. 이러한 아파트 단지는 더 높은 가치를 지니기 때문에 아파트 공동체의 목표는 그 단지의 가치를 지속해서 유지하고 끌어올리는 것이 된다. 게다가 아파트가 재건축이나 리모델링 등을 거치면 자산 가격의 팽창이 발생할 수밖에 없다. 이 팽창을 감당할 수 없는 사람은 그 아파트 공동체 구성원에서 탈락하고, 감당할 수 있는 사람들이 신규로 유입된다. 그러면서 해당 아파트 공동체 내의 경제적인 수준도 점차 유사해져 가고, 이 과정을 계속 반복하면서 한국의 아파트 공동체는 특유의 유대감과 자부심을 보유하게 된다.

최근의 재건축 아파트 단지는 그러한 기능에 완전히 최적화되어 있다. 단지 내 커뮤니티 센터에는 입주민이 무료로 사용할 수 있는 피트니스 센터가 갖춰진 곳이 많고, 특히 서울 강남권에는 골프 연습장을 포함한 레저 기능이 모두 포함된 신규 아파트 단지가 건설되고 있다. 가히 유럽 중세에서 볼 수 있었던 부르주아의 사전적 의미가 지금 대한민국 서울에서 구현되고 있는 것이다. 실제로 중세 유럽의 부르주아들이 특유의 자부심을 갖고 있었던 것처럼 한국의 아파트 공동체 역시 그들의 삶이 투영된 아파트에서 자부심과 유대감을 느끼는 건 자연스러운 현상이다. 주거 공간이 **계급화**되는 사례라고 할 수 있겠다.

그러나 엄밀히 말해서, 아파트는 죄가 없다. 아파트 단지는 좁은 땅덩어리 안의 많은 사람이 특정 공간에 모여 살기 위해 고안된 최적의 주거 형태일 뿐이다. 이 주거 형태와 정체성이 하나의 계급까지 형성하게 된 것은 아파트의 잘못이 아니라 아파트라는 수단과 도시라는 공간을 운용하는 사람의 책임이다. 또 거기에 사는 이들이 설사 자신이 속한 아파트 공동체에 대해 다소간의 자부심을 느낀다고 할지라도, 언제나 그렇듯 이것이 그들의 원천적인 품성의 문제는 아니다. **가장 큰 문제는 아파트라는 수직 고밀도 건축물 자체가 과도한 수도권 집중, 특히 서울 집중으로 인해 발생한 것이라는 데 있다.** 1960~1970년대 우리나라에서 전개된 '무작정 상경' 시절부터 2020년대 브랜드 아파트 공동체의 전성기까지 수도권 집중 현상은 줄곧 역동적이고 변화무쌍한 양상을 보이면서 강화되었지만, 이를 진지하게 대면하고 수정하려는 시도는 그 누구도 제대로 하지 않았기 때문이다.

역대 정권의 지역균형발전 정책을 되짚어보면

그렇다면 이제 대한민국에서 수도권 집중이 실제로 어떤 변화의 양상을 거치면서 지금처럼 구축되었는지를 살펴볼 차례다. 통념상 우리는 수도권 집중 또는 서울 공화국이라는 문제가 오랫동안 그저 방치돼 있다고 생각할 수 있지만, 의외로 수도권 집중의 문제는 사실 우리 생각보다 훨씬 더 오래전부터 정책 의사결정권자들의 머릿속에 자리 잡고 있던 것이었다. 예를 들어 1963년부터 1966년까지 박정희 정권에서 관선 제13대 서울시장을 지냈던 윤치영 씨는 국회 국정감사에서 서울의 도시계획 부재에 대한 책임소재를 추궁하는 국회의원들에게 다음과 같이 말한 바 있다. 다시 강조하지만 2020년대가 아닌, 한국전쟁 휴전 후 10년이 겨우 지난 1960년대 중반의 이야기이다.

"나도 좋은 도시를 만들 줄은 압니다. 그런데 서울시는 아무런 도시 계획 사업도 하지 않고 있는데도, 이렇게 많은 인구가 전국에서 모여들고 있습니다. 만약에 내가 멋진 도시 계획을 해서 서울시가 정말로 좋은 도시가 되면 더욱 더 많은 인구가 서울에 집중될 것입니다. 내가 서울에 도시계획을 하지 않고 방치해 두는 것은 바로 서울 인구 집중을 방지하는 방안입니다."*

윤치영 씨의 일화는 1960년대 초반 서울의 인구가 약 350만명 정도에 불과할 당시에도 **서울 과밀화에 대한 담론**이 존재했음을 의미한다. 우리는 이를 통해 당시에도 이미 도시의 집적불이익**을 방치하여 도시의 성장을 억제하는 일종의 **축출적 전략**이 정책의사결정권자들에 의해 사용되고 있었음을 알 수 있다. 물론 윤치영의 방침은 경부축의 개발을 주요 국정 목표로 삼았던 박정희 정권의 의지와는 달랐기 때문에 그는 곧 서울시장에서 경질당했다. 그의 뒤를 이어 제14대 서울시장이 된 사람은 지금도 서울시민들이 이용하고 있는 세종대로와 강변북로를 만들고 여의도를 개발한 속칭 "불도저" 김현옥이었다.

서울의 과밀화에 대해 박정희 정권과 다른 견해를 가졌던 윤치영의 경질에서도 알 수 있지만, 결국 서울의 팽창은 일종의 정책적 결정으

* 손정목, 『서울도시계획이야기 4』, 한울, 2003.

** 무언가가 많이 모여 있을 때 발생하는 부작용을 가리킨다. 도시의 집적불이익이라 한다면 인구의 과밀로 인한 교통의 혼잡, 높은 공간 수요로 인한 주거비용의 상승 등이 있을 수 있다. 그 반대의 개념은 집적이익이며, 집적이익의 예시로는 인적·물적 자원 교류의 용이성, 운송비의 절감, 공동 구매 및 판매를 통한 이익 추구의 효율성 등이 있다.

로 인해 더욱 가속화되었다는 것을 우리는 논리적으로 파악할 수 있다. 그러나 이것이 반드시 당대 정책의사결정권자들의 도의적 책임이라고 단정 지을 수는 없다. 전쟁을 겪고 모든 것이 파괴된 상태에서 출발해야 했던 나라의 입장에서 경제 성장을 이룩해 내기 위해서는 선택과 집중이 필수적이었기 때문이다. 이어지는 3장에서 노동생산성 문제를 다루며 대기업 집중의 발전 전략에 관해 논의할 때도 같은 맥락의 이야기를 반복하겠지만, 우리 공동체는 압축 성장을 위해 **집적이익의 추구**를 가장 큰 수단으로 삼았다.

이러한 집적이익 추구의 과정에서 가장 큰 이득을 본 곳은 경부선 철도와 경부고속도로를 중심으로 한 경부축의 대도시들, 즉 서울, 대전, 대구, 부산이었으며, 특히 그 중에서도 가장 큰 수혜를 입은 곳은 경부축의 양쪽 시작이자 끝인 서울과 부산이었다. 호남은 이 과정에서 상당히 소외를 당해 박정희 정권 당시의 경제 성장 과실을 경부축에 비해 많이 누리지 못했고, 이는 현재까지도 광주 및 호남 지역의 총생산 규모가 전국에서 가장 낮은 수준에 머무르는 결과를 가져왔다.

물론 서울 과밀화의 초석을 제공한 박정희 정권 당시에도 서울 집중의 위험성을 몰랐던 것은 아니었다. 특히 서울이 휴전선과 가깝다는 안보적인 문제도 겹쳐 박정희 정권 후반기에는 지역 대도시를 중심으로 한 발전 전략을 도모하였으나 이는 10·26 사태로 박정희 정권이 갑작스럽게 무너지며 중단되고 말았다. 특히 1970년대 초반 서울을 '정비'하겠다는 박정희 전 대통령의 계획은 도시빈민들을 내쫓기만 하고 후속 대책이 전혀 없는 모습을 보여줌으로써 광주대단지사건* 이라는 거

* 박정희 정권 중기 전태일 열사 분신 사건과 함께 가장 충격적이고

대한 시민 불복종 운동의 도화선이 되기도 했다.

박정희 정권의 뒤를 이었던 전두환 정권은 지역균형발전에 큰 관심이 없었으며, 그 뒤를 이은 노태우 정권은 전두환 정권 8년 동안 쌓인 서울의 집적불이익을 해소해야 하는 문제에 봉착했다. 1980년대 초반 3저 현상을 타고 한국의 경제는 다시 한번 도약기를 맞이하였으나, 뚜렷한 지역균형발전이 없이 경부축을 계속 그대로 둔 상태에서 경제 성장을 추진한 전두환 정권 시기에 서울을 향한 인구 집중은 더욱 심해졌고, 이 때문에 1980년대 후반부터 토지 및 주택 가격의 상승이 상당히 두드러졌기 때문이다. 실제로 노태우 정권 출범 첫 해인 1988년 지가 상승률은 전년 대비 27.5%, 1989년에는 32%에 이르렀으며 주택 가격의 경우 1988년 13.2%, 1989년 14.6%를 거쳐 1990년에는 21%의 상승세를 보였다.*

격렬했던 시민 불복종 운동이다. 당시 박정희 정권은 서울의 무허가 판자촌을 정리할 계획을 세우며 10만명에 이르는 도시빈민 및 철거민들을 경기도 광주시 중부면 일대(현재의 경기도 성남시 중원구, 수정구 및 광주시 남한산성면 일대)로 이주시켰는데, 해당 지역은 어떤 인프라도 제대로 구비되지 않은 빈 땅에 불과했으며 생계 수단조차 전무한 형편이었다. 이 상황에서 관할 행정 당국인 경기도청이 이주민들에게 처음 이주 당시 약속했던 가격의 4배에서 최대 8배에 이르는 토지대금을 납부하라는 고지를 보냈으며, 이에 대한 대책 마련 촉구에 중앙정부와 서울시 등이 제대로 된 답변을 내어놓지 못하자 대대적인 소요 사태가 발생, 결국 사태 수습을 위해 달려온 양택식 당시 서울시장이 이주민들의 요구를 대부분 수용하면서 종료되었다. 당시 광주대단지와 서울의 주요 통근 지역을 잇는 거의 유일한 대중교통이었던 서울 시영버스 270번 노선은 현재도 서울 간선버스 303번으로 운행되고 있다.

* 대한민국 정책브리핑, 「실록 부동산정책 40년 "어중간하게 150만호가 뭡니까"」, 2007. 3. 2.

이 때문에 노태우 정권은 우선 서울의 인구를 주변으로 분산하고, 서울로 신규 유입되려 하는 인구 역시 서울 주변으로 유도하여 배치하려는 전략을 사용했다. 이것이 현재 서울 주변의 위성도시 대부분을 만든 **주택 200만호 정책**이었다.* 이에 따라 1991년 분당신도시의 첫 입주가 시작되었으며 1992년부터 평촌, 산본, 일산, 중동이 잇달아 거대한 주거지역이 되었고, 이를 통해 총 214만호의 주택이 건설되는 성과를 거두었다. 이 정책은 1988년 당시 전국의 주택 수 640만호의 무려 1/3가량을 늘려 주택 부족 문제를 해소했다는 성과가 있었지만, 결과적으로 서울 집중을 해소하는 것에는 별다른 도움이 되지 못했다. 1기 신도시는 자족 기능이 없는 서울의 베드타운에 머물렀으며, 종국엔 더 많은 인구가 서울로 통근하게 만들었기 때문이다. **주택 200만호 정책은 주거 측면의 집적불이익만 해소하고 산업 측면의 집적이익은 더욱 증가시켜 종국에는 서울의 가치를 더욱 상승시켰다고 할 수 있다.**

1990년대 중반으로 접어들면서 수도권에 어느 정도 숨통이 트이자, 문민정부는 지역균형발전에 다시 박차를 가하려 시도하였다. 수도권 공장총량제 및 과밀부담금제 도입을 골자로 한 김영삼 정권의 지역균형발전 정책이 대표적인 예시이다. 단순히 서울의 인구 분산이 아닌, 양질의 일자리를 지방으로 배치하려고 정권 차원에서 처음으로 의미 있는 시도를 한 것이다. 그러나 이 시도 역시 1997년 외환 위기를 맞으면서 좌절되었다. 물론 단순히 경제 위기 때문에 정책이 제대로 추진되지 못했던 것은 아니었다. 국제통화기금의 요구 때문에 우리 정부는 과

* 박진용, 「'집통령' 꿈꾼 노태우… 분당, 일산 만들고 주택 200만호 공급」, 《서울경제》 2021. 10. 16.

거 독재 정권을 거치면서 누적돼 왔던 각종 규제들을 해소해야만 했고, 더욱이 김영삼 정권 후반에서 김대중 정권 초반부까지의 경제 정책은 사실상 국제통화기금의 감독을 받게 됨에 따라 규제를 통한 지역균형 발전은 시도조차 할 수 없었기 때문이다.

실제로 IMF 체제를 극복해 낸 김대중 정권도 수도권 집중을 해소하진 못했다. 김대중 전 대통령은 개방경제로의 전환을 위해 외국인 투자에 대한 입지 규제 완화, 그린벨트 규제 완화 등을 통해 경기를 부양하려 노력했다. 그럼에도 외국인들에게는 인력과 물자, 그리고 인프라가 집중된 수도권에 투자하는 것이 이익이었으며, 대도시 투자를 위한 그린벨트 규제 완화 정책 역시 다음 정권에서도 꾸준히 이어졌다. 그 이후 노무현 정권에서의 신행정수도 건설이 좌절되고 공공기관 이전 정도만 근근이 이어져 온 결과, 2020년대인 지금 서울 공화국의 위세는 어느 때보다도 강력하다고 할 수 있다.

이상의 논의를 정리해 보자. 우리 공동체에서 이루어진 서울 집중의 역사는 경제 발전의 도상에서 피치 못한 부분이 있었던 건 사실이다. 이를 해소하려는 시도가 없었던 것도 아니었고, 여러 정권들의 다양한 시도가 외부적인 요인으로 인해 실행되지 못했던 점도 참작할 필요는 있다. 그러나 우리나라의 역대 정책의사결정권자들의 국가 운영 방식은 **크든 작든 결과적으로 수도권을 오히려 더 크게 만드는 방향으로 작용해 왔다는 점**에서 비판적인 검토가 가능하다. 이 책의 서문에서부터 반복적으로 언급하고 있는 '빠른 신진대사'라는 개념에 적용해 본다면, 우리나라의 덩치는 그 어디보다도 빠르게 성장했으나 성장이 전부 머리로만 집중되어 팔다리는 모두 젓가락만도 못한 상태가 되었다고 할 수 있다. 앞서 이야기한 것처럼 우리는 심장약을 꾸준히 복용하였음에도 심장이 허약한 상태인데, 거기에다가 균형적인 육체도 전혀 발달시키지 못했던 것이다.

수도권, '좋은 일자리'를 독식하다

그다음으로 이야기해 볼 것은 **소득과 노동시간의 문제**이다. 이 두 가지는 우리 모두에게 가장 중요한 요소라고 할 수 있다. 왜냐하면 소득은 각 개별 경제 주체의 경제력을 형성하는 것에 필수적인 역할을 하고, 노동시간은 그 경제 주체의 삶의 질뿐만이 아니라 전반적인 노동생산성 수준을 결정하는 변수가 되기 때문이다. **다시 말해 높은 소득과 상대적으로 짧은 노동시간이 합쳐져서 노동생산성이라는 경제적 가치를 만들어낸다.** 노동생산성에 관해서는 3장에서 자세히 설명하겠지만, 이 지표는 전산업생산을 노동자 수와 노동시간을 곱한 크기로 나누기 때문에 노동시간에 반비례하는 특성을 나타낸다. **우리는 여기서 결국 높은 노동생산성을 보여주는 곳이 좋은 일자리라는 사실을 알 수 있고, 좋은 일자리는 많은 돈뿐만 아니라 생활의 여유까지 만들어낸다는 사실 역시 논리적으로 유추할 수 있다.**

고용노동부가 조사하는 지역별 상용근로자 임금총액과 상용근로자의 총근로시간 데이터를 비교하면, 서울은 총임금은 제일 높지만 총근로시간은 뒤에서 3등인, 훌륭한 밸런스를 갖춘 모습을 보여준다. 즉, 서울은 다른 지방 대비 노동생산성이 굉장히 높다. 임금은 상대적으로 높으면서도 근로시간은 상대적으로 적은 아주 이상적인 구조를 가지고 있는 것이다.

2022년 기준 지역별 상용근로자 총임금 및 총노동시간 비교

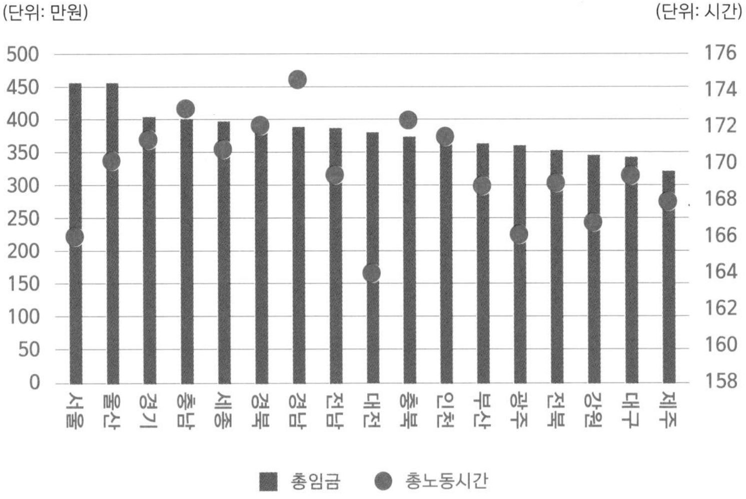

출처: 통계청, 「사업체노동력조사, 행정구역(시도)/산업/규모별 임금 및 근로시간」, 2022

반면 대전을 제외한 다른 지역의 경우, 대부분 임금 수준이 서울보다 낮음에도 불구하고 상용근로시간은 서울보다 높다. 이처럼 서울을 제외한 모든 지역이 서울보다 생산성이 낮기 때문에, 노동의 관점에서만 관찰한다 할지라도 서울은 **전국에서 가장 좋은 일자리**를 거의 독식하고 있다고 결론을 내리는 게 가능하다. 서울에 거주하길 원하거나, 최소한 서울로 통근할 수 있는 지역에 거주하고자 하는 예비 수요가 대한민국 어디든 존재한다는 사실은 이렇듯 일자리의 측면에서 입증된다고 볼 수 있다.

그렇다면 서울과 수도권은 왜 생산성이 높은가? 그것은 경제 구조 내에서 높은 생산성을 지니는 **고부가가치 업종**이 서울과 수도권에 몰려 있기 때문이다. 2022년 기준 평균 임금이 제일 높은 금융보험업의 경우 절대 다수의 금융회사 본점이 서울에 위치한다는 점을 상기한다면 새삼 서울의 위력을 실감할 수 있다. 금융보험업은 전국 각지에 지점망이 있기 때문에 오히려 지방에서 좋은 일자리를 제공하는 업종 중의 하나로도 꼽히지만, 그럼에도 지역 거점 은행을 제외한 거의 모든 금융회사가 서울에 본사를 두고 있다. 대개 회사의 가장 훌륭한 인재는 본사에서 육성한다는 점을 생각할 때, 금융보험업의 서울 집중은 그 자체로도 좋은 일자리의 서울 집중을 설명하는 하나의 키워드가 될 수 있다.

심지어 서비스업이 아닌 제조업의 관점에서 봐도 수도권의 독식은 여전하다. 한국은행이 지난 2023년 8월 발간한 「우리나라 주요 제조업 생산 및 공급망 지도」의 통계를 취합하여 가공한 결과 수도권은 전체 제조업 부가가치의 65%를 담당하는 반도체, 2차 전지, 디스플레이, 자동차 등 주요 10대 산업에서 총 26.8%의 부가가치를 창출하는 것으로 산출되었다.* 충청권과 동남권이 각각 12.8%와 12.4%로 그 뒤를 따랐으나 두 권역을 합쳐도 25.2%를 기록해 수도권에 미치지 못했으며, 대경권과 호남권은 각각 6.6%와 6.3%, 강원권은 0.1%에 불과했다.

특히 수도권은 삼성전자의 수원·화성사업장과 SK하이닉스의 이천캠퍼스에 힘입어 국내 제조업에서 가장 부가가치가 높은 반도체 산업의 생산점유율 80%를 독점하고 있다. 반도체 하나에서만 전체 제조업 부가가치의 15%를 차지하고 있는 것이다. 현재 대한민국의 30대를 구성하고 있는 밀레니얼 세대까지만 하더라도 학교에서 지리를 배울 때

* 해당 자료의 각 지역별 품목 생산 점유율과 그 품목의 2021년 기준 전체 제조업 대비 부가가치 비중을 가중평균하여 산출함.

국내 주요 제조업 부가가치 창출도 비교

(단위: %)

권역	반도체	디스플레이	무선통신기기	자동차	자동차부품	철강	조선	정유	화학	기계	전기장비	계
수도권	**14.9**	**1.6**	**1.6**	**1.6**	**1.0**	**1.0**	**0.0**	**0.2**	**0.1**	**3.4**	**1.3**	**26.8**
충청권	2.9	2.0	0.3	0.4	1.3	1.1	0.0	0.7	0.9	1.4	1.7	12.8
강원권	0.0	0.0	0.0	0.0	0.1	0.0	0.0	0.0	0.0	0.0	0.0	0.1
대경권	0.4	1.0	1.3	0.0	1.0	1.6	0.0	0.0	0.1	0.7	0.6	6.6
동남권	0.0	0.0	0.2	1.9	1.4	1.6	1.1	1.5	1.4	1.9	1.3	12.4
호남권	0.2	0.0	0.1	0.7	0.3	1.3	0.3	0.8	1.6	0.5	0.5	6.3

출처: 한국은행, 「우리나라 주요 제조업 생산 및 공급망 지도」, 2023

'구미 반도체'라는 말로 상징되는, '반도체 분야는 경상북도 구미에 사업장이 많다'는 교육을 받았던 게 사실이다. 지금은 상황이 완전히 달라졌다. 어느덧 반도체마저도 수도권이 모두 흡수해 버린 것이다.

우리나라는 적어도 겉에서 봤을 땐 지방에도 이러저러한 산업들이 자리 잡고 있는 것으로 여겨진다. 그러나 조금 더 깊숙하게 들여다보면 전체 부가가치의 규모는 제조업과 서비스업을 막론하고 수도권이 다른 지역에 대비해서 가히 압도적이라는 것을 알 수 있으며, 이는 경제적 관점에서 서울과 수도권으로 집중되고자 하는 예비 수요를 끊임없이 창출할 수밖에 없다는 사실을 또 한 번 확인할 수 있다. 1장에서도 언급했지만 가뜩이나 생활 비용이 높은 한국 공동체에서 어느 정도 윤택한 삶을 영위하기 위해서는 질 좋은 일자리가 있는 곳으로 사람이 모일 수밖에 없고 바로 이것이 공간에 대한 수요를 만들어내는 가장 중요한 요인이라고 할 수 있다. **한국은 수도권에 '좋은 일자리'가 몰려 있기 때**

문에 공간 이주의 수요 역시 수도권이 독점할 수밖에 없다.

2010년대 중반 이후, IT 산업의 약진과 맞물려

한편 앞서 역사적인 맥락으로 서술하였던 수도권 집중을 2014년 이전과 이후의 부분만 조금 확대하여 구분해 볼 수도 있다. 서울은 1990년 이후로 줄곧 순유출로 인한 인구 감소가 있었고, 1990년 이후 수도권의 인구 팽창은 경기도로 유입된 인구가 거의 대부분을 차지했다. 그런데 경기도의 인구 유입 역시 2000년대 초반 이후 지속적으로 감소하던 중 2014년부터 다소 반등하는 모습을 보인다. 이 과정에서 가장 중요한 역할을 한 것이 **2012년부터 입주를 시작한 판교테크노밸리**이며, 가장 상징적인 사건이 **2014년 있었던 카카오의 다음 합병**이라고 할 수 있다.

우리는 **판교신도시**가 경제적 자생력을 갖춘 신도시로서는 대한민국에서 거의 최초로 크게 성공한 모델이라는 점에 주목할 필요가 있다. 물론 1기 신도시인 일산, 분당, 평촌, 산본, 중동 역시 잘 자리 잡은 도시이지만 이 도시들은 대부분 자체적인 산업과 경제적 생산력을 갖춘 도시가 되는 것까지는 실패하였고 서울의 분산을 위한 베드타운으로 자리매김했다는 점을 감안해야 한다. **즉, 공공기관 이전이라는 일종의 국가 주도적 인센티브 없이 성장하는 데 성공한 신도시는 사실상 판교가 유일하다.**

판교신도시가 성장하고 IT 기업들이 대대적으로 입주하였던 2012년부터 카카오가 다음을 합병하게 된 2014년까지 한국의 경제는 큰 변화를 겪는다. 통념상 우리가 한국 경제의 큰 변동이라고 한다면 1997년 외환

서울 및 서울 제외 수도권 순이동 추이 (1970~2022)

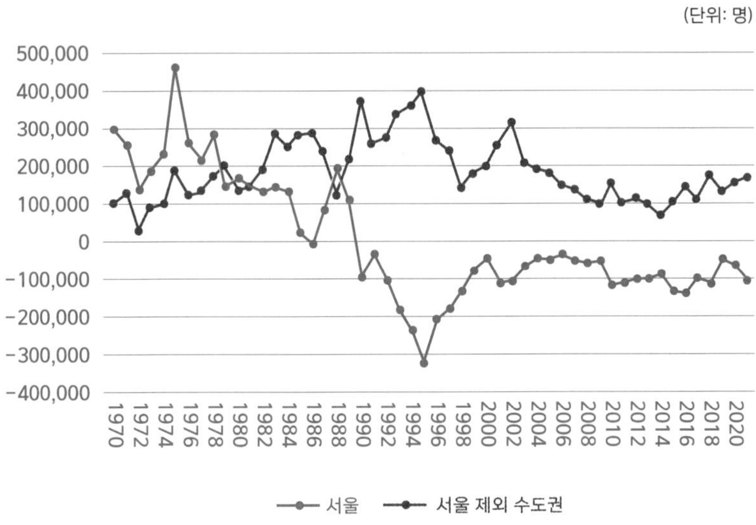

출처: 통계청 「국내인구이동통계, 시군구별 이동자수」, 2022

위기, 2008년 글로벌 금융 위기 정도를 떠올릴 수 있지만, 2012년부터 2014년까지 우리나라에서는 10~30위권 사이에 위치한 중위권 재벌 그룹이 다수 몰락하고 플랫폼 기업들이 차츰 순위를 올리기 시작한 **조용한 격변**이 있었다. 이 기간에 청년들의 취업 구도에도 상당한 변동이 있었는데 우리는 이를 **대기업 절벽**이라 명명할 수도 있다. 소위 '네카라쿠배'(네이버, 카카오, 라인, 쿠팡, 배달의민족)라고 일컬어지는 플랫폼 기업들과 기존 중위권 대기업들의 자리바꿈이 이 시기에 본격적으로 일어났기 때문이다.

2013년 즈음은 외환 위기 이후 체질 개선에 성공한 국내 대기업들이 2000년대의 성장 역량을 기반으로 미래 먹거리 찾기에 나서 본격적인 인수 합병 등으로 몸집을 불리던 시기였다. 그런데 이때는 인수 합병을 무리하게 추진하거나, 손익분기점에 도달하기까지 지나치게 오래 걸리는 사업을 영위하며 비용이 크게 증가했던 기업들이 2012년부터 시작된 남유럽 재정 위기의 영향을 받아 휘청거리던 시기이기도 했다. 당시 위기에 처했던 대표적인 대기업들이 바로 금호그룹, 동양그룹, 동부그룹, 두산그룹, 웅진그룹 그리고 STX그룹이다.

이들의 운명은 비참했다. 동양과 STX는 그룹이 해체되어 사라졌고, 동부그룹은 겨우 해체를 모면하고 금융계열사만을 가진 상태로 살아남았으며, 금호와 두산, 웅진그룹은 사세가 크게 약화되었다. 당연한 이야기지만 이들은 두산을 제외하고 모두 재계 순위 40위권 밖으로 밀려났으며 수많은 관련 중소기업들 역시 힘든 시절을 겪었다. 이들이 모두 탈락하면서 소위 '재계 순위'에 발생한 몇몇 빈틈을 카카오와 네이버를 선두로 한 판교의 IT 회사들과 후발 주자인 쿠팡, 배달의민족 등이 메우기까지는 상당한 시간이 걸렸다.

대기업 절벽 시기 어려움을 겪은 주요 대기업집단의 재계 순위 변동

그룹명	2011년	2023년	변 동
두산	12 위	17 위	▼5
금호아시아나	13 위	26 위	▼13
STX	14 위	해체	해체
동부	20 위	48 위	▼28
웅진	32 위	해체	해체
동양	38 위	해체	해체

출처: 공정거래위원회의 연도별 「공시대상기업집단 지정 결과」 기준, 공기업을 제외한 순위

이러한 변화를 거치며 수도권 집중은 근본적으로 양상을 달리했다. 과거의 수도권 집중이 서울 시내에 존재하는 대기업으로의 입성을 위한 예비적 성격이 강했다면, 2010년대 중반 이후의 수도권 집중은 금융 및 전통적 대기업을 담당하는 서울, 신흥 플랫폼 기업을 담당하는 경기 남부, 그리고 그 사이에 폭넓게 존재하는 스타트업 그룹이 상호작용을 주고받는 하나의 거대한 유기체 형태가 된 것이다. **과거와 같은 서울-위성도시 간의 일방적 관계를 떠난, 진정한 의미의 메갈로폴리스가 이때 탄생한 것이다.**

실제로 스마트폰 혁명과 플랫폼 기업들의 성장에 따른 스타트업 붐에서 경기도는 최적의 장소라고 할 수 있다. 서울보다 임대료는 낮지만, 서울과 가깝기 때문에 서울에 몰려 있는 잉여 자본의 투자 유치가 용이하며, 판교에 대거 자리 잡고 있는 IT 대기업들과의 교류 역시 지리적으로 어렵지 않게 가능하다. 이와 같은 여러 장점들 때문에 사실상 청년들을 중심으로 하는 신규 창업마저도 수도권이 독점하는 양상이 일어났다.

이처럼 2010년대 이후 IT 산업의 비약적인 발전은 서울의 기능을 분담하기 위해 수도권에 자급자족 기능을 성공적으로 갖춘 도시를 처음 탄생시켰다고 할 수 있다. 그렇지만 전국적인 차원에서 봤을 땐, 수도권에서 이렇게 생겨난 도시는 자본 및 인력 조달의 측면에서 서울과 일으키는 시너지 효과 덕분에 서울의 자본과 인구가 집중되는 영역을 조금 더 넓혔을 뿐 실제로 우리나라의 균형 발전에는 전혀 도움이 되지 않는 결과가 도출된 것이다.

좌절된 메가시티와 행정수도의 구상

서울과 그 위성도시 그리고 경기남부가 연결된 거대한 메갈로폴리스와 상당히 흡사한 것이 지방에 없는 건 아니다. **동남권 임해공업지대에 조성된 거제**(조선)**-창원**(기계)**-부산**(중심도시, 서비스)**-울산**(자동차)**-포항**(철강) **벨트**가 바로 그것이다. 동남권 임해공업지대의 부가가치 창출력은 물론 고도성장기보다는 못하지만, 실제로 이 거대한 인구 벨트를 엮어 하나의 유기체로 만들려는 시도는 과거에 존재하기도 했다. 공식적으로는 '부산울산경남특별연합'이라고 명명되었던 **동남권 메가시티**의 야심찬 구상이었다. 이는 수도권이 1)갈수록 조밀해지는 광역교통망, 2)이를 통해 상대적으로 편리해지는 통근 요건, 3)이로 인해 발생하는 인구 집중, 4)자본 집중의 선순환을 통해 멀리 도망가는 그림이 계속되자 해방 이후 전통적인 한국의 중심축이었던 경부축의 나머지 한쪽인 부산·울산·경남 역시 비슷한 과정을 통해 하나의 광역경제권을 형성하고 지역의 부흥을 도모하였던 시도라고 이해하면 된다.

실제로 동남권 메가시티는 과거 2000년대 초반 참여정부 시절 최초로 계획되었던 광역경제권 및 초광역권 구상이 실제로 이행 직전까지 이르렀던 최초의 사례이다. 2000년대 초반 계획되었던 것이 왜 실현 직전까지 20년이나 소요되었는가? 2010년대 중반 집권하였던 박근혜 정권에서 광역권 육성 전략보다는 다수의 중추 도시권 육성 전략이라는 방향을 선택했기에 광역권 형성에 대한 논의가 잠시 끊어졌기 때문이다. 게다가 부산·울산·경남 지방은 87년 체제 이후 계속하여 민주자유당-한나라당-새누리당 계열의 지자체장이 선거에서 당선되었던 역사가 있었기 때문에 당시 중앙정부의 방향성에 반대하기는 더더욱 어려웠을 것이다. 이 때문에 동남권 메가시티 논의의 재부상을 관찰하려면 2010년대 후반까지 기다려야만 한다.

동남권 메가시티의 핵심 포인트는 광역철도망 구성이었다. 대규모 경제 공동체를 구성하기 위한 첫 번째 조건이 바로 많은 인구와 물자가 빠르고 안전하게 이동할 수 있는 조밀한 철도망의 확보이기 때문이다. 실제로 세계의 모든 선진국 대도시권은 미국을 제외하고는 철도에 인구 이동의 대부분을 의존하고 있으며, 미국도 동부 대도시권은 철도에 의한 통근이 상당한 수준으로 이루어지고 있다. 또한 개발도상국들의 경제 발전을 가로막는 문제 중 하나가 대도시권의 부실한 대중교통망, 특히 도시철도망이라는 것을 생각할 때 철도는 경제발전의 필수불가결한 요소라고 할 수 있다. 그러나 한국은 수도권 광역철도망에는 꾸준히 투자해 왔지만 수도권 외 지역의 광역철도망에는 놀랄 만큼 인색했다. 1974년 8월 15일 수도권 전철 1호선 서울역-청량리역 구간이 개통된 이후로 2021년 동해선 광역전철 일광역-태화강역 구간이 개통될 때까지 소요된 시간은 무려 47년이었다.

이렇게 광역철도까지 개통되면서 목전에 이른 것 같았던 동남권 메가시티 사업은 결국 정권이 또 바뀌면서 사실상 좌초되었다. 2022년 10월 부산·울산·경남 3곳 광역단체장들은 공동 입장문을 내고 부산울산경남특별연합 추진 철회를 공식적으로 선언했다. 이들은 특별연합은 파기하겠다고 선언하면서 그 대신 경제동맹을 추진하겠다고 밝혔는데, 이는 공동 사업의 발굴 또는 중앙정부의 예산 편성 등에 대한 공동 대응을 약속한 정도의 느슨하기 짝이 없는 동맹이어서 기존의 특별연합에 비하면 실효성이 거의 없는 것이나 마찬가지이다.

사실 동남권의 사례는 메가시티 논의가 이제 겨우 걸음마 단계를 떤

데다 동남권보다 산업 기반도 더 부실한 호남권에 비하면 오히려 어느 정도 성과를 거뒀다고 볼 수도 있다. 게다가 호남은 영남에 비해 인구도 적다. 부산·울산·경남의 인구를 모두 합하면 776만명으로 그래도 서울에 어느 정도 견주어볼 만한 규모가 도출되지만, 호남의 경우 광주·전북·전남을 모두 합해야 간신히 약 500만명을 달성할 수 있다는 점에서 볼 때 광역 경제권 구성의 첫 단계인 광역철도망 구상부터 쉽지 않을 수 있다. 앞선 장에서 언급했듯이 낮은 공공 인프라 요금이 지속적인 공공부문 적자를 강요해 왔던 한국의 특성상, 인구가 적을수록 철도와 같이 거대 자본이 투입되는 프로젝트를 평가할 때 최소한의 타당성을 달성하지 못할 위험이 더 크기 때문이다.

현재 한국에서 그나마 수도권 외 광역권이 아직 진행형으로 추진 중인 곳은 **충청권 메가시티**가 유일하다. 사실 앞에서도 서술하였던 한국의 지역균형발전 시도 역사에서 충청권은 상당히 유서 깊은 지역이기도 하다. 1997년 정부 대전청사가 지어지기도 했고, 실제로 대한민국의 실효지배 구역에서 중심에 해당하는 충청권으로의 국가 기능 이전을 통한 지역균형개발 시도는 멀리 거슬러 올라가 1971년 제7대 대통령 선거에서까지 찾아볼 수 있다. 김대중 전 대통령이 1971년 신민당 소속으로 대통령 선거에 출마하면서 대전 행정부 수도론을 처음 꺼내들었고, 이후 1977년 박정희 전 대통령 역시 임시행정수도 건설 구상을 공식적으로 밝히면서 현재의 세종시 일부를 임시행정수도 부지로 확정하기도 했다. 그러나 김대중의 대전 행정부 수도론은 7대 대선에서 패배하며 이루어지지 못했고,* 박정희의 임시행정수도 방침

* 1장에서 언급한 대중경제론 또한 대전 행정부 수도론과 함께 7대

은 1979년 그가 10·26 사태로 피살당하면서 역시 이루어지지 못했다.

국가 기능 분산을 통한 지역 균형이 다시 화두에 오른 것은 노무현 전 대통령 시기였다. 물론 전두환 정권과 그 뒤를 이은 노태우 정권에서도 이 문제를 아예 방치한 것은 아니었지만, 1985년 중앙행정기관 외청 배치 계획 발표를 통한 정부 대전청사 이전 정도의 미온적 대응에 그쳤던 게 사실이다. 실질적인 국가 기능 이전이 다시 국민적 화두로 떠오른 것은 2000년대 초반까지 기다려야 했지만, 이때 참여정부에서 추진했던 신행정수도 건설은 당시 헌법재판소의 **관습헌법**이라는 전대미문의 논리에 가로막혀 다시 한번 좌절을 맛보고야 말았다. 물론 그로 인해 '수도'의 이전이 불가능해졌을 뿐 국가 기능의 이전이라는 본래 목표는 계속 추진되어 **세종특별자치시**라는 결과물이 탄생할 수 있었다. 그러나 대통령이 기거하는 청와대 및 중앙부처 전체가 옮기기로 예정돼 있던 신행정수도와 대통령과 국회 등은 모두 서울에 머무른 채로 행정부처만 옮길 수 있게 된 행정중심복합도시는 애당초 차원이 다르다. 9명으로 구성된 헌법재판소가 5천만명이 살고 있는 거대한 공동체의 미래를 바꾼 것이다.

대선에서 김대중의 패배와 함께 묻혔지만, 한 가지 흥미로운 사실이 있다. 7대 대선에서 승리했던 박정희 정권이 패배한 김대중 측의 공약이었던 대전 행정부 수도론을 어느 정도 이어받아 실행에 옮기려 했다는 점이다. 반대로 김대중 전 대통령의 경우 대중경제론을 통해 박정희 정권의 중화학 공업 중심 경제 발전 계획에 강하게 반대했지만, 정작 그가 집권한 이후에는 박정희 정권으로부터 이어져 내려온 큰 틀의 경제 운용 방식을 어느 정도 인정하기도 했다. 즉, 한국 현대사에 가장 큰 영향을 끼쳤다고 볼 수 있는 이 두 정치인은 서로가 서로에게 끊임없이 영향을 주면서 약 20년의 격차를 두고 한국 공동체를 운영한 것이다.

현재까지도 대통령과 국회의 세종시 이전은 잊을 만하면 등장하는 일종의 '떡밥'이지만, 향후 지방으로의 국가 기능 분산은 행정수도 정도의 거대한 수준이 아니더라도 그때보다 더욱 어려워질 가능성이 크다. 헌법재판소는 신행정수도의 건설을 위한 특별조치법에 대해 위헌 판결을 내리면서 서울이 수도라는 사실은 관습헌법임을 천명함과 동시에, 이 때문에 수도 서울의 이전은 **국민투표**의 대상이 될 수 있음을 명시하였다. 물론 헌재의 이러한 판결 결과가 국가의 방향성을 바꾼 것은 맞지만, 통념과는 달리 지역 균형 발전이라는 아젠다 자체를 법적으로 수행 불가능하게 만든 것은 아니었다.

하지만 그 이후 또 시간이 20년 가까이 흐르면서 이제는 수도권과 비수도권은 아예 인구가 역전되어 버렸다는 사실을 지적해야 한다. 통계청 기준으로 신행정수도 논의가 처음 제기되었던 2004년 서울, 경기, 인천으로 구성된 수도권의 인구는 2321만명, 그 외 비수도권의 인구는 2536만명으로 비수도권이 조금 더 우위를 점하고 있었으나, 2022년 인구는 역전되어 수도권이 2598만명, 비수도권이 2543만명으로 집계된 것이다. 이런 상황에서 국민투표를 한다고 할지라도 과연 그 결과가 어떨지는 더욱 미지수이기 때문이다.

비수도권에 남은 건 관광밖에 없는가

이렇게 한국의 수도권 집중 문제는 시대가 계속 변화함에 따라 해소할 수 있는 기회가 분명히 있었음에도 우리 공동체는 항상 때를 놓치거나 정치 세력간 이해관계에 따라 계획 수립과 좌초를 의미 없이 반복해 왔다. 그러다가 많은 수의 지방자치단체가 예정된 소멸을 그저 기다리기만 하는 처지가 된 것이다. 혹자는 적극적인 지방 분권이야말로 이를 해결할 수 있을 것이라 주장하지만 지방에 권한만 배분한다고 해서 수도권 집중이 해결될 가능성은 낮다. **경제력의 집중이 곧 개인과 조직이 성장할 수 있는 기회를 담보한다는 측면에서 메갈로폴리스의 힘을 외면할 수 없을뿐더러, 이처럼 경제력에 대한 고민 없이 지방분권만 외치다가 소프트 파워마저도 수도권에 집중되는 결과를 낳았던 측면이 분명 존재하기 때문이다.**

중심 도시와 주변 지역이 유기체를 이룬 산업 역량을 갖출 수 없는 지방에서 으레 선택하는 것이 바로 **관광 자원의 개발**이다. 이는 앞선 표에서도 확인하였듯이 산업 부가가치 창출 역량이 전혀 없는 강원도나, 물리적으로 섬 지역이어서 산업 기반 형성 자체가 어려운 제주도 등이 선택하는 방식이다. 이외에도 지자체들은 대규모 국제 행사의 유치라든지, 스포츠 경기의 유치라든지 하는 방법들을 선택하기도 한다. 기존에 산업 단지가 존재하지 않는 지역의 경우 산업과 연계된 대학 클러스터가 자족하기 어렵기 때문에, 가장 쉬운 관광 자원의 개발을 추진하는 것은 자연스럽다고도 볼 수 있다.

그러나 관광 자원 개발은 두 가지의 추가적인 리스크를 지게 된다. 첫 번째는 대규모 자본이 투입되는 프로젝트의 특성상 피할 수 없는 각 지방자치단체의 신용 위험이라는 리스크다. 우리나라 대다수의 지자체들은 큰 프로젝트를 진행하기에는 자체적인 재원 조달이 불가능해 서울의 구조화금융은 물론 지방채에까지 기대야만 한다는 게 엄연한 현실이다. 특히 2022년 한국 채권시장을 상당 부분 경색시켰던 레고랜드 채무보증 거부 사태 역시 근본적인 원인은 무리하게 관광 개발에 투자할 수밖에 없는 한국 지방의 현실에 있었다고 할 수 있다. 지방은 모든 것을 수도권에 흡수당하고 있으므로 유동인구라도 창출하기 위해서는 가장 쉽게 외부 자본을 유치할 수 있는 분야에 손을 댈 수밖에 없기 때문이다.

두 번째는 관광 자원의 개발이 이루어진다고 해도, 그게 수도권의 고부가가치 일자리 집중이라는 문제의 근원을 해결할 수 있는 방법이 아니라는 것이다. 실제로 앞서 언급한 지역별 상용근로자 총임금 및 총근로시간 비교 차트에서 강원도와 제주도는 각각 서울의 76.1%와 70.6%에 불과한 상용근로자 임금을 나타내고 있는데, 이는 이 두 특별자치단체가 주로 의존하고 있는 관광업에 강하게 연결된 숙박음식점업이 우리나라 산업 중 가장 낮은 노동생산성을 보이는 산업이라는 점과 무관하

2023년 5월 기준 서비스업 업종별 상용근로자 임금 현황

(단위: 만원)

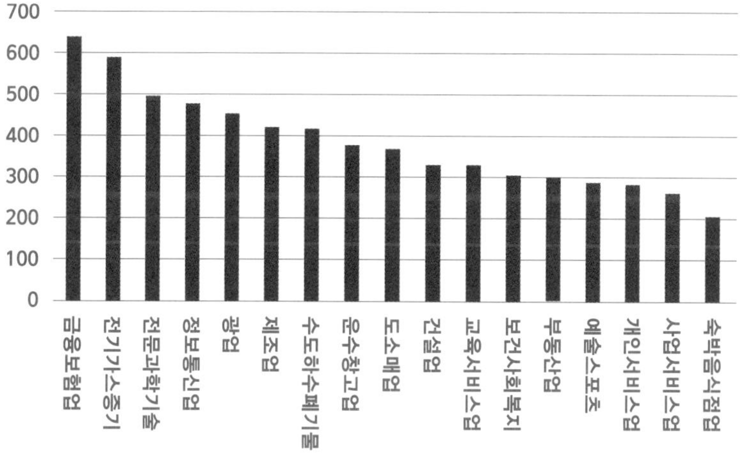

출처: 통계청, 「사업체노동력조사, 행정구역(시도)/산업/규모별 임금 및 근로시간」, 2022

지 않다.

즉, 현재 한국의 지자체들이 아무리 수도권의 자본을 유치하고 그로 인해 일자리의 수를 일부 늘린다고 하더라도, 부가가치가 낮은 산업에 의존해야 하는 구조는 그대로이기에 수도권과 지방 간의 격차를 줄이는 것에는 별다른 기여를 할 수 없다는 사실만을 확인할 수 있다. 결국 현재 한국의 경제 구조상 가장 높은 부가가치를 지니는, 다르게 표현한다면 가장 높은 생산성을 가진 **수출 대기업이 지역에 자리 잡는 것**이 무엇보다 중요한 것이다. 그렇지만 이미 오랜 기간의 서울 집중을 통해 자본도 인프라도 인재도 모두 서울에만 모여 있는 터라 많은 고용을 유지하고 있는 대기업이 함부로 타 지역으로 이전을 시도하는 것은 쉽게 기대하기 힘든 상황이다. 그런 시도는 이윤 추구가 주 목적인 기업의 근본에 비춰보면 장·단기적으로 이득이 되기가 상당히 어렵다는 점에서 누구도 해결하기 힘든 '고양이 목에 방울 달기'라고 할 수 있다.

'토호론'이 놓치고 있는 것

한편 소멸을 막기 위한 지방의 이러저러한 시도는 다른 문제를 야기하기도 한다. 소위 **토호론**으로 대표되는 수도권 위주의 시각이 지속적으로 강화된다는 게 그것이다. 토호(土豪)라는 개념은 주로 지역의 토착 기득권층을 일컫는 의미로 활용된다. 앞서 설명한 이유들 때문에 지방의 소멸 방지 정책이 주로 토지를 활용한 도로, 철도 등의 사회간접자본 설치 및 관광 단지의 조성, 국제 행사의 유치에 집중되다 보니 이러한 개발의 이익을 토지를 보유한 일부 기득권 세력만이 차지하고, 지방의 발전에는 도움이 되지 않는다는 식의 문제가 제기되곤 했던 것이다. 일각에서는 지역민이 지역의 대표를 스스로 선출하는 지방자치제도의 한계상 지방은 언제나 토호의 영향력 하에 놓일 수밖에 없고, 이 때문에 한국은 지방자치제가 아예 어울리지 않는다는 다소 과격한 견해를 표출하기도 한다.

그러나 지방의 문제를 토호의 탓으로만 돌리는 관점은 문제의 절반만 인식한 것과 다르지 않다. 토호의 문제가 존재하기 전에 우리는 현재 대한민국의 지방이 소멸을 막기 위해 할 수 있는 일이라곤 오직 **토지를 활용한 개발** 이외에는 없고, 그 누구도 다른 방법을 고민해 본 적이 없다는 가장 근본적인 문제가 존재함을 간과하고 있기 때문이다. 그리고 지방 향토 기득권층의 문제점을 오롯이 지방자치제의 탓으로 돌리는 것 역시 잘못된 지적이다. 토호의 문제는 민주주의 사회에서보다 전근대 시절이 훨씬 더 심했다는 게 명백하다. 한국은 머나먼 과거인 삼국 시대부터 호족이라는 이름 하에 각 지역의 토착 기득권층이 존재했고, 중앙집권이 약했던 고려 시대까지만 해도 왕조를 개창하기 위해서는 각 지방 호족과의 연대가 필요할 정도로 그들의 입김이 강했다.

오히려 한국 사회가 근대화, 민주화되고 이 과정에서 서울로 경제력이 집중됨에 따라 지방에 존재하는 토호들이 영향력을 미칠 수 있는 범위는 갈수록 줄어들고 있다고 보아야 한다. 진짜 문제는 그들이 영향력을 행사하는 범위 자체는 꾸준히 줄어들지만, 지방 사회 자체가 지속적으로 축소되면서 점차 작은 사회가 되어감에 따라 자기 범위 내에서는 더욱 강한 영향력을 끼치게 되는 것이라고 할 수 있다.

그런데 이를 역으로 생각해 보면, 지방 사회의 규모가 확대되고 인구가 증가하면 오히려 토호의 영향력은 축소될 수 있다는 결론이 도출된다. 토호라는 그룹은 한 지방에 오래 뿌리를 박고 있었다는 점에서 위력을 발휘하는 집단이고, 그들이 영향력을 끼치는 집단 역시 함께 같은 지방에서 소위 '고인물'이 되어야만 그 위력이 더욱 강해지기 때문이다. 한두 명의 외부 유입으로는 오히려 그들 역시 토호의 영향력에 편입이 될 뿐 바뀌는 것이 없을 수도 있겠지만, 중장기적으로 다양한 지역에서 많은 인구가 유입이 될 경우 이들은 그 지역에 오래 머물렀던 사람들과는 다른 질서에 익숙해져 있을 것이니, 그들과 다른 이해관계를 가질 가능성도 높아진다. 이러한 사람들이 많아지면 토호의 영향력은 낮아질 수밖에 없다.

그렇다면 한국 지방자치제도가 지방 소멸을 막기에 그다지 도움이 안 되는 이유는 무엇인가? 나아가 각종 지역개발 사업이 특정한 누군가의 배만 불리게 되는 이유는 무엇인가? **결국 현재는 투표로 대표자를 선출할 수 있는 '정치적 권리'만 지방에 배분한 상태이며, 적절한 '경제적 기반'까지 배분하는 문제는 이 사회가 도외시했기 때문이라는 점을 우리는 인정해야 한다.** 이 경제적 기반의 배분 문제에서 각 지자체에 해결 방안을 맡기는 것은 언뜻 지방자치제의 취지와 일치해 보이지만, 실질적으로 균형 발전을 유의미하게 달성할 수 있는 방법은 아니다. 한국은 지방자치의 역사가 짧은 편이고, 지방자치가 시작된 1995년 이후는 지금까지 길게 이어지고 있는 **지방거점국립대의 쇠락**이 시작되어 한번 서울로 유출된 인재는 절대로 지방으로 돌아오지 않는 고리가 시작된 시대이다. 냉정하게 말해서 이미 지방자치의 탄생 시기부터 지방은 스스로의 운명을 개척할 수 있는 역량이 그리 크지 않았다는 것이다.

이러한 지방의 상황은, 앞서 간략히 언급했듯 국가의 경제력 대부분을 쥐고 있는 수도권이 마치 지방을 애물단지처럼 여기게끔 하는 또 다른 악순환을 낳는다. 이런 악순환은 균형발전을 위해 수도권의 주머니를 여는 정치적 결정에 심리적 저항감을 불러일으킨다는 점에서 치명적이다. 한국의 조세구조는 대략 국세 75% 대 지방세 25%의 비율로 짜여 있다. 조세구조의 근본적인 개편이 없는 한 이러한 상황에서 지역균형발전을 위해 국세 지출이 필수적인데, 지방으로 흘러가는 돈의 '용처' 자체가 토호론 등으로 인해 주요 세수 원천인 수도권 공동체의 동의를 받지 못하고 있기 때문이다.

후술하겠지만, 한국의 공동체 구성원들은 지역균형발전이라는 아젠다 자체에 대해서는 두말하지 않고 찬성하는 반면 실제로 정부가 집행하는 정책에 대해서는 썩 우호적이지 않은 경우가 잦다. 앞에서도 인용했던 한국리서치의 조사에 의하면 응답자의 90%가 '지역불균형 문제가 심각하다'라고 밝혔으며, 93%가 '지역균형발전은 필요하다'라고 응답했다. 즉, 지역균형발전을 위한 공감대는 이미 충분히 훌륭한 수준으로 형성되어 있다고 할 수 있다.

그러나 실제 집행된 정책에 대한 우호도와 지방에 필요한 것을 무엇이라고 대답했는지 살피게 되면 이야기가 다소 달라진다. 조사 응답자

정책에 대한 태도와 지역 균형을 위한 역할론

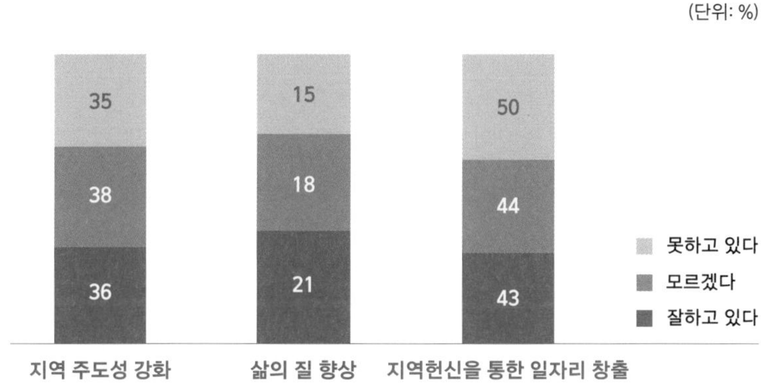

지역 불균형 문제 해소를 위해 역할이 가장 중요한 곳

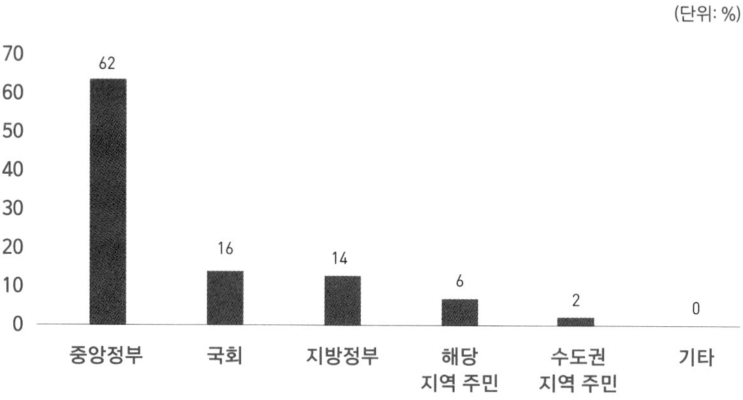

출처: 한국리서치 주간리포트(제136-2호), 「기획: 지방소멸 위기와 지역 불균형 해소를 위한 노력」, 2021

들은 정부의 지역균형발전 정책의 세 가지 카테고리인 '지역 주도성 강화', '삶의 질 향상', '지역혁신을 통한 일자리 창출'에 각각 35%, 15%, 50%의 부정 평가를 내렸다. 말하자면 한국 공동체 구성원들은 지역균형발전의 필요성에는 공감하나, 그 정책의 적절성에는 그리 동의하지 않는 것으로 나타난 것이다.

한편 지역 불균형 해소를 위해 어떤 정책이 필요한지에 대한 조사 항목에서는 지역 간의 응답이 다소 상이함을 보였다. '대기업의 지방 이전' 항목의 경우 전체 응답자의 15%가 지역 불균형 해소를 위해 필요한 1순위 정책으로 꼽았으나, 서울 거주 응답자의 경우 10%만이 이를 1순위로 꼽았다. 반면 전체 응답자의 6%만이 고른 '지역 특색에 맞는 관광 자원 개발' 항목은 서울 거주 응답자의 경우 평균을 상회하는 10%가 선택했다. 이는 무엇을 뜻하는가? **서울에 사는 사람들 또한 지역균형발전의 필**

지역 불균형은 해소해야 하지만 기업 이전은 좀…

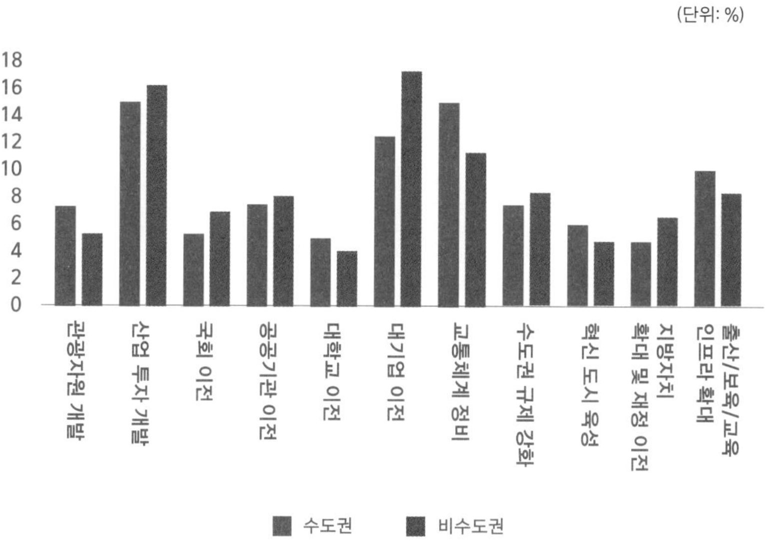

출처: 한국리서치 주간리포트(제136-2호), 「기획: 지방소멸 위기와 지역 불균형 해소를 위한 노력」, 2021

요성은 인정하나, 그렇다고 하더라도 서울의 경제력을 배분하는 일은 망설인다는 것을 보여준다. 이는 사회 구성원이 복지제도의 확대 자체는 원하지만, 그 재원이 자신의 호주머니에서 충당되는 것을 거부하는 눔프(Noomp, Not out of my pocket) 현상과 유사하다고 볼 수 있다.

'서울 공화국'은 무엇을 말해주는가

그러나, 그럼에도 한국 공동체 구성원들은 지역균형발전 문제에 **중앙**

정부의 역할이 중요하다는 것에는 공감한다. 같은 조사에서 '수도권 인구 집중, 지역 불균형 문제의 해결을 위해서는 누구(주체)의 역할이 중요하다고 생각하십니까?'라는 질문에 62%가 중앙정부의 역할을 1순위로 꼽았다. 지방정부는 14%, 국회는 16%에 불과했다. 요약하자면 한국인들은 수도권 집중을 충분히 문제라고 인식하고 있고, 조세수입의 대부분을 거둬들이는 중앙정부를 문제해결의 주체로도 인식하고 있으며, 일자리 창출이 가장 중요하다는 것 역시 동의하고 있다. 하지만 정작 모든 자원이 집중돼 있는 **서울과 수도권의 경제력을 어떻게 배분할 것인지**에 대해서는 태도가 다소 다른, 이중적인 모습을 보이고 있다.

이와 같은 한국 공동체 구성원들의 이중성에는 토호론 등으로 인한 지방으로의 재원 배분에 대한 낮은 신뢰 및 심리적 저항감이 원인으로 작용하겠지만, 그게 다가 아니다. 그런 심리적인 저항감을 만드는 또 다른 중대한 원인이 있다. 그 원인은 무엇인가? 1장에서 짚어보았던 것처럼, 지역으로의 적극적인 경제력 배분을 통한 균형발전 달성에 공감할 수 있을 정도로 수도권의 경제 주체들에게 여유가 있지 않다는 점이 바로 그것이다. 다시 말해 **이들의 가용 자원이 부족하다는 문제**는 우리나라의 지역 균형발전이 난망하다는 것과도 밀접하게 연관되어 있다.

그런데 이것은 수도권에 사는 이들 입장에서도 고개를 끄덕거린 뒤 넘어가면 그만인 문제가 아니다. 물론 수도권 거주자의 시각에서는 지방으로의 재원 배분이 비효율적인 것처럼 보일 수 있지만, 수도권 집중을 방치한다면 그 비용 역시 수도권이 지불해야 한다는 것은 명백하다. 다시 강조하건대 **수도권 집중은 곧 수도권이라는 공간의 수요 증가를 의미한다.** 공간에 대한 수요가 증가하면 그 공간을 구입하고 그 공간 안에서 생활하는 비용이 계속해서 상승하는 것은 자명하며 이 비용은 장기적인 관점에선 수도권에 거주하는 자들이 청구서를 받아들 수밖에 없기 때문이다.

마지막으로는 서울 공화국이라는 말로 대표되는 수도권 집중이 우리 공동체의 소멸에 어떠한 영향을 끼치며, 그것이 왜 일종의 자살 행위와도 같은지에 대해 논의할 차례다. 수도권으로 모든 것이 집중되는 것은 우선 비수도권의 입장에서는 지역이 공간만 남고 그 공간에 활기를 불어넣을 사람이 점점 사라지고 있다는 물리적인 문제를 낳는다고 볼 수 있다. 또한 이 문제는 단지 비수도권의 소멸에서 끝나는 것이 아니라, 위에서도 언급했듯 비수도권이 사라질수록 수도권에서 사는 사람들이 감당해야 하는 비용은 더욱 상승한다는 거울쌍 같은 문제를 남긴다.

이는 특히 **주거비용** 측면에서 심각한 문제를 야기한다. 집중으로 발생하는 집적불이익 중 가장 심각한 것으로 평가되는 이 문제는 단지 집값이 비싸고 싸고의 문제를 넘어 경제 주체들의 개별적인 의사결정에도 영향을 끼치게 된다. 한국 공동체에서 살아가는 개인이 국내총생산을 소득이라는 수단으로 분배받고 윤택한 삶을 살기 위해서는 수도권, 특히 서울로의 진입이 필수적이다. 문제는 그런 생각을 하는 사람은 한두 명이 아니기 때문에 수도권의 거주 비용이 매우 비싸진다는 것이다.

뒤에서 더 자세하게 이야기하겠지만, 이 지점에서 경제 활동 인구로 막 진입하는 사람들은 일단 결혼부터 미루게 된다. 한국에서 결혼은 신혼부부가 살 집을 매매 또는 전세로 마련하는 경우가 많아 상당한 목돈이 들게 되어 있는데, 그래서 결혼비용 자체가 상당히 비싼 선택지일 수밖에 없기 때문이다. 이렇게 발생하는 개별 경제 주체들의 결혼 연기는 집단적 만혼으로 바뀌고, 성적 엄숙주의와 법정혼 관계에서의 자녀만을 제도상 인정하는 한국 사회의 특징상 만혼은 출생아 수의 감소로 필연적으로 이어지게 된다. 서울은 세계적으로도 부유한 도시이지만, 정작 서울의 출산율은 2023년 기준 0.53명으로 한국 내에서도 꼴찌라는 점이 이런 추론을 뒷받침한다. **수도권과 서울 집중이 사실상 한국 공동체의 물리적 소멸에 거의 직접적인 원인을 제공하고 있다는 뜻이다.**

그렇다면 이것은 왜 일종의 자살 행위와도 같은가? 2장의 이야기를 정리하자면 결국 이러한 집중이 문제임을 알면서도 우리 모두는 계속하여 서울과 수도권으로 몰려드는 것을 멈추지 않기 때문이다. 물론 수도권 및 서울로의 진입이 경제적으로 어떤 의미를 갖는지는 충분히 설명하였기 때문에 단지 우리 공동체 구성원들이 자발적으로 수도권으로 모여드는 걸 멈추길 바라는 것은 온당하지 않다. 그러나 한국 공동체 구성원들이 토호론 등을 내세우며 지역균형을 위한 지출을 망설이거나, 서울의 생산성, 특히 그 중에서도 높은 생산성을 가진 일자리를 분배하는 것에 부정적인 반응을 보인다는 점은 분명 문제적이다. 앞서 설명했듯 이 같은 상황이 유지되면 **수도권 집중으로 인한 집적불이익의 청구서**가 점점 더 큰 금액으로 되돌아옴이 확실함에도 불구하고, 우리는 여러 가지 핑계를 대며 종국에는 아무것도 바꾸려 하지 않는다. 이 때문에 우린 현재와 같은 상황을 일종의 자해 또는 자살적 행위로 규정할 수 있는 것이다.

여기서 한 가지 의문을 더 던져볼 수 있다. 왜 우리는 스스로를 자해하고 있으며 병원으로 달려가거나 약을 사 먹지 않는가? 서문에서는 이를 '돈'의 문제로 우선 정의한 바가 있다. 또한 1장의 논의에서는 한국의 도시 공동체 물가와 이에 곁들인 사교육비라는 사실상의 준조세를 살펴보며 한국인들이 경제적으로 공동체의 발전을 위한 자원 투입에 어느 정도 인색할 수밖에 없는 이유를 검증해 보았다. 그러나 우리가 치료를 받지 않는 이유, 혹은 받지 못하는 이유가 과연 물가와 사교육비라는 소비 측면만의 문제인지는 다시 생각해 볼 필요가 있다. 이제는 소득의 측면으로 넘어가, 과연 **한국인들은 돈을 자신들이 한 일만큼 충분히 벌고 있는가**를 짚어보기 시작할 때다. 소비와 소득 양면을 모두 다루는 건 우리에게 자원이 부족한 현상의 근원적인 이유를 찾기 위해 필수적이다. **우리에게 돈이 없다는 건 너무 많이 쓰고 있다는 뜻도 될 수 있지만, 너무 적게 벌고 있다는 말일 수도 있기 때문이다.**

3장

모두가 가난한 이유, 노동생산성

우리가 생각보다 부유하지 못한 이유를 흔히 노동생산성에서 찾곤 한다. 그러나 '노동생산성'만큼 한국에서 심각하게 오용되는 개념도 없을 것이다. 한국 공동체 구성원들은 보통 노동생산성을 "얼마나 열심히 일하는가"의 관점에서 정의하지만, 이는 완벽히 틀렸다. 노동생산성은 노동자의 근면성과는 관련이 전혀 없는, 기업의 자본 투입과 인건비 수준의 문제이기 때문이다.

이 장에서 논의할 내용을 명확하게 하기 위하여, 우선 노동생산성의 기본적인 정의를 명시하면서 시작하자. 한국의 노동생산성지수를 산출하는 한국생산성본부에 의하면 노동생산성의 정의는 아래와 같다.

노동생산성지수=

{산출량(산업생산)지수/노동투입량지수(근로자 수×근로시간 수)}×100

여기서 우리가 주목해야 할 것은 산출량, 즉 산업생산지수이다. 산업생산지수를 산출할 때는 각 산업별 생산활동 동향을 선행해서 측정하게 된다. 농림어업의 경우 국내 총생산액의 1/1만 이상 되는 품목을 대상으로, 또 광공업의 경우 광업, 제조업, 전기 및 가스업을 영위하는 사업체에서 총출하액의 1/5000 이상이 되는 품목 485개를 대상으로 생산량 지수를 작성한다. 중요한 것은 산업생산지수의 밑그림이 되는 산업별 생산활동 동향이 '금액' 기준으로 측정된다는 것이다. 산업생산지

수는 결국 각 산업에서 출하되는 품목들의 '시장가치'를 기초로 하여 작성된다고 할 수 있다.*

그러므로 우리는 이 **시장가치**라는 개념에 초점을 맞추어야 한다. 이 개념에 따르면 노동자가 아무리 많은 생산물을 아무리 오랜 시간 일해서 만들지라도, 그 생산물이 시장에서 비싸게 팔리지 않는다면 그 노동자의 노동생산성은 낮다. 그 생산물이 금덩어리나 다이아몬드일지라도 마찬가지이다. 금이나 보석이 가치가 없는 공동체에서 이 노동자의 노동생산성은 0에 수렴할 것이다. **즉, 노동생산성은 그 사회가 어떤 재화를 가치 있게 여기는가에 달려 있는 것이며, 노동자가 얼마나 열심히 일하는가와는 전혀 무관하다.**

또 노동생산성은 노동 현장에 자본이 얼마나 **효율적으로** 투입되는지에 따라 다르다. 간단하게만 생각해 보아도, 농사를 지을 때 손으로 모내기를 하는 것과 이앙기를 활용하는 것 중 무엇이 더 높은 생산성을 가질지는 자명하다. 논 1마지기에서 재배된 쌀이 100만원의 가치를 지닌다고 가정할 때, 100명이 손으로 모내기를 하면 1인당 1만원의 소득을 올릴 수 있지만, 1명이 이앙기를 활용하면 혼자서 100만원의 소득을 올릴 수 있다. 후자는 전자의 100배에 달하는 생산성을 가지게 되

* 본문에서 설명한 것은 '산업생산 노동생산성지수'의 산출 방법이며, 이외에도 노동투입량에 대한 부가가치의 비율을 나타내는 '부가가치 노동생산성지수'가 있다. 부가가치 노동생산성지수는 측정할 때 시장 가격의 변수를 고려하지 않은 '불변 GDP', 즉 실질 GDP를 활용하게 된다. 산업생산 노동생산성지수를 산출할 때 총생산액을 가지고 측정해야 하는 특성 때문에 자칫 산업생산지수를 GDP로 치환할 수도 있지만, 이 경우 실질 GDP를 시장가치 기준으로 간주하는 오류가 발생할 수 있으므로 주의해야 한다.

며, 당연히 100명이 손으로 모내기를 한 것보다 시간도 적게 들 것이므로 남은 시간에 다른 작물을 재배함으로써 100배 이상의 생산성을 올릴 수도 있을 것이다.

한국 서비스업의 낮은 생산성

그렇다면 여기서 이어져야 하는 논의는 과연 한국은 어떤 재화를 가치 있게 여기기에 노동생산성이 이처럼 낮게 유지되고 있는가일 것이다. 그런데 그 전에 먼저 한국의 노동생산성이 정말로 저조한가부터 검증해 보기로 하자. OECD 기준 노동생산성을 전체적으로 살펴보면, 한국은 시간당 43달러로 OECD 평균인 53달러보다 약 19%가량 낮으며, OECD 주요 45개국 중 32위라는 상당히 낮은 순위를 기록하고 있다.

그러나 이를 업종별로 나누면 이야기가 크게 달라진다. 한국은 **제조업 노동생산성과 서비스업 노동생산성이 아예 다른 층위에 위치하는 경제 구조**를 갖고 있기 때문이다. 한국생산성본부의 「노동생산성 국제비교(2022)」 보고서를 토대로 분석하면, 한국의 제조업 노동생산성은 세계적으로도 높은 수준이지만 지나치게 낮은 수준의 서비스업 노동생산성이 전체 생산성을 끌어내리는 원인으로 작용하고 있다. 2020년 OECD 노동생산성 지표를 활용하여 분석한 해당 자료에 따르면 한국의 제조업 노동생산성은 12만 8907달러로 비교 가능한 35개국 중 6위로 상위권이나, 서비스업 노동생산성은 6만 4178달러로 35개국 중 25위로 하위권을 나타냈다.

OECD 노동생산성 순위, 2022년 (시간당 기준)

(단위: 달러)

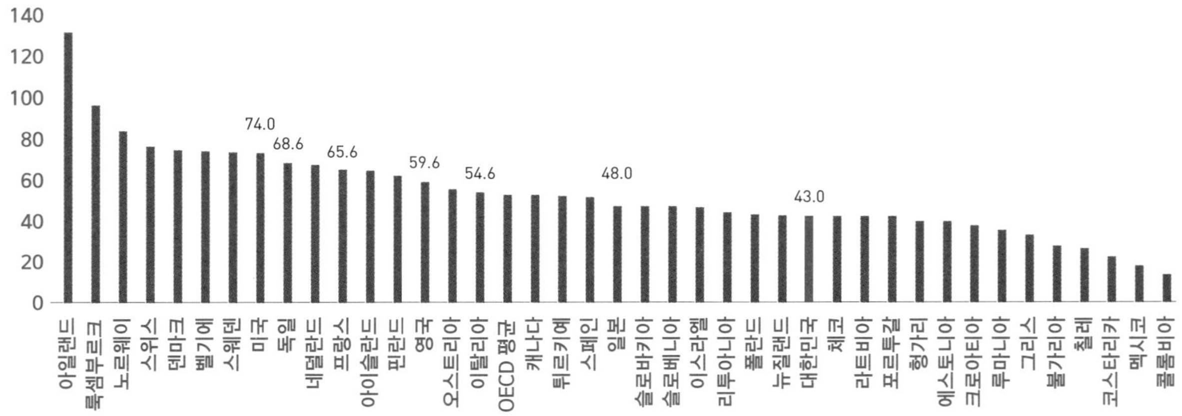

출처: 한국생산성본부, 「2022 노동생산성 국제비교」, 2023

앞에서 말한 노동생산성 공식을 다시 떠올려 보자. 노동생산성은 산업생산을 노동투입량으로 나눈 것이고, 산업생산은 생산물의 시장가치로 측정하는 것이기 때문에 **한국의 낮은 서비스업 노동생산성은 결국 한국인들이 '서비스'에 매기는 시장가치가 낮다는 것**을 의미한다. 다른 말로 설명하자면, 한국은 서비스 물가가 말도 안 되게 싸다는 것이다. 이 사실은 서두에서 언급했던 글로벌 생활 물가 비교표에서 한국의 유독 낮은 음식점 물가와 연결되며, 우리 사회의 비싼 생활 물가에도 불구하고 한국인들이 이를 실제로 그렇게까지 크게 체감하지 못하는 이유 중 하나이다.

실제로 한국의 서비스업 노동생산성은 금융업과 전문과학·사업지원

OECD 제조업 및 서비스업 노동생산성 순위, 2020년

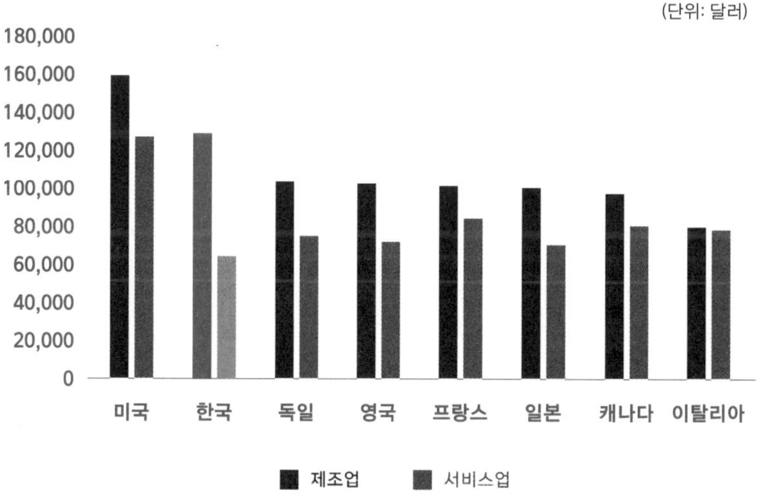

출처: 한국생산성본부, 「2022 노동생산성 국제비교」, 2023

업종 두 가지를 제외하면 세계 최하위 수준을 달리고 있다. 유통·운수·음식숙박업의 노동생산성은 고작 3만 6363달러로 비교대상 35개국 중 31위이며, 정보통신업은 20위, 기타서비스업은 32위에 그친다. 즉, 방금 열거한 업종들은 한국에서 노동투입량 대비 제값을 받지 못하는 사업들이라고 할 수 있다. 심지어 음식숙박업에 어느 정도 종속되어 있다고 볼 수 있는 배달업은 배달 플랫폼 기업들이 등장하기 전까지는 일종의 공짜 서비스 취급을 받기도 했다. 택배노동자의 노동권 문제가 하루가 멀다 하고 문제가 되는 것도 근본적으로는 운수업의 시장가치가 한국에서 매우 낮기 때문이다. 사람들이 가치를 부여하지 않는 산업이기 때문에 임금이 낮고, 이는 다시 낮은 생산성이라는 악순환을 낳는다.

이는 다시 지역균형의 문제가 관광개발로 해결될 수 없다는 증거가 되기도 한다. 현재의 구도 속에서 아무리 지자체들이 지역 고용 유지를 위해 관광 산업을 유치한다고 한들, 늘어나는 것은 세계 최하위 수준의 생산성을 가진 일자리뿐이다. 이런 산업만 발전해서는 여전히 고부가가치 산업에만 집중된 수도권과의 격차를 해소할 수 없다는 게 명백하다.

문제는 한국의 고용 구조가 점차 제조업 위주에서 서비스업 위주로 변화하고 있다는 것이다. 고용의 중심추가 그나마 생산성이 높았던 제조업에서 생산성이 낮은 서비스업으로 이동함에 따라 전반적인 한국의 소득 구조가 개선되는 것은 더욱 쉽지 않은 일이 될 것이다. 물론 제조업에서 서비스업으로의 고용 구조 이동은 보통 개발도상국이 선진국으로 진입하면서 발생하는 매우 자연스러운 현상이며, 한국과 경제규모 면에서 어깨를 나란히 하는 선진국들은 모두 한국보다 서비스업 고

2020년 서비스업 업종별 노동생산성 국제비교

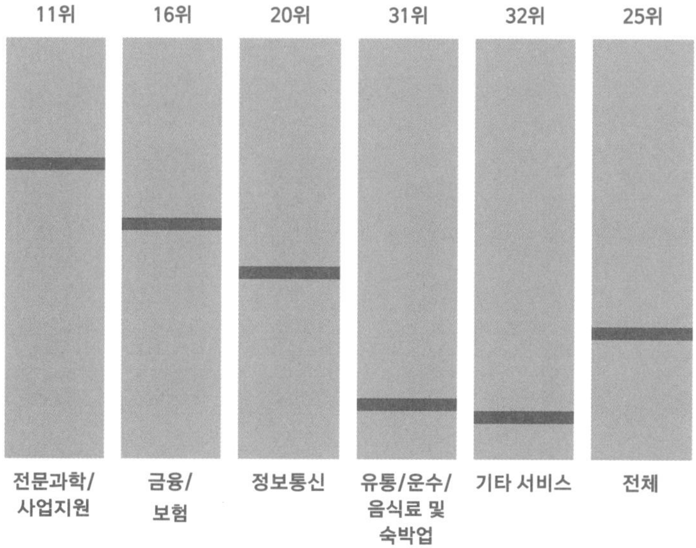

출처: 한국생산성본부, 「2022 노동생산성 국제비교」, 2023

용 비중이 높다.

이런 추세에 따라 한국 또한 서비스업 고용이 급속히 늘어나고 있는 게 사실이다. 그러나 선진국들에 비해 훨씬 낮은 서비스업 생산성 때문에 서비스업 취업자만 지속적으로 늘어날 뿐 서비스업의 부가가치 비중은 늘 제자리걸음이라는 문제가 있고, 이 때문에 고용 구조의 전환이 소득 구조를 전반적으로 왜곡할 우려도 있다. 이 때문에 미래 소득 구조의 왜곡을 막기 위해서는 반드시 **생산성 구조의 수정**이 선행되어야 하고, 왜곡된 생산성 구조를 수정하려면 **제조업과 서비스업 간의 생산성**

한국 서비스산업 고용 비중 및 부가가치 비중

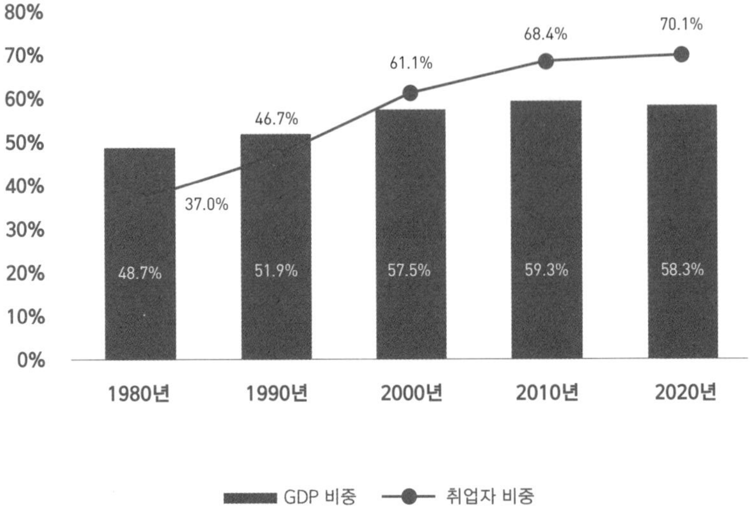

출처: KOTRA, 「산업포커스: 한국 서비스 산업 현황 및 전망」, 2018

격차를 좁히는 것이 먼저일 것이나 이 역시 만만한 과제는 아니다.

왜 우리 서비스업은 저부가가치를 창출할 수밖에 없는가?

그렇다면 한국은 왜 서비스업에 부여되는 가치가 낮을까? 여기에는 여러 가지 이유가 있다. 첫째는 국내 서비스업의 활동 영역이 좁은 시장에 집중되어 있다는 것이고, 둘째는 서비스업의 고용이 서비스업 내에서도 고부가가치 업종보다는 저부가가치 업종에 편중되어 있다는 것이다. 마지막으로는 이 때문에 가뜩이나 좁은 내수시장 내에서 심한 경쟁이 발생하고, 결론적으로 가격 경쟁력을 확보하기 위해 낮은 인건비 수준을 유지할 수밖에 없다는 사실까지 결부되어 있다.

한국은 수출 대국으로 알려져 있지만 이것은 반도체, 자동차, 조선 및 철강 등 유형적인 재화에 한정돼 있다. 우리나라는 서비스의 교역 규모가 재화 수출의 규모에 비해서 상당히 작은 나라에 속한다. WTO의 데이터를 살펴보면 한국의 2022년 서비스 수출 규모는 1323억 달러로 상품 수출액인 6836억 달러의 19% 수준에 불과한 것을 확인할 수 있다. 상품과 서비스 각각의 수출기여도 격차는 같은 해 기준 67.6%를 기록해 중국과 이탈리아, 홍콩 다음으로 크다.

물론 한국과 비슷한 상품과 서비스 간 수출기여도 격차를 갖고 있는 일본도 있지만, 일본의 서비스 수출은 상당수가 일본의 세계적인 콘텐츠 산업을 기반으로 한 지식재산권 수출이어서 비교적 고부가가치 산업이라는 점에서 차이가 있다. 또 홍콩은 중국의 관문으로 활용되고 있어 한국과는 다른 경제 구조를 지니고 있는 점을 감안할 때 한국의 상품-서비스 간 수출기여도 격차는 주요국 중 가장 높은 수준으로 간주해도 무방하다.

한국 서비스업의 수출기여도가 낮은 이유는 유형적 재화에 비하여 금액 차원에서 **부가가치**가 지나치게 적기 때문이다. WTO의 데이터 중에서 각 국가의 업종별 서비스 수출액을 살펴보면, 대체적으로 무역 규모가 큰 나라들이니 만큼 대개 운송업 비중이 높지만 한국은 중국, 홍콩과 함께 유독 운송업 비중이 높은 국가임을 알 수 있다. 또 이탈리아는 여행수지가 매우 높고, 일본은 지적재산권에, 미국은 금융과 지적재

WTO 기준 주요국 상품 및 서비스 수출 비중 격차, 2022년

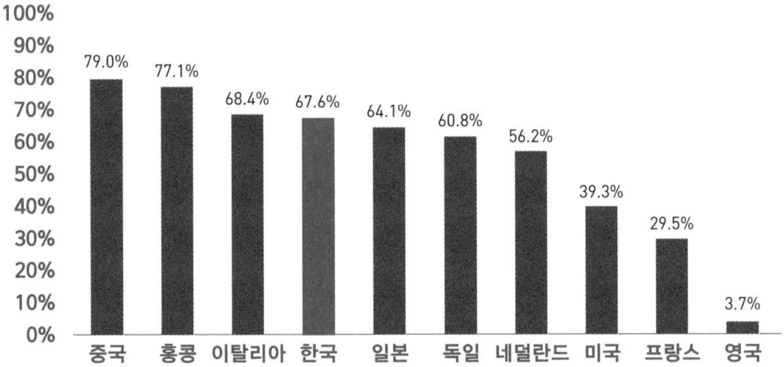

출처: WTO「2022년 세계 주요국 수출동향」 자료에서 주요국을 추출하여 산출함.

산권, 여행 등에 고루 분포돼 있는 양상을 확인할 수 있다.

재미있게도 우리는 이 자료에서 이탈리아의 여행수지가 독보적으로 높은 것을 관찰할 수 있다. 이탈리아는 한국만큼은 아니지만 그래도 국제적으로 비교하면 상당히 낮은 서비스업 생산성을 보여주는데, 이는 결국 높은 여행수지에서 비롯된다고 볼 수 있다. 특정국을 방문하는 여행객이 많다면, 그들이 그 국가에서 사용하는 금전의 총량은 겉으로 볼 때 매우 거대할지 모른다. 그렇지만 이들이 실제로 그 국가에서 돈을 쓰는 '용처'는 주로 음식료 및 숙박업에 한정되며, 이는 세계 어디를 가든 생산성이 가장 낮은 업종이라고 할 수 있다. 그러므로 서비스업의 생산성을 국제적으로 비교하게 되면, 앞서 2장에서 설명했듯 지역균형 발전을 위해 관광객이나 국제 행사를 유치하려는 시도가 장기적인 관점에선 왜 전혀 도움이 되지 않는지를 다시금 확인할 수 있다. **소득이**

일자리에서 창출되는 것은 맞지만, 그런 일자리가 아무리 많다고 한들 생산성이 낮다면 아무 문제도 해결될 수 없기 때문이다.

위 표와 함께 먼저 살펴보았던 업종별 노동생산성 국제비교 차트를 살펴보면, 왜 한국이 유독 서비스업 분야의 부가가치가 높지 않은지가 파악된다. 실제로 운송업이 포함된 유통·운수·음식료 및 숙박업은 한국에서만이 아니라 세계적으로 다른 업종에 비해 생산성이 낮아서, 1위인 스위스가 10만 달러를 조금 넘길 뿐이다. (앞서 1장에서 확인했던, 스위스의 음식점 물가가 세계 최고 수준이었다는 점을 다시 상기하자.) 반면 금융 부문은 조세피난처라는 특수성을 가진 룩셈부르크를 제외하면 미

주요국 서비스업 수출 비중

국가명	상품 서비스	운송	여행	건설	보험	금융	지적 재산권	IT	기타	문화 체육
미국	1.6%	10.1%	15.2%	0.2%	2.5%	18.6%	14.2%	7.4%	27.2%	3.0%
영국	2.0%	6.6%	13.9%	0.7%	5.6%	18.2%	5.6%	8.6%	37.4%	1.4%
중국	6.8%	35.2%	2.3%	6.2%	1.1%	1.2%	3.2%	19.6%	23.9%	0.4%
독일	6.7%	26.2%	8.1%	0.6%	3.3%	7.9%	11.9%	10.2%	24.3%	0.7%
프랑스	7.9%	25.7%	17.7%	0.3%	3.0%	5.5%	4.1%	7.2%	27.5%	1.0%
네덜란드	4.8%	23.5%	6.1%	1.2%	0.6%	4.6%	14.2%	13.8%	30.3%	0.8%
일본	1.7%	17.8%	4.4%	4.3%	1.3%	7.3%	28.5%	6.3%	27.2%	1.2%
한국	**3.7%**	**39.2%**	**8.8%**	**5.4%**	**0.2%**	**2.7%**	**6.0%**	**6.9%**	**25.7%**	**1.5%**
이탈리아	6.3%	11.5%	36.0%	0.3%	1.1%	6.5%	4.3%	7.8%	25.8%	0.3%
홍콩	0.3%	39.9%	3.8%	0.0%	1.6%	32.0%	0.8%	4.4%	16.8%	0.3%

출처: WTO 「Statistics on trade in commercial services」 2022년 자료를 가공하여 산출함.

국이 17만 4000달러를 기록하여 유통·운수·음식료 및 숙박업 대비 70% 이상 큰 생산성을 지닌다.

지적재산권의 수출은 금융이나 보험보다도 더 큰 부가가치를 지닐 수 있는데, 이는 수출할 때 계약 형태 자체가 비용이 거의 들지 않는 수익을 창출하는 계약이기 때문이다. 지적재산권의 수출은 주로 특정한 지적재산(IP, Intellectual Property)을 활용하여 라이선스 계약을 체결하는 방식으로 이뤄지는데, 그것을 수입하는 쪽에서 해당 권리를 가지고 스스로 비용을 들여서 사업을 전개한 뒤 그 수익의 일부를 지적재산권 수출자에게 배분하게 된다. 즉, 지적재산권을 보유한 자는 그것이 인기만 있다면 비용 한 푼 들이지 않고 수익을 올릴 수 있는 것이다.

또 우린 위의 자료를 통해 한국은 상대적으로 낮은 부가가치를 지닌 **운송업**에 상당 부문의 서비스 수출을 의존하고 있고, 그 외에는 **건설업**이 5.4%가량으로 주요 선진국 대비 높은 비중을 차지하고 있는 것을 알 수 있다. 그렇지만 바로 위에서 6.2%를 차지하고 있는 중국과의 경쟁 때문에 저가수주로 본전도 제대로 찾지 못하고 있는 한국 건설 수출의 실태를 고려한다면,* 건설업 역시 경제 성장에 따른 수출 구조의 고도화에는 별다른 도움을 주지 못한다고 볼 수 있다.

대한민국 경제가 어쩔 수 없이 운송과 건설에만 집중하게 된 역사적 맥락도 존재하기는 한다. 가령 높은 부가가치를 자랑하는 금융 부문을 우선 살펴보면, 한국은 1960년대 이후에나 본격적인 경제 발전을 시작하였기 때문에 그 이전부터 200년에 걸쳐 자본주의를 차근차근 성장시켜

* 김은정, 「'수출 효자' 건설이 사라졌다」, 《한국경제》 2022. 6. 28.

온 주요 선진국들에 비해 금융업이 뿌리를 내리기가 쉽지 않았다. 선진국 금융사들이 식민 제국의 확장을 통해 우후죽순 세계로 진출할 동안 한국은 계속 가난한 전근대 나라였고, 이미 세계 각지에 자리를 먼저 잡은 외국 금융사들을 한국이 단기간에 따라잡는 것은 불가능에 가까웠다. 게다가 한국의 고질적인 문제인 관치금융은 금융업의 발전을 더욱 더디게 했다.

지적재산권 문제도 마찬가지이다. 2020년대의 한국은 다행히 BTS, 아기상어, 블랙핑크 등의 글로벌 콘텐츠 및 지적재산권을 하나둘씩 보유해 나가기 시작했지만, 소비하는 것에 언어적 수단이 반드시 동원되어야 하는 콘텐츠의 특성상 한국이 글로벌 공용어인 영어의 장벽을 넘어서는 것에는 상당히 오랜 시간이 걸릴 수밖에 없었다. 또 이미 전 세계를 정복한 미국 디즈니의 IP나 일본 닌텐도의 IP를 추월하기에는 그 노하우도, 자본력도, 시간도 아직은 부족한 상황이다.

다시 국내 서비스업의 부가가치 문제로 돌아오면, 서비스업의 수출기여도가 낮은 것은 국내 서비스업 자체가 수출을 해도 부가가치가 적거나 아예 수출에 적합하지 않은 업종에 편중되어 있다는 뜻이 된다. 바꿔 말하면 국내의 서비스업은 **좁은 내수시장**에 의존할 수밖에 없다는 태생적인 한계를 지니고 있으며, 이 태생적인 한계가 국내 서비스업의 내부 경쟁을 격화시키는 또 다른 효과를 일으킨다는 것이다. 경쟁이 격화되면 특별한 기술 혁신 등이 없이는 가격을 낮추는 수밖에 없는데 이는 다음부터 설명할 **한국 자영업의 낮은 생산성 문제**로 이어지게 된다.

자영업의 나라, 대한민국

그렇다면 국내 서비스업의 업종별 분포는 어떨까? 한국의 서비스업을 책임지는 업종은 과거 대비해서 변화는 있었지만, 모두 저부가가치 업종이라는 점은 변하지 않았다. 20년 전인 2004년의 취업자 수 기준 한국의 3대 서비스업종은 도소매 및 숙박음식점(40.1%), 사교육비가 거의 준조세인 나라답게 2위가 교육서비스업(10.5%), 그리고 3위가 운수 및 창고업(7.8%)이었으며, 2022년 기준으로는 역시 도소매 및 숙박음식점이 여전히 1위를 차지하고 있으나 그 비중은 27.9%까지 하락하였다.

그 자리를 고부가가치 산업이 차지했다면 좋았겠지만, 안타깝게도 그러지 못했다. 도소매 및 숙박음식점업의 빈자리를 채운 것은 보건 및 사회복지업으로, 2004년 4%에 불과했던 비중이 2022년에는 13.8%로 3배 이상 증가해 교육서비스업으로부터 2위를 빼앗았다. 교육서비스업이 사회복지업에게 서비스업 취업자 수 2위를 빼앗긴 건 공교롭게도 출산율이 급격하게 하락하기 시작한 2017년인데, 이런 순위의 교체는 우리나라 사회가 소멸로 달려가고 있다는 하나의 상징이기도 할 것이다.

문제를 더욱 악화시키는 것은 국내 서비스업의 고용을 절반 이상 떠받치고 있는 이 3대 업종의 가장 큰 특성이 바로 영세함이라는 사실이다. 국내 서비스업의 영세성은 자영업률로 측정할 수 있는데, 한국은 거의 대부분의 서비스업에서 나타나는 자영업률 비중이 다른 국가보다 매우 높은 경향을 지닌다. 한국의 도매 및 소매업 자영업률은 2018년 기준 38.6%, 운수 및 창고업은 42.9%에 달했으며 숙박음식점업은 39.3%를

국내 서비스업 주요 업종별 취업자 비중 변동 추이

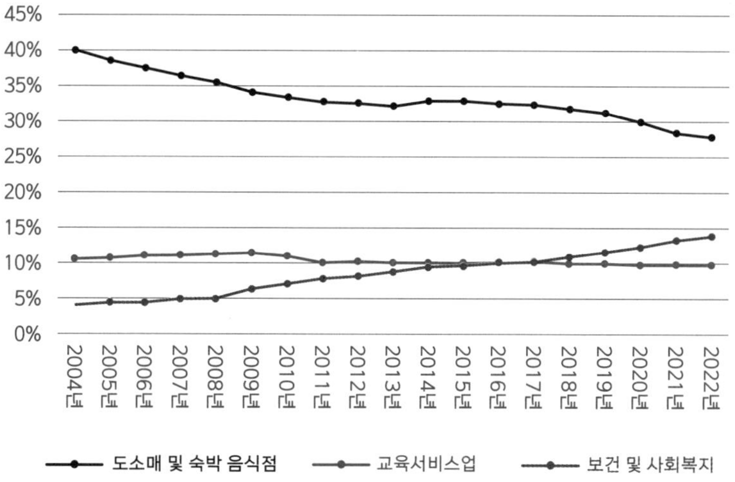

출처: 통계청 「지역별고용조사 - 시도/산업별 취업자」, 2022

기록했다.*

자영업률을 영세성의 척도로 놓고 봤을 때, 한국은 주요 서비스업 분야에서 비교가능한 대상국들에 비해 2~5배가량 더 영세하다고 볼 수 있다. 그렇다면 업종 자체의 영세성이 높다는 건 무엇을 가리키는가? 그 업종에선 수많은 소규모 사업장들이 경쟁을 벌이는 형태가 된다는 걸 뜻한다. 그러나 이들은 '영세'라는 호칭에서도 볼 수 있듯이 개별 사

* 스티븐 밤멜, 「한국 서비스업의 자영업 영세성 분석: 자영업 혼삽률 개념 중심으로」, 한양대학교 전략경영학과 대학원 박사학위 논문, 2021. 2.

국내 서비스업의 영세율 국제비교

업종	독일	일본	영국	한국
도매 및 소매업	8.9%	7.8%	9.6%	38.6%
숙박 및 음식점업	13.6%	13.5%	8.1%	39.3%
교육서비스업	6.9%	7.8%	8.1%	19.0%
운수 및 창고업	4.8%	2.9%	18.2%	42.9%
부동산업	24.3%	13.0%	18.9%	33.9%

출처: 스티븐 밤멜, 「한국 서비스업의 자영업 영세성 분석: 자영업 혼잡률 개념 중심으로」, 한양대학교 전략경영학과 대학원 박사학위 논문, 2021. 2.

업체의 크기가 작아서 규모의 경제를 달성하기가 어렵다. 이들은 크기의 확장을 통해 비용을 절감하는 것이 아예 불가능하기 때문에 사장 스스로의 또는 몇 안 되는 노동자의 인건비를 절감하는 것이 이윤을 남기는 가장 쉬운 방법이 된다. **달리 말하면 높은 자영업자 비율이 서비스업의 전반적인 물가를 스스로 억제하는 역할을 하고 있다는 뜻이다.**

한국의 자영업자 비율은 과거에 비하면 차츰 낮아지고 있기는 하지만 여전히 글로벌 기준으로 볼 때 매우 높은 수준을 기록하고 있다. 더불어 한국의 자영업이 가진 또 하나의 중대한 문제가 있다. 우리 사회의 자영업자들은 근본적으로 일종의 성공을 목표로 개업을 하는 것이 아니라 자의 또는 타의로 직장에서 떠난 뒤 **생계 유지의 수단**으로 개업을 하고 있다는 것이다. 뒤의 4장에서 상세히 살펴보겠지만, 한국의 노동자들은 연금의 보호를 제대로 받지 못한 채 퇴직하는 경우가 많으며, 이는 자영업의 신속한 노동공급으로 곧장 이어진다.

이 때문에 한국의 자영업자들은 빈곤도가 상당히 높은 편이다. 자영

한국의 취업자 중 자영업자 비율 추이 (1996 ~ 2022)

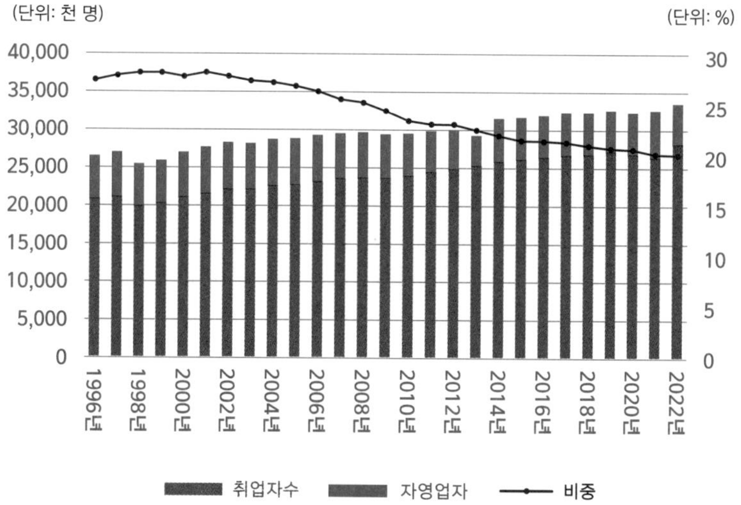

출처: 통계청, 「경제활동인구조사 - 종사상지위별 취업자」, 2022

업자의 빈곤율은 임금노동자보다 평균 3.2배 더 높으며, 전체 취업자 중에서 자영업자가 차지하는 비율은 24% 정도이지만 빈곤층 가운데 자영업자의 비율은 53%에 달한다. 취업빈곤층의 절반이 자영업자로 구성된 것이다.* 빈곤한 상태인 사람은 우선 빈곤을 벗어나는 것을 목표로 삼기 때문에 영업의 목표를 박리다매 전략으로 삼거나, 스스로의 인건비를 축소하는 방법을 가장 우선적으로 선택할 가능성이 높다. 여기서 가장 큰 문제는 앞서 확인했듯 우리나라 서비스업의 자영업률은 지나치게 높기

* 지은정, 「자영업자의 취업빈곤에 영향을 미치는 요인」, 《한국사회복지학》, 2013. 2.

에 이런 생각을 하는 사람들이 너무도 많다는 것이다.

그러므로 한국의 서비스업은 구조상 과잉경쟁이 발생할 수밖에 없다. 이는 학문적 연구 결과로도 뒷받침된다. 국내 미용업의 경쟁 강도는 미국의 8.3배이며, 그 외의 업종의 경우 음식점업(7.0배), 부동산업(5.6배), 숙박업(4.4배), 소매업(3.9배) 등 한국 서비스업의 거의 모든 주요 업종이 과잉경쟁에 시달리고 있다.* 앞의 자영업 빈곤율은 2010년대 초반 데이터, 서비스업의 경쟁 강도는 비록 2000년대 후반 데이터이지만 2000년대 후반 서브프라임 모기지 사태가 발생하여 15년 이상의 저금리 구간이 발생하였고, 그 이후로 고용률이 특별히 나아지지 않았기 때문에 소규모라도 자본을 조달하여 자영업에 뛰어들기 위한 환경 자체는 지속적으로 남아 있었다는 점을 고려한다면, 현재도 크게 개선되었다고 기대하기는 힘들다고 볼 수 있다.

결론적으로 말해보자. 한국의 서비스업은 그 생산성을 높일 수 있는 기반을 갖추고 있지 못하다. 수출을 해서 시장을 넓혀야 생산성이 상승하는데 우리나라의 주력 서비스 업종은 수출에 적합하지 않다. 그래서 내수시장 안에서 기존 수요만을 흡수해야 하는 상황이 이어지는 것이다. 여기에 더해 사회 안전망의 보호를 받지 못하는 사람들이 직장을 떠나 지속적으로 서비스업에 공급되고 있기 때문에 자영업률만 대책없이 높아지고, 업 자체가 영세함을 벗어나지 못한다. 영세한 사람들끼리 과잉경쟁을 하니 낮은 가격이 유지될 수밖에 없고, 이는 낮은 부가가치로 이어져 전반적인 한국의 노동생산성 자체를 끌어내리게 되는 것이다.

* 이병희·강기우, 「생계형 서비스산업의 현황과 과제」, 한국은행, 2008

우리는 **이 사회 취업자의 약 24%, 1/4가량이 자영업자라는 지점**으로 다시 되돌아가 볼 필요가 있다. 취업자는 곧 유권자에 해당한다고 볼 수 있으므로, 한국 공동체의 영세 서비스업 종사자와 자영업자들은 모두 하나의 유권자 집단을 구성한다고 간주해도 무리가 없다. 이들은 모두 낮은 노동생산성을 보이는 사람들이나, 그것은 이들이 일을 열심히 하지 않는다는 뜻이 전혀 아니다. 오히려 이들은 사회적으로 낮은 부가가치를 부여하는 업에 종사를 하고 있기 때문에 **아무리 열심히 일해도 계속 가난한 상태에 놓여 있을 확률**이 높은 사람들이다. 2022년 상반기 기준 전국의 자영업자는 총 560만명인데, 이 중 수도권 자영업자는 약 235만명가량이다. 그렇다면 우리는 과연 이들에게 공동체의 개선을 위해 자신의 지갑을 열라고 요구할 수 있을까?

문제는 서비스업에서 끝나지 않는다

지금까지 우리는 한국 공동체의 고용점유 70%를 차지하는 서비스업에 대한 분석을 통해, 왜 상당수의 한국인에게 **공동체의 개선을 위해 투입할 수 있는 자원**이 소득 측면에서 그토록 부족할 수밖에 없는지를 살펴보았다. 그러나 문제는 서비스업에서 끝나지 않는다. 제조업의 노동생산성은 비교적 높은 편이지만, 제조업 내에서도 고용의 대부분을 담당하고 있는 **중소기업과 대기업의 노동생산성**에는 또 다시 큰 격차가 존재하기 때문이다.

2021년 한국의 제조업 노동생산성을 기업규모별로 나누어 살펴보면, 대기업의 노동생산성은 4억 6620만원, 중소기업의 노동생산성은 1억 4060만원을 기록해 중소기업의 노동생산성은 대기업에 비해 30.2% 수준에 머무르고 있다.* 국제비교가 가능한 2015년 자료를 활용할 경우 한국 제조업 중소기업의 노동생산성은 더 확연히 낮은 수준임을 체감할 수 있다. 해당 자료 기준 한국보다 중소기업 생산성이 대기업 대비 낮은 국가는 호주와 그리스, 그리고 아일랜드뿐이다. 호주가 자원경제를 중심으로 한 국가이며, 그리스와 아일랜드는 한국과 산업의 구조가 아예 다르다는 점을 감안할 때, 한국은 비교가능 국가군 중 중소기업 노동생산성이 가장 낮다고 볼 수 있다.

서비스업이 그러하듯 제조업 역시 영세한 중소기업의 고용 비중이 훨씬 더 높다. 중소기업중앙회의 통계에 의하면 제조 중소기업의 취업자 수는 2019년 기준 204만 814명으로 전체의 70.2%를 차지하고 있으며, 제조 대기업은 86만 4295명으로 29.8%에 불과하다. 하지만 대기업의 노동생산성은 중소기업의 3배를 상회하기 때문에, 한국은 86만명이 204만명과 동일한 경제력을 보유하고 있는 것과 마찬가지이다. 노동생산성은 시장에서 가치를 얼마나 매기는지를 따진다는 원칙을 다시 상기해 보라. 이 장의 서두에서 언급한 공식에 의하면, **노동생산성=시장에서 부여하는 가치=노동자의 소득**이기 때문이다.

중소기업의 노동생산성이 낮은 이유에 대해 우린 다시 길고 지루한 논쟁을 시작해야 한다. 주요 공업국 대비 낮은 중소기업의 수출참여도는, 국내 대다수의 제조업체 또한 협소한 국내 수요에 매달리고 있다는 점에서 서비스업과 전혀 다를 바가 없다는 것을 보여준다. 이는 또 다

* 한국생산성본부, 「2023 제조업 기업규모별, 업종별 노동생산성」

주요국 대기업-중소기업 간 노동생산성 격차

(단위: 유로화 및 자국화폐(백만), %)

국가명 (화폐)	대기업	중소기업	대기업 대비 중소기업 생산성 비율
프랑스 (유로)	88.6	56.5	63.7
이탈리아 (유로)	84.8	50.8	59.9
독일 (유로)	91.7	51.8	56.5
일본 (엔)	19,548.8	9,865.1	50.5
영국 (파운드)	105.8	42.9	40.5
한국 (원)	**343.1**	**111.2**	**32.4**

출처: 한국생산성본부, 「2017 제조업 업종별 기업규모별 노동생산성」, 2018

른 익숙한 논쟁적 사안, **국내 중소기업들이 대부분 대기업에 수직계열화 되어 있어서 사실상의 하청업체 이외의 다른 역할을 기대할 수 없다는 쟁점**과 연결된다. 한국은 대기업들이 글로벌 경제의 주요 밸류체인에 메인 플레이어로 탑승해 있고, 거의 대부분의 중소기업들은 대기업들이 비용 절감 또는 사업 효율화 등의 사유로 인해 아웃소싱을 하는 분야에서 가치를 창출하고 있다. 즉, 기본적으로 중소기업들이 부가가치를 창출하는 시장 자체가 대기업의 비용 절감이라는 목적을 위해 형성되었다는 것을 의미하고, 이는 당연히 글로벌 밸류체인에 직접 올라타서 전 세계를 상대로 거래를 하는 것에 비하면 낮은 부가가치를 창출할 수밖에 없다.

물론 중소기업의 낮은 수출참여도와 이로 인해 발생하는 낮은 생산성을 대기업-중소기업 간의 '갑을 문제'로만 인식하고, 이 구조가 오직 탐욕스러운 대기업의 책임이라고만 주장하는 것 역시 잘못된 것이다. 지금까지 펼쳐보았던 우리나라의 낮은 서비스업 생산성의 원인에 대한 분석에서 알 수 있듯, 제조업에서의 대기업-중소기업 간 생산성 격차는 후발 주자로 출발하여 빠른 속력으로 선진국을 따라잡아야만 했던 한국의 경제 발전 도상에서 필수적으로 발생할 수밖에 없는 일이었기 때문이다. 특히 해방 이후부터 1981년까지 4차례에 걸쳐 현대 한국 경제의 기틀을 짜는 역할을 했던 **경제 개발 5개년 계획***은 이 과정에서 지대한 영향을 끼쳤다.

한국전쟁 이후 모든 산업 기반이 파괴된 상황에서 출범한 대한민국은 차관과 원조로 경제 개발을 이뤄 나갈 수밖에 없었다. 1962년부터 1966년까지 이어진 경제기획원의 제1차 경제 개발 5개년 계획에서 한국은 원조 8억 달러 이상, 차관은 5억 달러 이상을 도입했다. 이 돈은 현재의 가치로 따지면 약 1조 6천억 원인데, 지금으로부터 60여 년 전에 그 돈이 지니는 가치는 어마어마하였을 것이다. 당시 우리나라는 민간기업의 부채를 중앙은행인 한국은행이 보증하는 수준의 조치를 취해가면서까지 해외로부터의 자본 조달에 열심이었다. 이러한 자본 조달이 민간이 아닌 정부 주도로 이루어지면서 자본의 전략적 배분에 관해 정부가 운전대를 잡은 것은 자연스러운 현상이었다. 1967년부터 1971년까지 이어진 제2차 경제 개발 5개년 계획에서는 차관 규모가 23

* 실제 경제 개발 5개년 계획은 박정희 정권 이후에도 지속되어 1993년 문민정부 출범 뒤 '신경제 5개년 계획'까지 이어졌으나, 1997년 외환 위기 사태를 거치면서 국가 주도의 경제 발전 계획 수립 및 실행은 그 명맥이 끊겼다. 다만 이 책에서는 중화학 공업의 집중 투자로 현재 한국 제조업의 큰 틀을 육성한 4차 경제 개발 계획까지만을 다룬다.

억 달러까지 확대되고, 이어 3차에서는 54억 달러까지 늘어나자 정부의 전략적 자본 배분 기능은 더욱 중요해졌다.

정부가 자본의 배분 권한을 쥐게 되면 국가적으로 어떤 산업에 투자할 것인지, 어떤 기업에 투자할 것인지는 모두 정부가 결정해야 할 몫이 된다. 현대 한국의 대기업들이 대부분 정경유착으로 성장했다는 비판은 이 지점에서 과거의 맥락을 도외시했다는 부적절함을 피할 수 없다. 과거 한국은 외자를 도입하기 위해 민간에 대한 정부의 보증이 필요했고, 이 때문에 자원의 배분 과정에 정부가 깊게 개입할 수밖에 없었으며, 결국 정부의 최종적인 선택으로 산업과 기업이 정해지고 이들에 대한 투자가 이루어졌기 때문에 발전 도상에서의 한국은 정치와 경제가 분리되기 어려웠다.

게다가 정부가 중앙에서 모든 자본을 배분하는 시스템은 최대한의 효율성을 위해 대기업 위주의 투자 집행이 이루어지는 현상을 필연적으로 낳게 된다. 혹자는 박정희 정권이 자신과 친하거나 정치자금을 댄 일부 기업인들에게 투자를 몰아주었다는 식의 비판을 가하기도 한다. 그렇지만 규모의 경제와 같은 개념은 이미 1960년대의 한국의 경제학자들 그리고 경제 전문가들 모두가 알고 있었고, 이들이 모여 탄생한 경제기획원에서 대기업 위주의 수출 육성 전략을 채택한 것은 불가피한 일이었다.* 문제는 이러한 전략에서 발생할 수 있는 부작용이 외환

* 한국의 경제 발전 과정에서 거의 대부분의 차관을 댔던 미국도 이 지점에서는 한국에 특별한 간섭을 하지 못했다. 1977년 박정희 정권에 대해 작성된 것으로 유명한 미국의 프레이저 보고서에서도 1970년대의 3차 및 4차 경제 개발 5개년 계획은 미국의 자문 없이 한국이 독자적으로 수립했다는 식의 서술이 존재하는데, 이 같은 내용은 공교롭게

위기를 거쳐 21세기로 진입하면서 본격적으로 벌어지기 시작했지만 그 이후 이것을 수정하는 일에 진지한 관심을 기울인 곳은 어디에도 없었다는 사실이다.

과거 한국의 경제 발전 전략은 수출 대기업에만 투자라는 특혜를 부여하여 글로벌 밸류체인에 탑승할 수 있게끔 하는 특권적인 기회를 제공한 것 이외에 다른 부작용도 양산했다. 전체적인 산업이 노동 집약적 구조를 벗어나지 못하게끔 한 원인을 제공한 것이 바로 그것이다. 과거 경제 개발 과정에서 한국은 자본은 도입할 수 있었지만 해외의 기술까지 도입할 수는 없었으며, 이로 인해 대규모 설비투자 후 대규모 노동력을 투입하여 중공업 제품을 저렴하게 생산해 내는 방식을 채택해야 했다. **낮은 인건비가 수출에 필수적인 구조**는 그렇게 고착화되었고, 그 중에서도 대기업의 입장에서 부가가치가 낮은 세부 품목들은 중소기업으로 넘어가 더욱 낮은 생산성으로 양산되기에 이르렀다. 그나마 대기업은 하청과 재하청이라는 형태로 일정 부분 노동집약적 저생산성 구조를 탈출할 수 있었으나, 이를 밑에서 계속 받쳐야 했던 중소기업의 경우 저생산성과 낮은 인건비로 유지되는 구조를 끝내 탈출할 수 없었다.

도 이후 한국의 진보 진영에서 미국에 대한 보수 세력의 소위 '보은론'에 반박하는 근거 중 하나로 활용되기도 했다.

노동유연성 확대가 답이라는 거짓말

이렇게 극히 일부의 대기업 종사자만이 높은 부가가치를 독식하고, 경제력을 차지하고 있는 것은 어제 오늘 일이 아니며, 우리 공동체의 경제 발전 도상 전체에서 누적되어 현 시점에 통증이 나타나고 있는 질병과도 같다. 그동안은 이런 질병을, 즉 경제력을 차지하지 못한 사람들의 낮은 생산성을 그들의 **노동 윤리 문제로 치부**하는 경향이 뚜렷했다. 이 책의 논의가 그런 시각과 다른 점은, **한국이라는 공동체 자체가 대다수 사람들에게 사실상 낮은 인건비를 강요하고 있는 환경**이라는 지점을 강조한다는 것이다. 이 두 가지는 서로 거리가 멀어 보이지만, 내가 책의 마지막에 다룰 '황금 티켓 증후군'이라는 사회적 현상을 통해서 유기적으로 연결된다. 낮은 노동생산성을 일종의 농업적 근면성이 부족하기 때문이라고 인식하니, 농업적 근면성으로 어느 정도 성과를 획득할 수 있는 학업 성취도를 모두가 공정하다고 생각하게 되고, 결국 한국에서 일정 수준 이상의 경제력을 획득할 수 있는 가장 공평한 방법으로 오직 입시만이 남아 사교육비의 준조세화를 이끌어낸 것이다.

황금 티켓 증후군이라는 용어는 2022년 OECD의 한국경제보고서에서 처음 등장했는데, 경제력을 독점하고 있는 대기업으로의 입성이 학력에 달려 있으며, 대기업으로 입성하기 위한 황금 티켓을 쥐기 위해 모두가 입시에 몰두하는 기형적인 현상을 일컫는다. **이 문제는 앞선 2장의 수도권 집중 현상과도 밀접하게 맞물린다.** 황금 티켓을 얻기 위한 교육 투자는 자본과 정보가 집중돼 있는 수도권에서 더욱 유리하기 때문이다. 이처럼 황금 티켓 증후군은 수도권 집중 현상을 다시금 악화시키는 핵심 고리 역할을 한다는 게 나의 시각이다.

대기업 일부 업종에 생산성이 과도하게 집중된 문제를 해결하기 위해 우리 사회에서 흔히 제시되는 방안은 또 있다. 바로 **노동유연성 확보**이다. 이런 논리를 펼치는 사람들은 한국은 **대기업 정규직에 대한 보호**가 너무 지나쳐서 이들이 경제적 해자(垓字), 즉 진입장벽을 가지고 있고 이 때문에 상대적으로 비정규직과 중소기업의 생산성이 낮아질 수밖에 없다고 목소리를 높인다. 이러한 주장은 자연스럽게 대기업 정규직의 해고를 자유롭게 하면 한국의 많은 문제가 해결될 수 있으리라는 관점으로 이어진다.

그러나 이러한 주장은 틀렸다. **틀렸을 뿐만 아니라, 자유로운 해고를 통한 노동유연성의 확보는 많은 문제 해결책 중 가장 '나쁜' 해결책이다. 그 이유로 우리는 한국 특유의 형편없는 사회 안전망을 들 수도 있겠지만, 그전에 한국은 이미 노동이 상당히 유연한 나라이기 때문이다**. 한국 노동시장이 지나치게 경직되어 있다는 잘못된 판단은 다양한 원인에서 기인하지만, 대개 우리와 심리적 거리가 가까운 미국의 노동시장과 주로 비교하기 때문인 경우가 많다. 고용주가 말 한 마디만 떨어트리면 바로 시큐리티가 등장하여 대충 짐을 싸게 한 후 건물 밖으로 내쫓는 것이 유연화된 노동시장이라고 잘못 생각하고 있으므로 그것을 금과옥조처럼 섬기게 된 것이다.

한국의 노동시장 유연성과 관련된 2018년 연구에 따르면,* 노동시장의 개념적 유연성은 내·외부적 수량유연성과 기능유연성, 그리고 임금유연성으로 구분된다. 여기서 외부수량유연성은 상용직 및 임시직

* 남민호, 「국제비교를 통한 우리나라 노동시장의 유연성 및 안정성 평가」, 《노동경제논집》 제41권 제3호, 2018. 9.

의 고용 및 해고를 통한 노동자 수 조정의 정도를 가리키고, 내부수량 유연성은 노동시간의 조정 가능성을 의미한다. 기능유연성은 업무 재배치 등을 위한 생산성의 제고 가능성을 의미하며, 임금 유연성은 기업이 임금을 자율적으로 결정할 수 있는 능력과 같다. 통념과는 달리 노동유연성은 정규직의 해고 가능성 하나에만 달려 있지 않다.

해당 연구의 결과 한국은 OECD 고용보호법 규제지수*상 상용직 개별해고 규제지수는 OECD 평균인 2.0과 유사한 2.3을 기록하였고, 집단해고 규제지수는 OECD 평균 2.9보다 낮은 1.9를 기록하였다. 임시직의 고용 규제지수 중에서 파견 근로자 고용 규제지수는 4.3으로 OECD 평균인 2.5 대비 상당히 높았으나, 기간제 근로자의 경우 평균 1.7 대비 0.8로 상당히 낮은 수준을 보였다. 또한 해당 연구는 이와 아울러 법제적 지표로만 판단할 경우 임시직 고용은 다소 경직적일 수 있으나, 우리나라의 임시직 노동자가 전체 임금노동자에서 차지하는 비율이 OECD 평균 대비 매우 높은 점(한국 21.9% vs. OECD 평균 13.8%), 반대로 임시직의 상용직 전환율은 OECD 주요국 평균치를 크게 하회한다는 점(한국 11.1% vs. OECD 평균 35.7%) 등을 고려해야 한다고 강조한다. 요컨대, 실질적으로 한국의 노동시장은 정규직 근로자의 개별 해고가 다소 어렵다는 점을 제외하면 특히 외부수량유연성의 측면에선 이미 꽤나 유연한 상태를 나타내고 있다고 볼 수 있다.

한편 임금유연성을 살펴보면 오히려 한국 기업의 임금유연성은 비교적 높은 편임이 드러났다. 상위 10% 노동자의 평균 임금을 하위

* 규제지수가 OECD 평균 대비 높을수록 노동시장이 상대적으로 경직적이고, 낮을수록 노동시장이 상대적으로 유연함을 의미한다.

한국의 노동시장은 정말로 경직적인가?

평균보다 높을수록 노동시장이 유연한 지표	한국	OECD	격차
임시직 비중	21.9%	13.8%	8.1%
임시직의 1년 후 상용직 전환율	11.1%	35.7%	-24.6%
임금소득 10분위배율	4.6	3.6	1.0

평균보다 낮을수록 노동시장이 유연한 지표	한국	OECD	격차
상용직 개별해고 규제지수	2.3	2	0.3
상용직 집단해고 규제지수	1.9	2.9	-1.0
기간제 고용규제지수	0.8	1.7	-0.9
파견직 고용규제지수	4.3	2.5	1.8
평균 근속기간	5.8	9.6	-3.8
노동조합 조직률	10.1%	26.9%	-16.8%

출처: 남민호, 「국제비교를 통한 우리나라 노동시장의 유연성 및 안전성 평가」, 《노동경제논집》 제41권 제3호, 2018. 9., 129~159p.

10% 노동자의 평균 임금으로 나눈 임금 10분위 배율 지표를 국제비교 하면, 한국의 임금 10분위 배율은 4.6으로 이스라엘과 미국에 이어 3위를 기록했으며, 반대로 노조 조직률은 고작 10.1%로 OECD 평균인 26.9%에 한참 미치지 못했다. 심지어 노조 조직률은 해고의 천국인 미국보다도 소폭 낮았다. 즉, 한국 공동체 구성원들은 극히 일부인 대기업 정규직을 제외하면 대부분 이미 상당히 유연화된 노동시장에 속해 있으며 임금 교섭력도 약해, 저임금 일자리와 고임금 일자리의 생산성이 주요국 대비 큰 격차를 지닌다는 점을 확인할 수 있다. **노동시장**

유연화 지표는 한국 노동시장이 경직돼 있다는 점을 입증하는 것이 아니라, 오히려 생산성 쏠림 현상을 입증하는 증거인 것이다.

물론 해당 연구는 상용직(=정규직)의 해고규제 완화가 노동생산성에 양의 효과를 미친다는(해고를 자유롭게 할 수 있으면 노동생산성이 올라간다는) 사실을 결론에서 서술하고 있다. 그러나 정규직의 개별 해고규제를 완화하려면 이들이 한 번의 해고로 경제활동에서 완전히 탈락하는 것을 막기 위해 사회 안전망의 확충이 선행되어야 한다는 점을 우리는 잊어서는 안 된다. 이 지점에서 다시 이 책의 가장 중요한 명제를 상기해 보자. **사회 안전망이 확충되기 위해선 공동체 구성원들이 지갑을 열어야 한다.** 그렇지만 우리가 이 사회를 위해 지갑을 열 수 있고, 또 누군가에게 지갑을 열라고 강요할 수 있는가? 쉽지 않은 일이다. 앞서 논의한 고비용 사회의 문제점, 그리고 모두가 서울로 몰려올 수밖에 없다는 문제점 때문에 우리는 끝내 공동체에 인색할 수밖에 없다는 도돌이표 사이를 맴돌게 된다는 점을 기억할 필요가 있는 것이다.

한국인을 실질적으로 가난하게 만드는 복합적 요인들

여기까지 이야기한 내용들을 유기적으로 연결하여 이제 노동생산성의 문제가 어떻게 우리 공동체를 자발적 소멸의 길로 몰아넣고 있는지 정리해 보도록 하자. 이 책의 1장에서는 한국 공동체 구성원들이 전반적으로 높은 생활 비용을 가까스로 견뎌내고 있으며, 그 이유는 낮은 서비스 물가, 인프라 요금, 에너지 가격이 합쳐진 경제 구조 때문이라는 것을 지적한 바 있다. 이 중에서 낮은 서비스 물가는 우리 경제 고용의 상당수를 차지하는 서비스업의 낮은 생산성으로 연결된다. 특히 서비스업 중 가장 큰 부분을 차지하고 있는 음식료 및 숙박업 등의 영세성으로 인해 이 저생산성의 문제는 근본적인 해결이 어렵다는 게 이번 장에서 펼쳐졌던 내용이다.

2장에서는 한국의 공동체 구성원들은 모두가 서울과 수도권으로 몰려오고자 하며, 이는 역사적인 맥락에서의 지역 균형 전략의 총체적인 실패임을 검증했다. 서울과 수도권은 단지 인구만 많은 것이 아니라 경제적 측면에서 양질의 일자리도 모두 독점하고 있고, 이것이 자원의 집중을 더욱 심화시키고 있기 때문이다. 이 또한 이번 장에서 논의한 대기업-중소기업 간 생산성 격차와 연결되는 문제다. 역시나 고용의 대부분을 담당하고 있는 중소기업은 저생산성에 허덕이고 있는데, 이 장의 맨 앞에서 정의하였듯이 노동생산성은 곧 소득과 직결되는 지표라는 점을 다시 한번 상기한다면, 한국 임금노동자의 상당수는 그 생활비용에 비해 소득이 부족할 수 있다는 점이 자연스럽게 입증된다.

앞선 1장부터 현재 3장까지의 논의를 찬찬히 되짚어 본다면, 결국 우리 공동체에는 지갑을 그나마 조금이라도 열 수 있는 아주 좁은 집단이 한 곳 남게 된다는 걸 알 수 있다. **수도권에 거주하며, 좋은 교육을 받고, 고생산성 수출 대기업에 종사하는 경제 활동 인구 집단**이 바로 그들이다. 이들은 소위 '중산층'이라는 단어와 혼용되지만, 광의의 중산층보다는 훨씬 더 좁은 집단으로 판단할 수 있다. OECD 기준으로 중산층은 중위소득의 75%에서 200%까지의 소득을 가진 집단을 일컫지만, 이들은 단순 중산층 중에서도 상당히 상위 소득을 창출할 게 분명하기 때문이다. 2021년 기준 한국의 실질 가구중위소득은 3097만원인데, 아마 길 가는 사람 누구를 붙잡아 묻더라도 3097만원의 소득을 가진 사람을 중산층으로 분류할 한국인은 없을 것이다.

그러나 그렇기 때문에 이들은 더욱 **배타적인 성격**을 띤다. 이들은 서울이라는 자신들의 거주 공간과 고생산성 대기업이라는 자신들의 직장이 가지는 가치를 누구보다도 더 잘 알고 있다. 그러므로 이들은 서울과 고생산성 대기업의 가치를 낮추는 지역균형 발전이나 생산성의 고른 분배를 선택하기보다는, **개인의 개별적인 성공**을 통해 사회에서 생존하고자 한다. 또한 이러한 배타적인 성향은 그들 스스로에서 멈추는 것이 아니라 그들의 자녀들에게까지 이어져, 높은 사교육 참여도를 통한 **물적, 인적 자본의 세습**을 추구하는 경향성을 나타낸다.* 이러한 경향성은 한국 사회의 개선을 막고 있는 **강력한 조세저항 및 사회 안전망에 대단히 냉담한 복지태도**로 현실화되고 있다.

그러나 서두에서부터 지적해 왔듯 이것을 한국 공동체의 일부 중산층만이 가진 특수한 '품성'의 문제라고 판단할 수는 없다. 왜 그런가? 우리 공동체의 유지와 보수를 위한 자원을 이 작은 그룹에서만 갹출한다는 것은 조세정의에 근본적으로 어긋나는 결정이며, 전체 유권자들의 광범위한 지지를 받을 수도 없을 것이기 때문이다. 더욱이 이러한 결정을 실제로 어떻게든 이뤄낸다고 한들 그들에게 갹출한 금전의 전반적인 크기는 우리가 당면한 문제를 해결하는 데 충분하지 않을 것이다.

이것은 상위 중산층의 도덕과 인성을 따질 문제가 아니다. 한국 공동체가 직면한 경제 구조와 경제 현실의 문제다. 다시 말해 우리 경제 구조가 이들이 자신의 높은 소득과 사회적 자본을 자녀의 사회적 지위 획득

* 조귀동, 『세습 중산층 사회』, 생각의힘, 2020

을 위해 사용하도록 추동하고, 공동체의 문제를 해소하는 것에 지출하는 것은 전혀 합리적이지 않게끔 이루어져 있기 때문이다. 근본적으로 낮은 노동생산성과 높은 생활 물가가 중산층 이상의 그룹의 경제적 의사결정에 영향을 끼치고, 이것이 격심한 수도권 집중 현상과 결합되어, 결국은 대를 이어 서울이라는 공간에 머무르기 위한 높은 사교육비 지출로 이어질 수밖에 없는 경제적 토대가 바로 이런 구조를 가리킨다.

결론적으로 우리는 **한국의 낮은 노동생산성과 높은 생활물가, 그리고 수도권 집중이라는 이 세 가지 키워드는 서로가 서로에게 영향력을 주고받으며 견고한 하나의 성(城)을 구축하고 있다는 사실**을 확인할 수 있다. 또한 정규직 해고와 같은 쉽고 단편적인 방법으로는 상황을 악화시킬 뿐이라는 점도 역시 이 장에서 상세히 살펴보았다. 이런 상황은 높은 수준의 국내총생산 규모에도 불구하고 많은 수의 한국인들을 실질적으로 가난한 상태에 놓여 있게 만들며, 이들이 심리적으로, 또한 경제적으로 공동체 전체를 위한 자원을 지출하는 것에 대단히 인색하게 만든다. 그렇다고 해서 이것이 미래에 개선될 것이라는 기대 역시 하기 어렵다. 바로 지금부터 설명할, **고령화로 인한 청년 세대의 생존 비용 상승**이 결정타를 날리기 때문이다.

4장

청년 문제는 노인 문제의 결과일 뿐이다

우리는 청년 문제의 해결이 공동체 소멸을 막기 위한 방법이라고 생각하지만 그것은 원인과 결과를 거꾸로 인식한 것이다. 한국의 청년 문제는 노인 문제의 결과물이기 때문이다. 한국 공동체는 노후를 어떻게 감당해야 할지에 대해 한번도 고민한 적이 없으며, 이는 한국의 노년층을 가난한 상태로 만들었다. 또는 지금 이 순간은 가난하지 않더라도, 자산을 매각하는 순간 바로 가난해질 수밖에 없는 상태로 만들었다. 모두가 선망하는 공간에 점점 노인들만이 남게 된다는 건 미래 세대에게 공동체를 이어 나가야 할 이유를 소멸시키는 일과 같다. 즉, 노인 문제를 해결해야 청년 문제가 열리게 된다는 말이다.

한국의 공동체는 2010년 이후 청년 문제를 사회의 가장 큰 화두로 삼아 왔다. 2010년대 초중반 'N포 세대'라는 표현이 등장하고, 정치권은 청년이 살아야 나라가 산다는 슬로건을 앞다투어 내걸면서 청년 문제의 해결에 몰두했다. 청년 지원책이 우후죽순처럼 등장했고, 악화일로를 걷는 출산율을 어떻게든 되살려 보고자 수많은 재원이 투입되었으며 온 사회가 청년들에게 필사적으로 달려들었다. 정치권에서는 앞다투어 '청년'을 외쳤으며, 주요 정당들에서는 젊은 사람들에게 비례대표 국회의원 후보 앞 번호를 부여하거나 젊어서 제법 훌륭한 성과를 이룩한 청년들을 영입하며 이를 대대적으로 선전하곤 했다. 일각에서는 청년수당, 청년 기본소득까지 논의될 정도였으니, 분명 한국은 겉으로 볼 때는 청년 문제의 해결에 어느 나라보다 열심이었다.

그러나 10년이 넘게 지난 2020년대에 와서도 그 결과는 썩 좋지 않다. 출산율은 대만에 이어 세계에서 두 번째로 1명대 선이 붕괴되어 0명대로 추락했고, 출산율의 추이를 예측할 수 있는 혼인 건수 역시 지속적으로 감소하는 추세를 이어가고 있다. 우리는 이렇듯 청년 문제에 많은 자원을 투입하였지만 아무런 문제도 해결하지 못한 게 사실이다. 과연 그 이유는 무엇일까?

우리는 지금까지 청년 문제를 저성장이라는 두리뭉실한 개념 하에서 발생한 일종의 부작용과 같은 것으로 관측해 왔다. 과거 높은 경제성장률을 기록할 때에는 일자리가 언제나 많이 공급되었기 때문에 청년들이 취업도 잘되었고 미래에 대한 희망도 있었지만, 지금은 성장률이 낮은데다 양질의 일자리도 부족하기 때문에 청년들이 희망을 잃고 공동체를 유지하려는 의지를 포기한다는 식의 관점이 그것이다. 그러나 이제는 그 관점이 틀렸다는 사실을 우리는 인정해야만 한다. 이 책에서 반복적으로 이야기하고 있지만, 한국의 경제 구조는 자원의 배분체계가 소비 차원에서든 소득 차원에서든 상당히 왜곡돼 있어서 대다수의 한국인들을 실질적으로 가난한 상태에 놓이게 하고 있다. 청년 문제도 마찬가지이다. **저성장이 원인이 되어 청년 문제가 발생한 것이 아니라, 저성장 국면이 되었음에도 불구하고 바뀐 국면에 따라 자원이 제대로 배분되지 않아 이 문제가 발생한 것이다.**

한국 공동체의 소멸과 직결되는 청년 문제에는 고물가, 수도권 집중 그리고 낮은 노동생산성 문제가 모두 버무려져 있는데, 여기에 화룡점정을 찍는 것이 바로 **노인 문제**이다. 단순히 고령화가 진행되는 것이 문제가 아니다. 은퇴자는 점점 늘어나는데 고물가와 낮은 노동생산성의 경제 구조 때문에 현재까지 우리나라의 은퇴자들은 노후를 안정적으로 보낼 수 있을 정도의 자산축적을 이루지 못한 채로 일터에서 쫓겨나는 경우가 허다하다는 게 근본적인 문제다. 이것이 바로 세계 최고 수준의 노인빈곤율을 만들어낸 원인이기도 하다.

2020년 기준 우리나라의 노인빈곤율은 40.4%로, OECD 국가 중 1위를 달리고 있다. 일각에서는 이 빈곤율은 단순 중위소득 기준으로 계산한 것이며, 국민연금의 소득대체율이 낮고 민간연금의 혜택을 거의 받지 못한 과거 은퇴자들을 대상으로 조사하면 이처럼 높은 수치를 기록할 수밖에 없다고 지적하기도 한다. 이에 2017년 한국보건사회연구원은 자산 상태, 주거 현황, 건강 상태 등을 종합한 새로운 빈곤지표를 연구하는데,* 이에 따르면 소득, 주거, 자산 등 생활에 필수적인 모든 분야에서 다차원적인 빈곤 상황을 겪는 노인의 비중은 21% 정도로 조사된 바 있다.

해당 연구에서는 자산가치를 고려할 때 40%에 달하는 노인을 빈곤자의 범주로 포함하는 것은 적절치 않다는 결론을 도출했다. 그 근거 중 하나가 바로 **노인가구의 자산 보유액**이었다. 부동산 자산을 기준으로 할 때 노인가구주 가구의 평균 자산액은 2억 332만원으로 전체 가구 평균인 1억 7988만원보다 높았으며, 특히 고자산층의 경우 노인가구가 6억 2540만원으로 전체 가구의 5억 5290만원보다 높았다. 우리는 이 지점에서 고자산층 노인가구의 경우 부동산 가격이 상대적으로 높은 수도권 거주자가 상당수일 것이라고 추론할 수 있다.

실제로 이들이 높은 가치의 자산을 보유하고 있는 건 사실이다. 우리는 이들 **자산을 보유한 노인 계층**을 빈곤층에서 제외할 수도 있다. 그러나 높은 수준의 금융자산이 동반되거나 축적되지 않는 한 이들은 언제든 빈곤층으로 전락할 위험이 있는 사람들이다. 앞서 언급했듯이 현재

* 윤석명 외, 「다양한 노인빈곤지표 산정에 관한 연구 (I)」, 한국보건사회연구원, 2017

우리나라의 노년층은 선진국의 일반적인 노후 대비 수단인 3층 연금(국민연금, 개인연금, 퇴직연금)의 소득 커버가 전혀 이루어지지 않은 사람들이다. 이 때문에 우리는 이들을 **주택을 매각하는 순간 거주환경이 더 열악한 지역으로 이주하지 않으면 생계를 유지할 방법이 없는, 사실상의 예비 빈곤층**이라고 바라보는 게 더 타당하다.

많은 노인들은 왜 빈곤하게 살 수밖에 없는가

이 같은 예비 빈곤층이 실제로 얼마나 존재하는지는 연금 수령자 중 일하는 사람의 비중이 어느 정도 되는지를 파악함으로써 알아볼 수 있다. 전국경제인연합회의 「55~79세 고령인구의 노후실태 및 취업현황 2022」 연구에 의하면, 2017년 국민연금을 받는 고령자 중 취업자 비중은 43.8%였지만 2022년에는 49.7%로 6%p가량 높아졌다. 어떤 직장이든 계속 직장을 놓지 못하는 사람들이 있는가 하면, 늘그막에 개업에 나서는 노년층도 있다.

또 같은 자료에 의하면 60세 이상 자영업자의 수는 2017년 159만 2천명에서 2022년 193만 3천명으로 21.4%가 증가했다. 이들의 상당수는 상당히 낮은 소득만을 창출한다. 2019년 기준 월 평균 영업이익이 같은 해 최저임금보다도 낮은 60세 이상 자영업자의 비중이 53.6%에 이르는 것이다. 여기에 더하여 이들이 설사 자가 주거를 위해 1채의 주택을 가지고 있다고 할지라도 그 주택은 부가가치를 창출하기보다는 가뜩이나 없는 살림에 거주비용을 더하는 역할이 될 수 있다. **보유자산이 오히려 경제적 부담을 가중시킬 수도 있다는 뜻인데, 노인가구의 주택**

자산은 전체 가구 평균보다 많지만 금융자산은 전체 가구 평균보다 적다는 특성을 보이고 있기 때문이다. 전경련의 자료에서 본바 노인가구 평균 금융자산은 2877만원으로 전체 가구 평균인 4451만원의 55% 수준에 머물렀으며, 월소득의 경우 노인가구 중 고자산층이라고 할지라도 월 평균 265만 7천원으로 이는 전체 가구 중 중자산층의 평균 월소득인 311만 1천원보다도 낮은 수준이다. 특히 전체 노인가구의 40%를 차지하는 저자산층의 경우 월소득이 85만 9천원에 불과했다.

노년층은 젊은이들에 비하여 쓰는 돈이 적어 괜찮다는 식의 말들도 있다. 그런데 노인이 과연 청장년층보다 소비가 정말로 적을지, 그리고 앞으로 노인이 될 사람들도 계속 그러할지는 우리가 면밀하게 생각해야 할 문제다. 한국소비자원의 「2019 고령소비자의 소비생활 진단 및 시사점」 연구를 살펴보면, 60세 이상 고령소비자 가구의 소비지출 비중은 전체 가구 대비 필수 생활비용으로 더 쏠리는 모습을 보인다. 노인 가구의 소비지출은 전체 가구 평균 대비 약 98만원가량 줄어드는데, 이 줄어든 비용 98만원 중 59.1%인 58만원가량이 외식 및 숙박비, 교통비 그리고 교육비로 구성되어 있다. 즉, 사회생활의 범위가 불편해지고 신체 능력이 하락함에 따라 자연스럽게 줄어드는 비용 이외에 사실 전체 가구와 노인 가구의 필수생활비 차이는 약 40만원 수준으로, 그렇게 큰 차이라고 보기 어렵다. **요컨대 노인들은 청년 및 중, 장년들과 사실상 비슷한 수준의 생활비가 필요한 사람들이라는 뜻이다.**

이런 사실을 미래적인 관점에서 생각해 본다면, 문제는 더 심각해진다. 현재 대한민국의 65세 이상 노년층은 만 나이 기준 1958년생부터이다. 이들은 성장 과정 전체가 한국의 고도성장기였고, 2020년대 대한민국의 환경은 장년층 이상이 되어서야 접하기 시작했다. 그러므로

전체 및 고령 소비자가구의 항목별 지출 변동 (2019년)

(단위: 원)

품목	전체 가구	노인 가구	증감
식료품	452,023	412,131	- 39,892
외식/숙박	356,536	207,466	-149,070
주류/담배	35,201	24,762	- 10,439
의류	122,435	64,871	- 57,564
주거/수도/광열	340,785	308,957	- 31,828
가정용품/가사서비스	133,218	93,888	- 39,330
보건	271,845	270,792	-1,053
교통	349,134	167,639	-181,495
통신	144,684	97,962	- 46,722
오락/문화	185,540	102,004	- 83,536
교육	284,292	32,661	-251,631
기타	257,620	164,754	- 92,866
계	**2,933,313**	**1,947,887**	**-985,426**

출처: 배순영, 「2019 고령소비자의 소비생활 진단 및 시사점」, 한국소비자원 《소비자정책 동향》 제104호, 2020. 5.

그 뒷세대가 노년층에 접근하면서 소비하게 되는 비용과는 다소 다른 소비구조를 지닐 수밖에 없다. 특히 현재의 청년 세대인 1980~1990년대생들은 IT 환경을 유년기부터 접하기 시작했기 때문에 노년층이 되어서도 통신비, 오락/문화비 등에서는 현재의 노년층보다 훨씬 더 많은 비용을 소비할 수밖에 없다.

지금 당장은 상상하기 어려운 풍경이지만, 1990년대생들이 40년 후 노년층으로 편입되기 시작한다면 이들은 그들이 젊었을 적 했던 그대로 스팀에서 게임을 구매하고, OTT를 비롯한 여러 유료 콘텐츠 플랫폼에 가입하고, 모바일 게임 아이템에 지속적으로 비용을 지출할 것이다. 그러면 전체 가구와 노인 가구 사이 소비 성향의 갭은 향후 점차 축소될 수밖에 없다. 과거의 소비는 오프라인 활동을 기준으로 한 소비가 대다수였기 때문에 노인이 되면 활동 범위가 줄어들며 자연스레 소비도 줄어들었겠지만, 현대의 소비는 다르다. 이젠 온라인 활동을 기반에 둔 소비가 상당히 많아졌고 앞으로는 그런 소비구조가 더욱 확산될 텐데, 온라인에서의 오락과 여가는 프로게이머의 수준으로 게임을 즐기는 게 아니라면 신체의 노화로 그 활동의 범위가 급격하게 축소되지 않기 때문이다.

노년층의 '수도권 주택 수요'가 말해주는 것

문제는 이러한 상황에서 현재 대다수의 노년층, 특히 경제력이 집중된 수도권 거주 노인층은 삶의 질을 유지하기 위해 자신들이 노동가능 인구였을 때 유일하게 축적 가능했던 자산인 **주택**을 절대로 포기할 수 없는 현상이 발생한다는 것이다. 수도권에 기형적으로 모든 것이 집중되지 않고, 나름대로 지역 균형이 잘 이루어진 사회였다면 어떨까? 소득이 줄어든 노년층은 수도권의 주택을 매각하고 상대적으로 거주 비용이 저렴한 지방으로 이주하는 선택지를 고려할 수 있었을 것이다. 지역 균형이 잘 이루어졌다고 하더라도 어느 정도의 수도권 경제력 집중은 모든 국가들에 존재하기 때문에, 수도권의 대체적인 생활 비용은 지방에 비해 언제나 비쌀 수밖에 없기 때문이다.

그러나 현재 지방이 거의 소멸 상태에 처한 한국의 상황에서 수도권 노년층은 주택을 포기하는 선택을 내리기 어렵다. 신체 능력이 하락하는 사람들에게 필수적인 **의료 및 교통 인프라**가 지방은 턱없이 부족하기 때문이다. 특히 **지방 의료의 소멸**은 노년층에게는 치명적이다. 나이가 들어갈수록 더더욱 수도권을 벗어나기 어려운 상황이 구조적으로 계속 강요되고 있는 것이다.

이처럼 수도권은 **노년층에게나 청년층에게나 모두 생존을 위해 필수적인 공간**이 되어 있기 때문에, 수도권의 주택은 이중 수요가 발생한다. 청년은 소득 증대와 자본 축적을 위해 수도권으로 이주하는 것이 필수적이고, 노년층은 노후의 안정적인 생존을 위해 수도권에 계속 머물러야만 한다. **노년층의 수도권 주택 매각이 지속적으로 이루어져야만 수도권, 특히 서울의 주택 공급이 활성화된다.** 우리 사회는 바로 이 지점에서 교착 상태에 빠져 있다. 신규 매수 수요는 지속적으로 쌓이는데 미래에 대한 불안감에 휩싸인 예비 노년층 그리고 노년층의 매도를 통한 공급은 발생하지 않는 상황이 벌어진 것이다.

많은 진보 성향의 전문가들은 전통적 대가족주의의 해체로 인해 수도권에는 1인 가구가 늘어날 것이며 이 때문에 서울 아파트 수요가 폭락할 것이라고 전망한다. 또는 어차피 미래에는 인구가 줄 것이기 때문에 언젠가 서울 아파트 수요는 폭락할 것이라고 예측하기도 한다. 나의 관점에선, 이는 비가 올 때까지 비가 오라고 기원하는 것으로 알려진 아메리카 원주민 기우제* 수준의 예측이다. **그들의 예측이란 지역 불균**

* 이는 일부 자기계발서 등을 통해 알려진 사실이나, 많은 문화권의 전근대 시절 기우제는 늘 이런 식이었다는 점을 우리는 참조할 필요가 있다.

형과 한국의 기형적인 고물가, 낮은 노동생산성으로 인한 실질적 저소득 상태 등을 고려하지 않고 오로지 인구 변수 하나만을 놓고 생각한 단견이었기 때문이다. 앞으로 한국의 인구가 지금의 절반이 되어도, 그 절반이 여전히 서울에 살고 싶어 하는 나라라면 서울의 주택 가격은 절대로 하락할 일이 없을 것이다.

그렇지만 이러한 기우제 수준의 예측은 애석하게도 정권에 따라 부동산 정책에 적극 반영된 바 있다. 특히 우리나라에서는 민주당계 정당이 집권할 당시 부동산 가격이 크게 폭등하는 일이 잦았다. 그때 부동산 가격의 상승에 영향을 끼쳤다고 알려진 정책들을 깊이 들여다보면, 1)인구 감소로 인한 주택 수요 하락이란 변수와 함께 2)주거복지 측면에서의 안정적인 임대 주거라는 요소를 중점에 놓고 진행한 흔적이 역력하다. 이러한 방침으로 인해 이 시기에는 대출 통제를 중심으로 한 강력한 수요 억제 정책과 부동산 보유세 인상을 통한 축출적 정책이 병행되었으며, 주거 환경 개선으로 인한 주택 가격 상승을 막기 위해 재개발 및 재건축에 대한 대대적인 통제가 이루어졌다. 그러나 이 같은 정책은 10년에 걸친 실험 끝에 모두 실패로 돌아갔으며, 종국에는 정권이 교체되는 결말로까지 이어졌다.

이는 당시 한국이라는 공동체의 정책의사결정권자들이 앞서 설명한 것과 같은 **노년층의 수도권, 특히 서울 거주 수요가 굳건함**을 간과했기 때문이다. 물론 우리나라의 부동산 보유세 실효세율은 2018년 OECD 기준 0.16%로 OECD 평균인 0.54% 대비 3배 이상 낮은 수준이다. 그러나 부동산 보유세율을 높여 생산 동력이 떨어진 노년층의 이주를 유도하려 했으면 필연적으로 병행하여 추진했었어야 했던 것이 바로 **지역균형전략**이었다. 그렇지만 이는 정권을 가리지 않고 어떤 정부에서도 성공적으로 수행하거나 적어도 장기적인 전략이나마 구축해 둔 적이 단 한번도 없다. 나이가 들어 거동은 불편하고 몸은 점점 아픈데 지하철도 병원도 없는 곳으로 이주할 노인은 어느 사회에도 없을 것이다.

그 결과 실제로 서울은 점점 늙어가는 도시가 되어가고 있다. 2014년과 2023년 서울의 동별 평균 연령을 살펴보면, 서울에 사는 사람들은 2014년 대비 9년이 더 늙었다. 원래 평균 연령 52세가 넘는 동은 이미 도심 공동화가 끝난 중구의 한복판 정도였으나, 이제는 강남과 강북을 가릴 것 없이 서울 전역의 수많은 곳들이 그러하다. **높은 주택 가격을 감당하지 못한 청년층은 서울에 들어오지 못하고, 서울에 살던 사람은 밖으로 나갈 수 없으니 그 안에서 그대로 늙어가는 게 최선이다. 세계적인 메갈로폴리스이지만 그 속은 마치 감옥과도 같이 변해가는 공간. 그게 바로 한국 공동체의 모든 것이 집중된 수도 서울의 모습인 것이다.**

가난한 노인들의 문제가 치명적인 이유

가난한 노인의 문제는 이게 다가 아니다. 이 현상은 **사회 전체의 임금 수준을 억제하는 흐름**과 연결되기도 한다. 2023년 5월 통계청의 경제활동인구조사 고령층 부가조사 결과 우리나라의 고령층 중 장래 근로 희망자는 무려 68.5%에 달했다. 노인 열 명 중 일곱 명은 계속 일하고 싶어 하는 것이다. 희망 근로 상한 연령은 평균 73세에 이른다. 그러나 이들은 청년에 비해 높은 부가가치를 창출하기 어려운 경우가 많다. 심지어는 노인들 스스로도 이 지점은 정확하게 인식하고 있으며, 이 때문에 노동시장에는 정부가 정한 최저임금 미만으로 일하려는 사람들이 계속해서 존재하게 된다. 이는 노동시장에 압력으로 작용하여 청년들의 소득 상승을 일정 부분 가로막는 역할을 하는 것이다.

실제로 한국에서 조금이라도 노동생산성을 높이기 위해 임금의 수준을 조정하려 하면, 반드시 나오는 반론이 "최저임금 미만으로 일하고 싶은 사람도 많은데 최저임금을 올리면 이들은 계속 실업 상태에 처하게 된다"이다. 그러나 이는 최저임금 미만의 노동공급이 발생한 원인을 완전히 잘못 해석하는 반론이다. **한국 공동체의 노년층은 사회 안전망으로부터 받을 수 있는 보호가 미미하며, 자산 축적에 그리 성공적이지 못했기 때문에 생존을 위해서 어쩔 수 없이 노동을 해야 하는 것이기 때문이다.** 이들은 임금이 아니라 사회 안전망의 확대로 구제를 해야 한다. 최소한의 생존만을 위해 노동시장에 존재하는 그룹은 장기적으로 그 시장 전체를 망가뜨린다는 인식이 필수적이다.

여기서 다시 한번 질문해 보자. **청년 문제는 과연 청년 문제 단독으로 존재하는가? 결코 그렇지 않다. 지금까지 살펴본 것처럼, 청년 문제는 엄밀히 따졌을 때 노인 문제에서 파생된 하나의 결과에 불과하다.** 노인들이 경제력이 집중된 곳에서 비켜설 생각을 하지 않으니 청년들은 노인들이 쌓은 거대한 성에 가로막혀 소득 증대와 자산 축적이 불가능해진다. 그럼에도 지푸라기라도 잡기 위해 전국의 모든 청년들은 수도권으로 향하지 않으면 안 된다. 청년이 떠나 텅 빈 지방은 이제 세상을 떠날 날만 기다리는, 오래전부터 그곳을 고향이라 생각했던 소수의 노인들에 의해 지켜지다가 그들마저 세상을 떠나면 기본적인 것들이 하나둘씩 사라지기 시작한다. 처음에는 산부인과, 그다음에는 소아과, 그다음에는 어린이집과 유치원, 그다음에는 각급 학교, 그리고 대중교통시설, 마지막으로 대학이 문을 닫고 인력 조달이 어려워진 기업들마저 떠나면, 이제 남는 것은 버려진 황무지 외에는 아무것도 없을 것이다.

어찌어찌 수도권에라도 자리를 잡은 청년이라고 다를 것이 없다. 축출적인 정책의 실패로 노인들이 수도권, 그 안에서도 특히 서울에 계속 터를 잡고 있기 때문에 청년의 주택 수요는 서울 주변의 근교로 확산된다. 이는 고스란히 서울 제외 수도권의 주택 가격 상승으로 회귀할 뿐이다. 가뜩이나 낮은 노동생산성의 구조적 환경에서 대부분 노동자의 신분을 유지해야 하는 청년들은 주거비용이 없기에 결혼을 포기하게 된다. 한국의 현실에서 혼외 출산은 금기시되어 있으니, 결혼을 하지 않는 젊은이들이 늘어날수록 출산은 멈추고 그러면 공동체는 소멸할 수밖에 없다.

그런데 이러한 난맥이 과연 서울에서 비켜서지 않는 노인들의 문제일까? 그렇지 않다. 그들은 생존을 위해 서울에 붙어 있어야 할 뿐이다. **가장 근본적인 문제는 노인들이 경제력이 집중된 곳에서 떠날 수 없게 만드는 한국의 왜곡된 경제 구조, 그리고 그 왜곡된 경제 구조 하에서 GDP 세계 10위권이지만 개개인의 대다수가 실질적으로 가난할 수밖에 없는 우리의 총체적인 환경 자체에 있다.**

더욱 큰 문제는 향후 노인 인구가 장기적으로 급증할 수밖에 없지만 노인들로 하여금 주택 보유에 더욱 매달리게 하여 청년 문제의 해결을 더 요원하게 할 가능성이 전혀 줄어들지 않고 있다는 것이다. 이에 대해 논하려면 한국의 국민연금과 관련된 이야기를 다시 꺼내야만 한다. 노인, 이 사회의 은퇴자들이 다시 경제 활동에 참여하지 않게 하거나 주택에 매달리지 않게 하기 위해서는 **연금을 통한 소득대체**가 필수적이지만 한국은 미래에도 그것이 이루어지지 않을 것으로 예상되기 때문이다.

빈약한 연금 기반, 그리고 이에 관한 거짓말

우리나라에선 연금에 대한 통념이 상당히 왜곡돼 있다. 왜곡된 통념 중에서 대표적인 두 가지를 꼽아보면 다음과 같다. 첫째, 연금으로 노후 보장이 모두 되어야 한다고 믿는다는 것, 둘째, 인구가 줄어들고 노인이 급증하면 국민연금이 고갈되어 연금 제도가 아예 붕괴한다는 것이다. 이러한 통념은 우리 사회에 실질적인 악영향을 미친다. 전자는 연금 제도가 제대로 국민의 노후를 대비하게끔 운용되는 것을 방해하는 역할을 하고, 후자는 연금 제도에 대한 신뢰도를 무너뜨려 경제 주체들이 연금 제도를 외면하고 고위험 투자 위주로 포트폴리오를 구성하게 하는 부작용을 낳는다.

첫 번째 통념부터 건드려보자. 연금으로 노후가 100% 보장되어야 한다고 생각하는 믿음은 왜 잘못되었는가? 향후 인구가 계속 줄어드는 것이 확정적임에도 불구하고 국민연금의 소득대체율을 합리적으로 조정하지 못하게 하는 원인이 되기 때문이다. 이런 믿음은 연금 제도가 붕괴할 것이라는 선동과 맞물려 공동체 구성원들로 하여금 연금제도에 대한 신뢰성을 잃게 만든다. 누구도 미래에 지급되지 않을 것이라 예상되는 제도에 자기 돈을 넣지는 않는다. 대신 젊었을 때 큰돈을 벌어 불안한 노후를 미리 대비하기 위해 시가총액이 작은 주식이나 블록체인 토큰 등에 투자하게끔 하는 원동력이 된다.

국민연금은 원래 국민의 노후를 100% 커버하기 위해 만들어진 제도가 아니다. 실제로 국민연금의 소득대체율은 나라별로 차이가 있지만, 실제로 보통 25%에서 30% 사이의 소득대체율이 일반적이다. 이는 OECD에서 권고하는 내용이기도 하다. 그렇다면 나머지는 어떻게 채우는가? 바로 **퇴직연금**과 **개인연금**이다. 상당수의 선진국에서는 퇴직연금으로 약 20~30%, 개인연금으로 10~15%의 소득대체율을 충당하고, 국민연금으로 25~30%를 충당하면 최종적으로는 약 65에서 75%의 연금으로 노후를 보내게 된다. 그러나 국제보험협회연맹(GFIA)이 지난 2023년 7월 발간한 보고서에 의하면 한국의 연금 총 소득대체율은 고작 47%에 불과한데, 국민연금의 경우 26%로 글로벌 기준을 어느 정도 충족하였으나 퇴직연금과 개인연금의 소득대체율은 각각 12%와 9%에 불과했다.*

퇴직연금 제도의 경우 한국은 1953년 근로기준법에 의해 퇴직금 제도가 처음 도입된 이후 무려 52년간 일시불 퇴직금 제도를 고집스럽게 유지해 오다가, 지난 2005년에 와서야 겨우 퇴직연금 제도가 도입되었다. 그래서 21세기에 접어든 이후 경제 활동을 시작한 세대는 은퇴 후 연금의 총 소득대체에 있어 앞 세대보다는 다소 사정이 나을 수 있다. 그러나 소득대체의 나머지를 채워야 하는 개인연금 분야에서는 문제가 여전하다. 2021년 기준 사적연금의 64.9%를 차지하는 연금보험의 경우 장수 리스크를 해소하기에 적합한 종신형 연금보험의 연금 수령 비중은 36.4%로 아직 상당히 낮은 편이다. 특히 그 중에서도 연 500만원 이하 수령자가 82.5%에 달해 실제로 소득대체 효과는 미미한 상황이다.**

또한 한국의 생명보험사들이 2010년대 후반 이후 주력 상품으로 계속

* 조성진, 「은퇴 후 연금 '소득대체율', OECD 권고치 밑돌아」, 《ZDNET 코리아》 2023. 7. 11.

** 정희수, 「최근 연금시장의 동향 및 전망」, 하나금융경영연구소, 2022

해서 연금보험보다는 종신보험을 우대하고 있는 것 역시 미래의 잠재적인 문제가 될 수 있다. 다만 이는 생명보험사들의 잘못이라기보다는 1997년 외환 위기로 인해 국내 보험회사들이 다소 뒤틀린 수익 구조를 갖게 된 것에서 기인한다. 외환 위기 당시 국내 예금금리가 최대 25% 수준까지 치솟자 보험사들 역시 경쟁력을 갖추기 위해 고금리가 확정된 상품을 많이 판매했던 것이 화근이었다.

예금이야 대개 단기상품에 속하고 적금이라고 할지라도 30년, 50년 적금은 거의 없는 것에 반하여 보험상품의 경우 20~30년 이상을 계속 납입하는 상품이 대부분이다. 보험사 입장에서는 시간이 지나고 나서 봤더니 보험 가입자에게 지급해야 할 이자는 10~15%에 달하지만, 보험 가입자가 납입한 돈으로 아무리 열심히 운용을 해봐야 운용수익률이 매년 그 수준을 달성하기 어려운 지경에 이른 것이다. 이러한 상황에서 국제 표준에 맞추기 위해 한국에도 새로운 보험 회계기준인 IFRS17 도입이 예고되자, 보험회사의 수익성 지표인 보험계약마진(CSM) 확보에 유리한 보장성보험, 특히 그 중에서도 종신보험으로 보험사들의 영업력이 쏠리기 시작했다.* 실제로 보험연구원의 2021년

* 보장성보험이 CSM이 평균적으로 높은 이유는 각 보험상품간 특성의 차이 및 종신보험의 특성에 있다. 보험은 그 보험의 가입자가 중도에 해약할 경우 그동안 가입자가 납입한 모든 금액 중 일부를 '사업비(또는 해지 공제액)'라는 명목으로 빼고 나머지 금액을 환급하게 되는데, 여기서 빠지는 사업비의 비중이 보장성보험, 그 중에서도 종신보험은 일반적으로 높고, 저축성보험은 낮기 때문이다. 종신보험이 사업비 비중이 특히 높은 이유는 결국 종신보험에서 보험금 지급 사유가 되는 보험사고는 사망이기 때문이다. 종신보험은 보험금 납입 기간이 짧더라도 사망이 발생하면 계약상의 보험금 전액을 지급해야 하기 때문에 보험료에서 보험사가 떼어 가는 사업비를 처음부터 매우 높게 책정하

조사에 따르면, 생명보험회사 CEO를 대상으로 한 설문조사에서 그들이 생각하는 최우선 주력 상품을 꼽게 한 결과 34.8%가 보장성 건강보험을, 30.4%가 종신보험을 꼽았다. 연금보험은 8.1%, 퇴직연금은 5.9%에 불과했다.

즉, 한국에선 노인 문제의 발생을 미연에 방지하는 데 필수적인 국민연금-퇴직연금-개인연금이라는 3층 연금 제도가 지금까지 심각하게 미비한 상태이며, 이는 앞으로도 개선되기 쉽지 않을 것으로 관측되는 게 냉정한 현실이다. 지금은 베이비붐 세대가 은퇴를 하고 있지만, 현재 계속해서 50대로 접어들고 있고 만만찮게 인구가 많은 X세대가 은퇴를 시작할 때가 이제 10년이 채 남지 않았다. 아직 청년으로 취급받는 밀레니얼 세대도 벌써 40대로 진입하고 있다. 이들의 은퇴 역시 15~20년 안으로 시작되어 30년 안에 끝나게 될 것이다. 이렇게 되면 한국 공동체는 연금으로 기존 소득의 절반도 대체하기 힘든 사람들의 수가 전체 인구의 절반 가까이 될 것으로 예측된다.

더 큰 문제는 가뜩이나 연금이 노인 문제를 해결하지 못할 것으로 우려되는 와중에, 청년층은 연금 제도를 더욱 철저히 외면하고 있다는 것이다. 이런 현상에는 앞서 언급했던 잘못된 통념 중 두 번째, 연금 적립금이 고갈되면 연금 제도 자체가 붕괴될 것이라는 오해가 상당한 영향력을 발휘하고 있다. 실제로 이 같은 통념은 정치권에 의해 더욱 강화되는 측면도 있는데, 연금 개혁을 부르짖는 사람들 모두가 '연금의 고갈'이라는 또 하나의 공포 마케팅을 통해 그것을 선거에서의 표로 환산

는 경향이 있으며, 이는 CSM에도 그대로 반영된다.

하고자 하기 때문이다.

결론부터 이야기하자면, 이 두 번째 문제에 한해 한국 공동체에서는 극히 일부 전문가만을 제외하고는 정치권, 언론 등 모두가 거짓말을 하고 있다. 국민연금은 절대로 고갈되지 않으며, 국민연금 적립금은 현재 우리나라 연금을 둘러싼 쟁점들 중에서 가장 중요도가 낮은 문제이다. 아니, 사실 적립금은 연금의 미래에 전혀 문제가 되지 않는다고 보는 쪽이 더욱 합리적일 것이다.

국민연금 제도를 오랫동안 유지해 온 모든 나라의 사례를 볼 때 국민연금 적립금은 미래의 특정 시점에서 고갈되는 것이 너무나 자연스러우며, 이 때문에 독일과 일본 등 국민연금을 거의 100년 가까이 운영하고 있는 국가들은 이미 20% 이상 국가 재정을 투입해서 연금을 지급하고 있다. 그렇기 때문에 청년들이 현재 납입하는 돈으로 모두 노인들에게 퍼주고 지금의 청년들은 나중에 받을 돈이 없다는 식의 주장은 완전한 사기이며, 심각한 정치적 선동이다. 내가 이 문제에 관해서 이렇게까지 강하게 말하는 이유는 이런 정치적 주장들이 사람들의 관심을 연금에서 멀어지게 할 뿐만 아니라 국민연금, 퇴직연금, 개인연금의 3층 연금을 통한 합리적인 노후 보장에 신경을 쓰기보다는 블록체인 토큰 등 고위험 자산을 선택하게 하는 부작용을 낳기 때문이다.

'국민연금 고갈'이라는 정치적 선동

물론 실제로 이 같은 선동적인 주장이 꾸준히 제기되는 것에는 이유가 있다. 유독 한국의 국민연금법에는 국민연금의 국가 지급보증이 명문화되어 있지 않기 때문이다. **국민연금의 국가 지급보증 명문화**는 지난 17대 국회에서 여당인 열린우리당이 처음으로 제기하였으나 그 이후 21대 국회에 이르기까지 끝내 이루어지지 못했다. 이는 경제 주무부처인 기획재정부에서 국민연금에 대한 국가의 지급보증을 명문화할 경우 미래 국가의 잠재 부채가 눈덩이처럼 늘어날 위험이 있기 때문에 명문화해서는 안 된다고 반대해 왔기 때문이다. 재정 및 경제 전문가가 부족했던 정치권은 기획재정부의 반대를 논리적으로 파훼하지 못했고, 결국 번번히 지급보증 명문화가 거부된 국민연금은 정치적 선동에 노출되어 신뢰도를 상당히 상실하기에 이르렀다.

그러나 이 **잠재부채**라는 개념은 국민연금 제도를 논할 때 쓰이기에 적절하지 않다. 잠재부채는 수학적으로 계산을 하였을 때 미래에 확정적으로 부담해야 할 부채를 현재가치로 할인한 것을 가리킨다. 국민연금의 지급보증을 국가가 하게 되면 미래에 지급해야 할 연금액이 모두 잠재적인 국가부채가 되고, 이것이 지표상으로 국가 경제에 악영향을 끼치게끔 보이게 될 위험이 있다는 것이 지급보증 명문화 반대측의 논리다. 하지만 현재까지 연금을 관리하고 운용하는 주체인 보건복지부는 국민연금을 포함한 사회보험의 잠재부채는 국제적으로는 사용되지 않는 개념이라는 입장을 고수하고 있다.* 실제로 국민연금 외에 공무

* 사회보험의 잠재부채와 관련된 논쟁은 상당히 오래전에 있었는데, 2004년 한국사회보험연구소가 국회 예결위에 제출한 보고서가 논란의 시작이었다. 당시 한국사회보험연구소에서는 4대 연금이 가입자들에게 지급해야 할 책임준비금은 506.7조 원이나, 실제 적립금은 125조 원에 불과해 부족한 책임준비금을 381.7조 원으로 계산하고, 이것을 잠재부채라고 지적한 바 있었다. 이에 대해 보건복지부는 '잠재부채'의 개념은 뱅크런과 같이 대규모 보험금/예금의 인출 가능성이 있는 민간

원연금, 군인연금, 사학연금 등 특수직역연금에는 관련법에 적자 보전 조항이 명시되어 있어 사실상 국가가 지급보증을 하고 있는 게 사실이다. 그렇지만 단 한번도 이런 특수직역연금의 잠재부채 문제가 대한민국 국가부채 문제로 거론된 적은 없다.

다시 말해, 국민연금의 기능 자체를 완전히 정지시키는 것은 대한민국 공동체의 유권자 전체를 상대로 사기를 치는 것과 마찬가지이다. 국가가 사실상 해체 상태에 놓이지 않고서야 보통선거를 통한 민주주의 국가에서 국민연금 지급을 거부하는 정치적 모험을 할 정권은 등장하지 않을 것이다. 현재 국민연금법에 국가의 지급보증이 명문화되어 있지 않은 부분은 다소간의 불안함을 유발할 수 있지만, 2014년 국민연금법 개정안에는 '국가는 연금급여가 지속해서 안정적으로 지급되도록 필요한 시책을 수립, 시행해야 한다'라는 내용이 포함되어 있다는 것도 명심할 필요가 있다. 이 법안에 따르면 후일 연금 적립금의 고갈 시점이 실질적으로 다가올 경우 정부가 재정을 투입하지 않으면 그 자체로 위법이 된다. 즉, 지급보증이 명문화되어 있지 않아도 국가는 자동으로 연금제도를 유지하게 되어 있다고 봐야 한다.

하지만 이 같은 사실을 쏙 빼놓고 국민연금 적립금은 곧 고갈되고 제

보험에 대해 쓰이는 개념이며, 국가결사체가 존재하는 한 법률에 의해 보험 가입이 영속적으로 이어지며 뱅크런의 가능성이 없는 사회보험에 대해서는 해당 사항이 없는 개념이라고 반박하였다. 이 책이 출간되는 시점은 잠재부채 논쟁이 처음 있었던 시점으로부터 약 20년이 지난 뒤이지만, 그 이후 사회보험의 잠재부채 논란이 재발되지는 않았기 때문에 이 개념은 사장된 개념으로 판단해도 좋을 것으로 보인다. 그러나 이 죽은 개념을 기획재정부가 계속 붙잡은 채 쓰고 있었다는 것은 재미있는 사실이다.

도는 붕괴될 것이라는 주장만 유령처럼 십수년을 떠돌아다닌 결과, 한국의 청년 세대는 국민연금에 대해 '못 받는 돈' 정도로 생각하게 되었다. 그럼에도 국민연금 제도에서 이탈하는 사람이 거의 없는 이유는 국민연금은 기업에서 필수적으로 절반을 납입 부담하도록 되어 있는데다가, 임금노동자의 경우 임금을 받기 전 이미 공제가 되기 때문에 개인의 입장에서는 이탈할 수단 자체가 전무하기 때문이라고 볼 수 있다. 대신 청년들은 다른 방법을 사용한다. 국민연금과 퇴직연금은 어떻게 할 수가 없으니, 개인연금으로 들어갈 수 있는 그나마의 여유 재원이 있다면 이를 고위험 자산에 투자하는 것이다. 2008년 서브프라임 위기 이후로 2023년 포스트 코로나 시대가 오기까지 무려 15년간 계속된 저금리 국면은 이 같은 트렌드를 더욱 부채질했다. 자본을 저렴한 금리로 조달하기 쉬운 환경에서는 20~30년을 꾸준히 납입해야 하는 저축의 성격을 지닌 연금보다는 고위험 자산에 투자하는 것이 일견 더 합리적일 수 있기 때문이다.

물론 그 과정에서 일부 투자자들은 큰 부를 일궈냈을 수 있겠지만, 대다수의 사람들은 실패했거나 그리 큰 수익을 거두지 못했을 게 분명하다. 그들은 경제 활동을 하면서 적절하게 미래의 소득대체 재원을 쌓아둘 기회를 놓쳤고, 이는 그들의 미래에 고스란히 청구서로 되돌아올 것이다. 그러나 **연금의 신뢰성**을 추락시킨 것에 일조한 어느 누구도 자신의 주장을 반성하지 않는다. 그때그때 자신들의 정치적인 이득만을 챙겼을 뿐 그들은 공동체에 다가올 우울한 미래는 자신이 알 바 아니라는 식의 태도로 일관하고 있다. 현재의 노인 문제는 청년 문제의 원인이 되기도 하지만, 이렇듯 연금 제도가 무관심하게 방치된 상태에서 앞으로 발생할 노인 문제는 미래 청년들의 삶을 더욱 힘들게 만들 것이다. 현재 시점에서 청년인 사람들이 지금부터라도 차곡차곡 3층 연금을 쌓는다면 노인이 된 후 그나마 부양의 덫에서 조금이라도 벗어날 수 있겠지만, 만일 그들이 블록체인 토큰에 전 재산을 붓고 있다면 이들 중 대다수는 노후가 되어서 고스란히 그 시점 청년들의 부양에 의존하게 될 것이기 때문이다.

지금까지 말한 모든 문제가 거미줄처럼 얽혀 있기에

우리는 지금까지 한국 경제 구조의 총체적인 문제점을 두루 살펴보았다. 한국 특유의 '높은 생활 비용'과 '사교육비의 준조세화'가 우리를 재정적으로 상당히 피폐한 상태에 처하게 했기 때문에 실제로 공동체의 유지보수를 위한 지출의 여력이 상당히 좁아졌다는 사실을 규명했다. 또 한국인들이 감당해야 하는 높은 생활 비용의 근본적인 원인인 '수도권 집중'을 다루면서, 이 문제가 사실상 한국 공동체를 쇠락의 길로 이끄는 순환의 중심에 있음을 논증했다.

나아가 우리의 역사적 맥락과 맞물린 '생산성 쏠림' 현상을 들여다보고, 한국에서 경제 활동 인구의 대다수를 차지하는 임금 노동자들이 사실상 심각한 저생산성 상황에 처해 있다는 사실을 지적했다. 그 결과 한국 공동체의 문제점을 해결할 만큼의 여유가 있는 집단은 수도권이라는 공간적 특성과 고생산성 수출 대기업이라는 경제적 특성을 모두 거머쥔 매우 작은 그룹에 불과하며, 그마저도 이들이 지갑을 여는 것은 쉽지 않을 것이라고 예상한 바 있다.

이어 이 장에서는 한국 공동체의 소멸을 방지하기 위한 대책으로 청년 문제가 주로 논의되지만, 청년 문제는 근본적으로 노인 문제에서 출발해야 하며, 현재 한국이 겪고 있는 노인 문제는 위에서 언급한 한국 경제 구조의 모순점들이 과거로부터 오랫동안 누적된 결과로 인해 발생한 일이라는 것을 증명했다. 그러므로 노인 문제의 해결이 없이는 청년 문제의 해결도 불가능한데, 노인 문제를 그나마 완화할 수 있는 연금 제도가 한국 공동체 구성원들의 외면을 받고 있어 사실상 문제 해결책으로서의 기능을 완전히 상실하고 있다는 지점까지 다루어보았다.

이 문제들은 하나를 해결하려 하면 다른 하나가 더 심각해지는 관계 하에 놓여 있다. 노동생산성이 낮은 것이 문제라서 서비스업의 임금을 대대적으로 상승시킬 경우, 가뜩이나 높은 생활 물가 속에서 서비스 물가까지 상승하여 한국인들은 더욱 가난해지게 된다. 그렇다고 지역균형을 먼저 달성하기 위해 지방에 경제력을 더욱 적극적으로 배분하려 하면 수도권의 정치적 저항에 부딪힐 것이고, 더욱이 그런 정책을 실현시키고자 증세를 선택하면 낮은 노동생산성으로 인한 자본 축적 불가의 문제 때문에 조세저항에 직면할 것이다. 그럼 생활 물가를 낮추기 위해 식료품에 대대적인 보조금을 지급하여 가격을 통제하려 시도하면 어떨까? 이 또한 정부 재정에 부담을 주는 요인이 될 것이고, 잠재적인 증세의 불씨가 될 수 있다. 준조세화된 사교육비가 문제라서 극단적으로 국가 차원에서 사교육을 아예 금지할 경우, 단번에 수십만 단위의 실업자가 발생하여 또 다른 사회 문제가 될 것이다.

여기까지의 논의를 요약해 보자. **한국이라는 공동체가 가진 기형적인 고물가의 문제, 수도권 집중의 문제, 낮은 노동생산성의 문제, 그리고 이것들이 합쳐져서 만들어낸 노인 문제와 여기서 파생된 청년의 문제는 상호 긴밀히 얽혀 '자살하는 대한민국'이라는 비극적인 구조를 완성하고 있**

다. 어디서부터 손대야 할지도 알 수 없고, 이 상황을 선제적으로 수정할 수 있는 그룹도 존재하기 어렵다. 그래서 우리는 어쩔 수 없이 자해적인 공동체 소멸 과정으로 향하고 있는 것이다.

자, 우리 공동체를 이렇게 만든 근원적인 구조를 파헤쳤으니, 그럼 이제부턴 우리의 구체적인 현실과 미래를 조망할 차례다. 다음 장부터는 이러한 구조가 한국인들의 삶에 실제로 어떻게 작동하고 있고 우리 사회에 어떤 현상을 만들어냈는지, 그리고 이 같은 난관을 극복하고 우리의 미래를 어떻게 만들어갈 것인지에 대해 이야기를 시작해 보기로 하자.

5장

이곳은 원래부터 각자도생의 나라였습니다

우리는 “세계 속의 대한민국”이라는 말을 즐겨 쓴다. 그런데 만일 세계에는 없고 한국에만 있는 무엇인가가 있다면, 그것은 대개 공동체에 인색한 우리 사회 구조의 산물인 경우가 많다. 물론 이는 여전히 한국인의 성품과는 다른 차원의 문제다. 가령 맘카페는 한국의 특수한 사회 및 경제 구조의 발전 경로에서 필연적으로 발생할 수밖에 없었던 결사체이며, 본래부터 각자도생이었던 우리 사회에서 등장한 대표적인 특이점이라고 할 수 있다.

한국의 길거리에는 찾아보기 어려운 것이 두 가지가 있다. 첫째는 흡연 구역이고, 둘째는 쓰레기통이다. 첫째, 흡연 구역에 관해서 먼저 생각해 보자. 흡연을 예로 들면 민감하게 생각하실 분들이 많을 테지만, 실제로 한국은 미국과 함께 흡연을 굉장히 엄격하게 단속하는 나라 중 하나이다. 이는 혐연권을 흡연권보다 공식적으로 상위의 권리로 정립한 헌법재판소의 '2003헌마457' 결정이 상당히 큰 영향을 끼친 결과다. 해당 결정에서 대한민국 헌재는 흡연권에 대해 사생활의 자유를 핵으로 하는 실질적 권리로 인정하면서도, 혐연권은 사생활의 자유는 물론 생명권까지 연결되어 있으므로 혐연권을 상위의 기본권으로 인정하였다. 이 때문에 현재 한국에서 흡연권은 혐연권을 침해하지 않는 한에서만 인정되어야 한다.

여기까지는 좋은데, 그 이후의 한국은 기이하게도 금연 구역의 설정에는 대단히 열심이면서도 흡연 구역의 설정에는 굉장히 인색하다. 앞서 인용한 헌재 판결문에도 나와 있듯, 간접 흡연이 신체에 나쁘다는 것과 별개로, 흡연권 자체는 엄연히 개인의 실질적 권리로 인정받은 것이 사실이다. 하지만 흡연 구역을 설정해 주지 않으면 흡연자들은 계속 금연 구역에서 흡연을 할 수밖에 없다. 한국 사회를 운영하는 사람들은 금연 구역만 설정해 두고 흡연 구역을 아예 없애 버리면 흡연율이 낮아지겠지라고 생각할지 모르겠으나, 금연 구역만 존재하는 세상에서는 막상 보장하려 했던 혐연권도 제대로 보장받지 못하는 어정쩡한 현실만 지속될 뿐이다.

쓰레기통의 문제도 비슷하다. 쓰레기 문제는 인구가 밀집되어 있는 대도시 지역일수록 심각하기 때문에, 서울의 예를 들어 보자. 지난 1994년 서울 시내의 가로변 쓰레기통의 개수는 총 7607개였다. 이것이 쓰레기 종량제 실시 후인 2000년 3300여개까지 줄었다가, 재활용 쓰레기 회수를 위해 다시 늘어난 뒤 2022년까지 4956개로 꾸준히 감소세를 지속하고 있다.

쓰레기통을 줄인 이유는 처음에는 다소 실용적인 것이긴 했다. 쓰레기 종량제를 처음 도입한 이후, 제도의 정착을 위해 쓰레기를 가로변에 무단으로 투기하여 공유지가 훼손되는 것을 막아야 했기 때문이다. 문제는 쓰레기 종량제 도입 이후 30년이 다 되어가는 지금 시점에서도 같은 논리를 적용하여 쓰레기통을 줄이고 있다는 사실이다. 실제로 관련된 언론 보도에서 자치단체 관계자는 "앞으로도 가로 쓰레기통을 늘릴 계획이 없다"라며 "주민들이 생활 폐기물을 투척하거나 쓰레기통 주변이 더러워지는 등 부작용이 있었기 때문"이라고 밝힌 바 있다.* 그

* 김창현·박수현, 「음료 마시고 길가에 버리고…그 많던 쓰레기통은 다 어디 갔을까」, 《머니투데이》 2023. 1. 27.

러나 지금까지 쓰레기통은 줄어들기만 했기 때문에 쓰레기통이 다시 늘어날 때 얼마나 많은 사람들이 생활 폐기물을 무단으로 투기하는지에 대해서는 알 도리가 없다.

과연 쓰레기통을 줄이면 도시 미관에 도움이 될까? 그렇지 않다. 쓰레기통이 없으면 사람들은 길에 쓰레기를 그냥 버리게 된다. 서울특별시에서 2021년 시민 3112명을 대상으로 진행한 온라인 여론조사에 따르면, 쓰레기통 숫자가 적절하다고 응답한 비율은 25.2%에 불과한 반면, 쓰레기통 주변이 대체로 깨끗하다고 답변한 숫자는 62.8%에 이르렀다. 특히 커피전문점 등이 대중화된 이후의 한국은 일회용 쓰레기가 크게 늘어날 수밖에 없었던 환경이 지속적으로 조성되었고, 이로 인해 정부의 의사와는 반대로 쓰레기통을 줄일수록 도시 미관은 훼손될 수밖에 없는 결과가 나온 것이다.

이처럼 한국의 빈약한 흡연 구역 설치와 점점 줄어만 가는 쓰레기통의 문제는, 일견 지엽적으로 보일 수 있지만 사소한 부분에서도 **사회가 자본의 적절한 투자와 인프라의 설치보다는, 개별 사회 구성원들의 품성을 단속과 계도로 통제하고자 하는 방법론**을 시대와 관계없이 유지하고 있다는 점을 나타내는 하나의 증거라고 볼 수 있다. **왜냐하면 이것이 쉬운 방법이기 때문이다.** 지역불균형을 해소하기 위해 지자체가 추진할 수 있는 가장 쉬운 방법이 관광지의 개발이듯, 우리는 언제나 '자본투자'를 고민하기보다는, 합의와 의사결정의 과정이 크게 필요치 않은 '단속'을 통해 문제를 덮어왔던 것이다. 이는 단순히 사회를 운영하는 절차가 어떻게 흘러가야 하는지를 정하는 사람들의 탓이라기보다는, 앞서 계속 강조했듯이 사회의 병리적 현상들을 '한국인의 그릇된 품성'의 문제로 치환하는 담론이 만연해 왔던 것도 꾸준히 원인을 제공해 왔다고 볼 수 있을 것이다.

그러나 정부와 지자체도 억울한 점이 있다. 쓰레기통을 늘리려면 자연스럽게 청소 인력이 늘어나야 하는데, 환경미화직은 부족하다는 게 이들의 입장이다. 쓰레기통은 혼자서 치워지는 물건이 아니기 때문에 이를 시시각각 관리하는 사람이 없다면 그 쓰레기통은 설치하지 않느니만 못한 물건이 되는 것은 자명한 사실이고, 당연하겠지만 쓰레기통의 밀집도가 늘어날수록 이를 담당하는 인력의 1인당 관리 가능 구획의 크기는 줄어들 것이다. 이처럼 쓰레기통의 증가 또는 흡연 구역의 설치는 단순히 쓰레기통의 개수가 늘어나고 쓰레기통을 구매, 설치하는 비용이 증가하는 것이 아니라 **인건비를 포함한 전반적인 공공인프라 관리 비용의 증가**로 이어지기 마련이다.

이 문제를 고대에 벌어졌던 전쟁에 비유해 보자. 기병 100명을 출병하기 위해 과연 얼마나 많은 자원이 필요한지를 계산하는 문제가 이와 유사하다. 기병 100명이 전쟁에 나가기 위해서는 최소한 말 100필이 필요하다. 이 말 100필은 아무것도 먹지 않고 긴 거리를 행군하거나 전쟁터에서 돌진할 수 없기 때문에, 말이 먹을 마초가 필요하다. 기병용 말 100필이 먹을 마초를 운송하기 위해 소 50마리가 필요하다고 가정하면, 여기서 이 소 50마리가 또 뭐라도 먹어 가면서 마초를 운반해야 하기 때문에 소 50마리분의 마초가 또 필요하다. 이렇게 되면 또 소 50마리분의 마초를 운반할 다른 소가 필요하게 되고, 수학적 계산을 반복하게 되면 어느 순간 더 이상의 소가 필요하지는 않게 되겠지만 단순히 처음 말 100필만을 생각했을 때보다 훨씬 더 많은 비용이 들게 된다.

사회 인프라의 설치도 마찬가지이다. 쓰레기통을 비우는 환경미화원이나 흡연 구역을 주기적으로 청소하는 인력의 경우 이 사람들이 쓰는

장비의 가격이 또 비용으로 들어갈 것이고, 흡연 구역을 담당하는 인력의 경우에는 지속적으로 간접 흡연에 노출되게 되므로 건강상의 리스크가 있기 때문에 보험료 등의 추가 비용이 또 다시 발생할 것이다. 다시 말해 인프라를 확충한다는 건 사람을 N명 추가한다고 끝나는 문제가 아니라, 우리 생각보다 더 많은 비용을 부담해야 할 수도 있는 문제라는 것이다.

이 순환은 여기서 끝나지 않는다. 보통 도시의 환경을 청결하게 하는 공공 조직의 경우 순수하게 돈을 쓰기만 하는 측면이 크고, 수익성이 없는 경우가 대부분이다. 즉, 환경미화에 쓰는 비용은 회수되지 않는 예산의 투입이라고 볼 수 있다. 이러한 비용 투입은 장기적으로 봤을 때 비용 회수가 부분적으로나마 이루어지기라도 하는(이를테면, 대중교통과 같은) 인프라의 가격에 영향을 끼칠 수도 있다. **쓰레기통이나 흡연 구역의 개수가 늘어나면, 지하철이나 버스의 요금이 오를 수도 있다는 뜻이다.**

작은 재정과 선별적 복지 체제의 덫

여기서 우리 공동체는 중요한 딜레마에 직면하게 된다. 길거리가 더러워지는 것을 보는 것은 누구나 싫어할 것이다. 그러나 길거리가 깨끗해지기 위해 내 호주머니에서 돈을 더 내야 한다면 과연 우리 공동체의 구성원들은 이를 어디까지 용납할 수 있을까? 현재로서는 '용납할 수 없다'가 우리 사회의 주류적인 분위기인 것은 명확해 보인다. **OECD 기준 일반정부 지출규모가 명백히 최하위권인 현실과 이를 뒷받침하는 공**

동체의 강력한 조세저항이 우리나라의 길거리를 지저분하게 유지하고 있는 것이다.

그렇다면 한국 사회는 왜 이렇게 증세에 대해 민감할까? 이에 대해서도 기존의 대체적인 인식은 역시 품성론에 기반해 있다. 근본적으로 한국인들이 이기적이라는 식의 관점인데, 혹자는 이를 검증하기 위해 조선시대까지 거슬러 올라가곤 한다. 하지만 모든 사회 문제가 그러하듯이 국민성 또는 그것의 유사품으로 해석하려는 시도는 늘 오류만 낳는다. 이 문제 역시 앞서 상세하게 분석했던 것처럼 물가구조와 노동시장, 서울-지방간 격차, 노인 문제 등이 맞물려 발생하는 총체적인 문제이자 **'돈 없는 사람들로 구성된 공동체'**가 나타내는 일종의 경제적인 결과로 보아야 한다. 그리고 앞장의 논의들에 더하여 한 가지 더 심도 있게 들여다봐야 할 쟁점이 있다. 여기서 우리는 한국이라는 국가의 신진대사 환경이 바뀌었음에도 불구하고 **고집스럽게 보수적이었던 재정**에서 기인하는 바도 만만치 않았다는 사실을 짚어볼 필요가 있다.

결론부터 이야기하자면, 한국 정부는 우리의 통념보다 훨씬 더, 놀랄 만큼 인색하다. 실제로 한국 정부는 우리나라보다 더 자유방임적인 경제를 운용하는 것으로 생각되는 나라들보다도 돈을 안 쓴다. 이는 한국의 일반정부지출(General Government Spending)이 2020년 기준(이후 데이터가 업데이트되지 않았음) 38.1%로 OECD 최하위권이라는 사실에서 명백하게 드러난다. 이 순위에서 한국 뒤에는 리투아니아, 코스타리카, 스위스, 칠레, 콜롬비아, 아일랜드가 있는데, 조세피난처의 성격을 지녀 명목 GDP가 과장되는 경우가 잦은 아일랜드와 스위스를 제외하면, 한국은 사실상 **선진국들 중에서 가장 작은 재정**을 운용하고 있다고 보아도 무리가 없다.

OECD 일반정부지출 부문별 국제비교

(단위: %)

구분	국방	치안/행정	경제	교육/문화 /주택/환경	공공보건	복지
OECD 평균	1.53	7.27	6.46	8.05	7.36	17.26
한국	2.80	6.09	5.79	8.57	5.60	9.29
격차(%P)	**-1.26**	**1.18**	**0.67**	**-0.52**	**1.77**	**7.97**

출처: OECD, 「General Government Spending」, 2022

여기까지는 많은 사람들이 이미 알고 있는 사실일 것이다. 그러나 단지 한국의 재정 규모가 작다는 사실만으로는 문제의 핵심까지 도달할 수 없다. **중요한 것은 가뜩이나 많지 않은 규모의 정부 지출이 과연 어디에 쓰이고 있느냐이기 때문이다**. 2020년 OECD 일반정부지출 데이터를 세부적으로 나눠보면 한국의 재정 규모가 전반적으로 매우 작은 것도 확인할 수 있지만, 분야별로 볼 때는 **복지 부분이 평균 대비 특히 작은 규모라는 것**을 쉽게 알 수 있다.

실질적으로 적대국인 북한과 얼굴을 맞대고 있는 특성상 한국의 국방비 비중은 당연히 전쟁의 위험이 상대적으로 적은 OECD의 타 국가 대비 높을 수밖에 없다. 그러나 이를 감안하더라도 평균에 비해 거의 8%p 가까이 낮은 사회복지지출(공공보건 지출의 차이까지 반영하면 10%에 이른다.)은 결국 정부 재정이 공동체의 수요에 대응하지 못하고 있음을 의미한다. 여기에 사회보험지출을 더한 공공사회복지지출(Public Social Expenditure) 비중은 2022년 기준 14.8%로 다소 높아지지만, 이 역시 OECD 평균 21.1%에 비교하면 한참을 뒤처진다. 국방비 측면에서 보더라도, 타국 대비 높은 국방비라고 해봤자 고작 OECD 평균에 비해 1.26%p 더 높을 뿐이다. 물론 이는 50만명에 가까운 거대한 수의 군대를 최저임금 수준도 안 되는 징병제로, '돈 대신 사람을 갈아 넣어 운용하는' 한국의 특수한 방위 시스템상 당연한 일일지도 모른다.

이처럼 우리의 사회복지 지출 비중이 낮은 것은 무엇 때문일까? 한국 사회가 복지라는 개념을 있는 그대로 받아들인 시점이 외환 위기 이후 양극화가 본격적으로 심각해질 때라 그 역사가 매우 짧고, 이 때문에 복지정책 자체를 수혜가 시급한 계층을 위주로 하여 넓혀가는 것을 기본 원칙으로 세웠기 때문이었다. 그간 **보편복지**를 도입하려는 시도 자체는 여러 차례 있었으나, 그때마다 **부자들에게도 복지 혜택이 돌아가는 것은 비효율적이라는 반대 여론**에 번번이 부딪혔고 정치권에서 이를 설득할 만한 논리를 개발해 내지 못하면서 우리 사회에서 보편복지의 도입은 어느새 요원한 일이 되었다.

보편적 복지가 자리 잡지 못한 상황에서, 선별적 복지가 곧 복지 그 자체라고 일반화되고 있다는 건 또 다른 문제를 불러일으킨다. **복지라는 제도를 빈곤계층의 최후 생존 수단 또는 농업적 근면성의 증대 수단 정도로 머무르게 함으로써 복지의 근본 이념 자체를 훼손하는 사회적 부작용이 바로 그것이다.** 복지는 빈곤과 생존이란 키워드로만 연결되는 피상적인 것이 아니며, 사회 구성원 모두의 행복과 통합을 제고하는 수단도 될 수 있다. 누구든 자신의 경쟁력을 꽃피울 수 있는 토양을 마련해 주는 것도 복지의 역할이다.

앞서 3장에서 설명하였지만, 기본적으로 노동생산성은 인건비의 수준 및 자본의 투입량에 따라 결정된다. 그래서 혹자의 의견처럼 복지가 빈곤층의 생산성 증대 수단이 되려면, 그들에게 제공되는 복지의 총합은 **최소 중위소득가구 수준의 자본 투입** 정도까지 보장될 수 있어야 한다. 아무리 복지제도의 대상이 되는 사람일지라도 잘 먹고, 잘 입고, 피처폰보다는 스마트폰을 들고 다녀야 생산성이 높아지며, 어린 시절 해외여행도 한 번 정도는 다녀와야 수출이 생존에 필수적인 이 나라에서 경쟁력을 갖출 수 있기 때문이다. 특히 자국 외 시장에서 창출되는 부가가치가 높은 한국의 특성상 중산층은 물론이요 빈곤 및 차상위계층의 노동 부가가치를 확대하기 위해서는 국경을 넘어선 개방적인 경험이 필수적이다.

그러나 한국은 복지제도의 대상자들이 중산층 이상이 누리는 것들을 조금이라도 침범하면, '내가 내는 혈세'를 운운하며 어디까지가 복지냐는 물음을 통해 일종의 가난함다움을 강요하는 분위기가 팽배하다. 즉, **한국 사회는 경제 발전만 빠르게 추구하다가 취약한 재정적 역량 때문에 심각한 양극화의 길에 들어섰고, 이를 극복하기 위해 점진적으로 복지 제도를 구축하는 일에 힘썼으나 그 도입 배경의 한계상 '가난한 사람만 복지 혜택을 누려야 한다'는 선별적 복지의 덫에 빠져 있는 상황이라고 볼 수 있다.**

맘카페, 각자도생의 공간에 남은 고립된 결사체

그렇다면 일반정부지출 기준 8%p의 갭, 그리고 공공사회복지지출 기준 6.3%p 정도의 갭을 이 사회는 어떻게 메꾸고 있을까. 당연하겠지만 민간이다. 실제로 한국의 사회복지 시스템에 민간이 참여한 것은 상당히 오랜 역사를 지니고 있는데, 한국전쟁 직후 선진국들이 들어와 조직한 외국민간원조단체들의 활동이 그 시작이다. 이들은 시대가 흐르며 병영국가 시기에는 보충적 복지공급자로서의 역할을 수행하였고, 민주화 이후에는 본격적으로 복지정책이 도입되면서 다양한 분야에서 정부의 파트너 역할을 담당하게끔 발전하였다.*

통계를 살펴보면 현재 한국 사회의 대다수 사회복지 시설은 주로 민간에서 운영한다. 2022년 보건복지통계연보 기준 한국의 사회복지 시설 중 고작 0.66%만이 정부 직영이다. 노인 복지 시설과 어린이집의 경우 특히 정부 직영 비율이 낮아 각각 0.37%, 0.55%만 정부에서 직접 운영하고 있다. 이렇게 대부분의 사회복지, '요람에서 무덤까지'의 전 과정을 국가가 아닌 민간이 책임지는 국가에서는 나름대로 특이한 문화가 발생한다. 모든 것을 스스로 판단해야 하기에 개인이 매사에 촉수를 곤두세울 수밖에 없는 문화가 바로 그것이다. 복지 서비스의 품질이 균일하지 않기 때문이다.

가령 모든 어린이집을 정부가 직영하는 나라가 있다면, 그 사회에서 사람들은 어린이집을 비교하기 위해 시간과 자원을 들이지 않을 것이다. 이러한 사회에서 선택의 기준이 되는 것은 오직 자택과 직장 사이에서 최적의 동선을 도출해 내기 위한 경로 정도가 된다. 그러나 반대로 모든 어린이집을 민간에서 운영하고, 정부는 이를 관리 감독하는 정도의 소극적 행정력만 유지한다면 어떨까? **정부의 행정력이 닿아야 하는 영역은 이제 우리들 각자가 탐색하고 관리해야 할 시민의 몫이 된다.**

* 허재준 외, 『고용-복지 통합형 사회서비스 전달체계 개선방안』, 한국노동연구원, 2012. 12.

어떤 어린이집은 거리는 멀지만 담당 인력의 평판이 매우 좋을 수도 있다. 어떤 어린이집은 거주지에서 매우 가깝지만, 다른 어린이집보다 아이들에게 신경을 덜 쓴다는 소문이 돌 수도 있다. 또 다른 어린이집에서는 과거에 사고가 발생한 전적이 있을 수 있다. 이 모든 것들이 다 **개별적 판단의 기준**으로 바뀌는 것이다.

비단 이러한 선택의 문제는 어린이집 하나에서 끝나지 않는다. 여러 사람의 손이 필요한 모든 일, 복지의 대상이 되는 모든 일들이 정보의 취합과 취사선택으로 이어지게 된다. 유아차 한 대를 사더라도 마찬가지이고, 나이가 많이 들어 거동이 불편한 부모의 노후를 어떻게 돌볼 것인가에 대한 문제에서도 마찬가지이다. 더 넓게는 학교를 진학하는 문제까지도 연결될 수 있다. **이렇게 작은 재정의 공동체, 특히 복지를 민간에 폭넓게 외주화한 사회에서 모든 것은 '개인의 선택과 정보력'의 문제가 된다.** 이것이 여성들의 출산 및 육아로 인한 경제 활동의 단절이라는 상황과 교묘하게 겹치면서, 한국에는 거대한 사회복지 정보공유의 허브가 등장한다. 바로 **맘카페**다.

한국에서는 맘카페에 대한 인식이 썩 좋지 않은데, 그 이유인즉슨 여럿이 뭉쳐 마음에 들지 않는 주변을 공격하는 갑질의 온상이 바로 맘카페라는 것이다. 특히 2023년 한국 사회에서 교권 침해가 대대적인 이슈가 되고 학부모들이 모인 단체 메신저 방의 대화 내용이 유출되는 등의 사건이 발생하자, 주로 엄마들이 모여 있는 맘카페에 대한 여론은 더욱 나빠졌다. 하지만 앞서 이야기하였듯이 맘카페는 그저 **각자도생으로 육아를 해야만 했던 한국 사회**에서 자연스럽게 등장할 수밖에 없었던 경제적·사회적 공동체일 뿐이다.

당장 선진국만 해도, 미국과 같이 지리적인 특징상 전 국토에 경찰력이 한국 정도로 촘촘히 포진하지 못하는 나라에서는 주민들이 직접 총기를 들고 자경단을 운영하는 경우가 허다하다. 맘카페 역시 국가가 방치한 부분에서 시민들이 사적으로 모여 이득을 추구하기 위해 만들어진 결사체다. 이익을 추구하는 모임이다 보니 욕망이 어느 정도 드러날 수밖에 없고, 그 와중에 갑질이나 신상털이 등의 부작용이 발생할 수밖에 없는 것이다. 생각해 보면 갑질이나 신상털이가 비단 육아하는 엄마들의 모임에서만 발생하는 게 아닌 것도 사실이다.

또한 맘카페에서 발생하는 이러한 부작용들은 '요람에서 무덤까지, 알아서 잘 살아 보시라고' 개인에게 선택을 떠넘긴 우리 공동체의 역사적 맥락과 분리할 수 없다. 전근대 시절 우리는 마을 공동체에서 일종의 공동 육아를 수행해 왔지만, 농촌의 마을 공동체가 산업화로 인해 기능을 상실한 뒤엔 육아가 각 개인의 책임으로 흩어지게 되었다. **그 과정에서 국가의 개입은 미미했고, 육아를 하는 개인은 철저히 고립될 수밖에 없었다.** 고립은 불안을 동반하고, 불안을 해소하기 위해서는 의존할 대상이 필요하며, 의존할 대상이 필요한 개인들은 서로 모여든다. 그 중에선 당연히 모임에 과도하게 의존하는 개인도 생겨나며 이들은 높은 확률로 문제를 일으킬 것이다.

그렇다면 본질적인 문제는 무엇일까? 정보를 찾아, 또는 불안감과 고립을 피해 모여든 다수의 사람들이 가진 품성이 문제일까? 아니면 그들이 스스로 모여들 수밖에 없는 사회 구조를 만들어놓고, 다른 구성원들을 위해 자신의 지갑을 열 수 없게 하는 경제적 시스템에 손을 들어준 우리 공동체 모두의 문제일까?

"사람을 갈아서 굴러가는 나라"

사람들은 최근의 한국이 '각자도생의 사회'가 되었다고 이야기한다. 하지만 그 말은 반만 맞다. **한국은 원래부터 국가가 돌보는 부분이 거의 없었던, 사전적 정의 그대로의 각자도생 사회였다.** 더 정확히는 농촌 공동체가 붕괴되고 난 이후 한국에선 늘 정보의 취합과 취사선택에서 우위를 보유한 개인이 더 강한 생존력을 가져왔다. 그 이유는 앞서 설명한 것과 같다. 한국이라는 체제는 늘 빠르게 성장하는 것에 집중해 왔기 때문이다. **국가 차원에서 다양하고 표준화된 재화를 제공하여 개인의 선택을 줄이기보다는, 개인이 선택하고 그 결과를 개인이 책임지는 형태의 체제를 변함없이 유지했다는 뜻이다.**

그러므로 현대 한국 사회는 **증세를 위한 제1의 조건인 '정부에 대한 신뢰'**가 높게 형성되기가 어렵다. 정부가 오랜 기간에 걸쳐 시행착오도 조금씩 겪어가면서, 일정 부분 표준화된 재화를 공동체에 제공하는 과정을 통하여 신뢰를 쌓았어야 했는데, 실제로 이러한 제도의 본격적인 도입은 헌정 초창기부터 시행된 의무교육을 제외하면 2010년 무상급식 전면화가 사실상 최초였다고 봐야 한다. 그래서 사회 구성원들은 정부 재화에 대한 신뢰도를 갑작스레 형성하기가 어려웠던 것이다. 심지어 한국 공동체는 1988년에 도입하여 현재 도입 40년이 다 되어가는 국민연금에 대한 신뢰도도 거의 바닥 수준이다. 한국의 시민들은 과거 병영국가의 기억과 관습으로 인해 정부의 **통제**에는 비교적 잘 따르는 모습을 보이지만, 그럼에도 불구하고 정부의 **정책**은 거의 신뢰하지 않는 특이한 모습을 보인다고도 할 수 있다.

지금까지 설명했던 민간으로의 사회복지 외주가 초래하는 또 하나의 중요한 문제점이 있다. **사회 구성원들의 가처분소득을 추가적으로 감소시키는 현상을 발생시킴으로써 증세의 거부감을 더욱 심화할 가능성을 키운다는 게 그것이다.** 국가 재정을 투입해 정부가 제공하거나, 또는 민간에서 생산하더라도 정부가 주도적으로 수급을 감독하는 재화의 경우엔 가격을 낮게 억제하기 위해 보조금이 투입될 수 있는 등의 장치가 준비되어 있다. 반면 민간의 자유로운 경쟁을 통해서 제공되는 복지 서비스나 재화의 경우 이들 민간 업체는 항상 수요와 공급의 법칙에 따라 이익을 극대화하기 위해 가격을 탐색하는 경향이 있다.* **이처럼 민간 위주의 복지 공급은 중산층의 낮은 실질 가처분소득과 연결되어 사회 구성원들의 복지 태도를 악화시키는 측면이 있는 것이다.**

수도권, 특히 서울에 거주하는 사람들은 직간접적인 주거비용과 압도적인 사교육비로 인해 쓸 수 있는 돈이 별로 없다. 이는 2장에서 언급했던 눔프(Noomp) 현상이 발생하는 근본적인 토양이라 할 수 있다. 상당수의 사회 구성원이 사회 안전망의 확충과 복지제도의 확대 자체는 원하지만, 그 재원이 자신의 호주머니에서 충당되는 것을 거부하는 것이다. 가진 자원이 부족하고 자기 자신의 선택 하나 하나가 돌이킬 수 없이 중요한 환경에서는 개별 사회 구성원들이 자신이 선택한 자원에 대한 보호에는 누구보다 열성적일지 몰라도, 이것을 보편적으로 해결

* 정부의 가격 통제가 없는 상황을 생각해 보라. 가격이 1,000원일 때 10개, 500원일 때 50개, 250원일 때 70개가 팔리는 상품이 있다면, 각각의 수익은 1,000원일 때 10,000원, 500원일 때 25,000원 그리고 250원일 때에는 17,500원이 된다. 기업은 시장 조사 등을 통해 수익이 극대화되는 가격을 찾으려 노력할 것이고 자연스럽게 500원으로 50개를 팔게 될 것이다. 이것이 가격 탐색의 과정이라고 할 수 있다.

하고자 하는 것에 자신의 한정된 자원을 갹출하는 것에는 거부감을 가질 수밖에 없게 된다는 뜻이기도 하다.

이렇듯 자기 자신에 대한 방어엔 적극적이나 공동체에 대한 투자에는 인색한 한국의 사회 환경은 현재 우리 앞에 놓여 있는 다양한 문제를 해결하기 어렵게 만든다. 돈을 써서 문제를 해결하기보다는 시쳇말로 **사람을 '갈아넣는' 구조**가 지속될 수밖에 없게끔 강제하기 때문이다. 이 장 서두에 언급하였던 쓰레기통의 문제로 되돌아가 보자. 거리를 깨끗하게 유지하기 위해 쓰레기통을 현재의 5배 수준으로 증가시키되, 비용을 더 부담하고 싶지는 않으므로 이를 관리하는 인력은 그대로 둔다고 가정해 보면 어떨까. 이 경우 당장 산술적으로만도 그 사람의 일은 5배가 늘어난다. 하지만 대개 이러한 상황은 사고가 터질 때까지 잘 드러나지 않는다. 만약 그러던 중 현장에서 사고가 발생하거나 누군가가 과로사를 하게 되면, 언론에서 일제히 이슈가 되고 여론의 눈치를 살피던 정부는 그제서야 감독기관과 사정기관을 동원하여 감사 및 수사에 나선다. 몇 사람이 적당히 징계를 받거나 심하면 처벌을 받게 되고, 이렇게 일이 마무리될 때쯤 모두는 그 일을 잊게 된다. 끝끝내 **돈을 더 써서 문제를 해결하고자 하는 시도**는 일어나지 않는다.

그렇게 몇십 년을 꾸준히 달려온 끝에 생긴 것이 **"사람 갈아서 굴러가는 나라"**라는 자조적인 오명이라고 할 수 있겠다. 2022년 말부터 2023년 초에 걸쳐 우리나라에서 인기리에 방영되었으며, 글로벌 OTT 플랫폼인 '넷플릭스'에서 독점 스트리밍되어 세계적으로도 많은 인기를 얻은 「더 글로리」라는 드라마에서 한 등장인물의 명대사가 많은 사람들에게 회자된 바 있었다. "살면서 절대 아끼면 안 되는 돈이 변호사 비용이야"라는 대사였다. 맞는 말이다. 법률적인 분쟁에 직면하였을 때 이를 최소한의 손해로 방어하려면 훌륭한 변호사에게 사건을 맡겨야 하는 것이 상식적이다. 한국 공동체의 구성원들은 이 대사를 입에 올리면서 '자기방어'와 '자기보호'의 가치를 되새기고 실제로 자기 자신이 법률 분쟁에 휘말리게 될 경우 변호사 비용을 아끼지 않겠지만, 놀랍게도 우리 사회 전체를 유지하고 보수하기 위한 비용은 누구나 아끼려고 하는 이중적인 면모를 지니고 있다는 것을 지적하지 않으면 안 된다.

다시금 강조하건대, 이러한 특성은 한국인들의 품성을 가지고서는 설명하는 것이 불가능하다. 한 공동체 구성원들의 행동 양식은 그들이 처한 경제적인 환경과 역사적인 맥락에 의해 설명 가능한 것이지, 어떻게 형성되었는지도 불분명한 공동체적 품성을 근거로 삼아 논의할 수는 없다. **나는 지금까지 공동체를 위한 비용의 지출에 한국인들이 유독 인색한 이유를 높은 생활 비용과 준조세화된 사교육비, 수도권 집중, 낮은 노동생산성, 그리고 노인 문제 등으로 설명했다.** 한국인들은 전체적인 경제 규모나 1인당 소득은 어느 정도 선진국의 반열에 올라 있을지 모르나, 다양한 경제적 환경의 문제로 인해 실제로 매우 빠듯한 삶을 살고 있고, 이 때문에 공동체를 위한 지출을 늘리기보다는 개인의 성공으로 구조적 문제를 탈피하고자 하는 선택을 할 수밖에 없다는 것이다.

하지만 이렇게 모든 개인이 개별적인 성공을 통해 탈피를 노려야 하는 사회는 계속 노동력의 과잉 사용으로 문제를 해결할 수밖에 없고, 이러한 문제가 누적될수록 종국에는 피로가 과하게 가해진 부분부터 무너지는 결과를 가져온다. 특히 최근의 한국 사회에서 이 같은 사례로 가장 빈번하게 지적되고 있는 것이 **필수의료와 교육의 붕괴 위기**라고 할 수 있다. 이 두 가지 분야는 현재 대표적으로 노동력이 과잉 사용되는 분야이지만, 일반적으로 의료 분야는 소득이 높다고 간주되는 한편 공교육 종사자들은 교육공무원이라는 지위 덕분에 국가로부터 각종 편의를 제공받는다는 이유로 논의의 대상에서 제외되기 일쑤였다.

보건과 교육이라는, 미래 세대의 가장 중요한 양대 기둥을 다루는 이 두 부문이 무너진다는 것은 우리 사회의 후진성이 이 나라의 수명을 스스로 끝내고 있다는 가장 중요한 예시라고 할 수 있다. 근본적으로 아직 완전히 성숙하지 못하였거나 심신이 미약한 상태의 인간을 돌본다는 점에서, 그리고 가장 취약한 상태에 있는 한 사람뿐만이 아니라 그의 가족들과도 모두 소통을 해야 하는 직업적 측면에서 그러하다. 우리는 이러한 영역에서 생겨나는 노동권 측면의 리스크를 해소하는 것에 그동안 전혀 투자를 하지 않았다. 미디어는 이 분야들에서 논란과 사건이 발생할 때마다 소위 '진상'을 탓했지만, 그 진상들은 어느 시대 어느 사회를 가든 일정 비율 이상으로 분포한다는 점을 감안할 때 제도적인 보호수단을 강구하지 않고 일개 개인의 탓으로 치부하는 것은 그저 문제를 회피하는 것일 뿐이었다.

그렇기에 높은 업무 난도와 함께 본업 외적인 갈등이 빚어질 우려에도 불구하고 소아과의 의료보험 수가는 여전히 매우 열악한 수준이며, 학교는 방학이 있다는 이유 하나만으로 마치 세상 손쉬운 직업 취급을 받아왔다. 악성 민원이라는 것은 마치 장작처럼 쌓인 이러한 모순 위에 그저 불쏘시개를 던진 것뿐이다. 그렇게 수십 년 넘게 영업을 해온 소아과가 문을 닫고, 초등학교 교사들은 스스로 목숨을 끊었다. 어김없이 이때가 되면 공권력이 출동해서 춤을 추지만, 그 이후로 바뀌는 것은 없다. **결국 우리는 다음과 같은 사실을 인정해야 한다. 이 사태의 근원에 '돈의 문제'가 자리 잡고 있음을 모두가 외면하고 있다는 것을. 일부 문제에서는 우리 자신이 '정당한 지출'을 외면하려 하는 이중적인 태도를 보이**

고 있다는 것을.

그래서 나는 이 두 문제를 과감하게 짚어 보고, 이것이 1장에서 4장까지의 내용과 어떻게 연결되는지를 설명하려 한다. 우선 이 장에서는 의료 문제를 다루고, 교육 문제는 7장에서 다시 본격적으로 다룰 것이다.

돈을 가장 많이 버는 사람들조차 혹사를 피할 수 없다

사람을 갈아서 굴러가는 공동체의 문제점은 한두 가지가 아닐 것이지만, 그 중에서도 우리가 가장 먼저 생각해 볼 수 있는 것은 **산업재해**다. 한국은 OECD 기준 산재 사망률이 지난 23년 중 21년간 1위를 차지하였으며, ILO(국제노동기구)의 지난 2021년 기준으로도 10만명당 산업재해 치명률 부문에서 한국은 5위를 기록했다. OECD 기준 1위가 아니고 5위라는 이유로 중대재해처벌법 도입을 반대하는 투의 웃지 못할 기사를 낸 언론사도 있었지만, 여기서도 앞에 있는 나라들은 콜롬비아, 멕시코, 튀르키예, 미국이다. 단 미국은 산재 사망 통계에 연방 및 주 정부 공무원과 군인까지 포함하기 때문에 실제 기업 활동 현장만 비교하면 아마도 산재 사망률이 한국보다 낮을 것이다.

한국의 높은 산재 사망률은 무엇 때문이라고 봐야 할까? **근본적으로 안전관리에 자원이 투입되지 않기 때문이다.** 일각에서는 노동자의 부주의를 탓하기도 하지만, 노동자의 부주의는 안전교육이라는 방법으로 해소할 수 있다는 사실을 생각한다면 산재 사망의 문제는 곧 돈의 문제라고도 할 수 있다. 그러나 앞서 3장에서도 지적한 것처럼 우리나라의 대다수 취업자가 일하고 있는 중소기업의 생산성은 아주 낮은 수준이다.

그 말은 우리나라 대다수 기업체들의 생산성이 매우 낮다는 뜻이고, **안전관리에 돈을 투입하는 것보다는 사람이 죽어 나가더라도 거기엔 돈을 쓰지 않는 것이 더 이익인 경제 구조**가 갖추어져 있다는 뜻이다.

그렇다면 답은 하나다. 정부가 생산성이 낮은 기업 대상으로 안전관리 바우처를 지급해 주어야 한다. 그러나 중대재해처벌법과 관련된 후속 조치로 그러한 지원책은 전혀 도입되지 않았는데, 이마저도 인색한 정부만 탓하기는 쉽지가 않다. 전국의 모든 중소 제조업을 상대로 그런 지원을 해 주려면 상당히 많은 재원이 필요할 게 분명하지만, 반복적으로 지적했듯 우리 사회는 공동체를 위해 그 누구도 추가적인 재원을 지출하려 하지 않기 때문이다. 또는 아주 불쾌한 생각이긴 하지만, 그나마 지갑을 열 정도의 수준이 되는 이 사회의 몇몇 사람들은 지방 중소기업에서 산재에 노출된 사람들의 목숨이 "그들이 소싯적에 공부를 열심히 하지 않아서" 치르는 일종의 대가라고 생각할지도 모른다.

이렇게 아무도 돈을 쓰지 않고 그저 계속 사람만 갈아서 굴러가는 나라에서는 기층 노동을 담당하는 소시민들이 가장 고통스러운 비명을 지르게 되어 있다. 그러나 놀랍게도 이 공동체에서 비명을 지르는 사람들은 중소기업에서 하루하루 산재 사망사고의 위험에 노출되어 사는 노동자들뿐만 아니다. 한국만이 아니라 전 세계에서 가장 많은 수입을 올리는 직업이라 할 수 있는 의사들도 한국에서는 매일같이 비명을 지르면서 산다. 하지만 우리 공동체 대다수는 이들의 고통을 잘 느낄 수가 없고, 이들이 '갈려나간다'는 인식을 갖기가 쉽지 않다. 한국에서 의사라는 직업은 어디에서든 자랑스럽게 밝힐 수 있는 몇 안 되는 상징재이기 때문이다. **그처럼 한국 공동체의 특성인 '사람 갈아넣기'는 의외로 공부를 얼마나 많이 했든, 입시 성적이 얼마나 좋든, 어떤 학교를 나왔든 제**

법 공평하게 적용되는 대단히 아이러니한 속성을 보유하고 있다.

소아과 감소 및 그로 인한 '오픈런'으로 대표되는 필수의료계의 문제는, 겉으로 볼 때에는 우리가 공동체의 유지보수와 관한 지출에 상당히 인색하다는 지금까지의 논의와 관련이 없어 보일 수 있다. 그렇지만 실제로는 우리가 여태까지 그 사실을 외면해 온 것과 깊숙하게 맞닿아 있다. 이 이슈는 표면적으로 볼 때에는 일부 블랙 컨슈머의 악성 민원 때문인 것으로 치부되지만, 사실 이 직업이 통념과 달리 대단히 난도가 높고 업무 리스크가 상대적으로 격심해지고 있다는 사실을 모두가 외면하고 있기 때문이고, 실제로 사람이 갈려들어가는 업종이라는 인식이 별로 없기 때문이다.

그렇다면 질문해 보자. 한국에서 가장 많은 돈을 버는 사람들이 대체 왜 비명을 지르고 있는가? 한국 의료의 문제라고 한다면 앞에서 언급한 소아과 이슈가 가장 두드러지지만, 출산율 감소와 폐업 등으로 인한 소아과 소멸만이 한국 의료의 문제라고 볼 수는 없다. **노동생산성의 제조 대기업·금융업 쏠림이 그러하듯, 경제력의 수도권 쏠림이 그러하듯, 한국 의료계의 현실 또한 쏠림이 가장 큰 문제다.** 그 쏠림의 대표적인 수혜자는 역시나 수도권, 성형외과, 피부과이며 가장 큰 피해자는 지방, 소아과 그리고 산부인과, 흉부외과 등으로 대표되는 수익성이 낮은 과들이다. 이는 일견 단단해 보이는 한국의 의료보험 체계 속에서 의사 수 부족이라는 모순적 현상을 만들어낸다.

2020년 기준 대한민국의 인구 1000명당 임상의 숫자는 OECD 평균 3.5명을 밑도는 2.4명이다. 참고로 미국은 2.6명, 독일은 4.3명, 프랑스는 3.2명, 일본은 2.5명, 영국은 2.8명이다. 반면 인구 1000명당 임상 의사의 수가 많은 주요국은 이탈리아/스페인 4명, 호주 3.8명,

스위스 4.3명 등이다. 의외로 선진국 중에서도 겉으로 보기에 의사가 부족한 국가는 제법 된다. 미국은 의사의 소득이 높기로 유명하지만 만성적인 의사 부족 문제가 늘 제기되고 있으며 이는 영국도 마찬가지이다. 통념과는 달리 의사의 소득과 의사의 수는 그렇게 직접적인 비례 관계가 도출되지는 않는다.

그런데 의사의 수와 의료서비스의 활용에는 한 가지 연결고리가 있다. 바로 **의료서비스 이용자가 필요한 의사에게 적시, 그리고 적기에 도달할 수 있는가**이다. 만약 의사가 적어서 의료소비자가 병원 앞에 긴 대기열을 형성한다면, 이는 의사의 공급부족으로 경제적 및 보건적 문제가 발생했음을 의미한다. '부족'이라는 개념을 사용하기 위해서는 그 절대량의 많고 적음에 의한 부수적인 효과까지 모두 검증이 필요하다는 뜻이다.

이러한 측면에서 대한민국은 국민 1000명당 의사 수는 적을지 몰라도 보편적 의료접근성 자체에 중대한 문제가 있다고 판단하기는 쉽지 않다. 이는 대한민국의 의료제도가 매우 특수하기 때문이다. 먼저 우리나라에는 낮은 가격으로 전 인구를 모두 포괄하는 국민의료보험제도가 존재하는 한편 의료보험 당연지정제가 채택돼 있고, 동시에 주치의 제도가 도입돼 있지 않아서 국민의료보험 가입자라면 누구나 필요한 병원과 의사를 자유롭게 방문할 수 있다는 점을 짚어두어야 한다. 반면 영국의 경우 주치의 제도와 사적 의료 제도를 병행하고 있어서 병원 대기열 문제가 상당한 사회 이슈로 부각되고 있다.

그러므로 여러 차원의 공공보건지표를 의사의 수와 함께 놓고 판단했을 때, 대한민국은 인구 대비 의사의 수가 OECD 평균보다 적지만 통상적으로 상당히 양호한 의료서비스를 제공하는 측면도 있다. 그럼에도 의

대 정원 문제는 지속적으로 제기되고 있는데, 이는 우리나라뿐만 아니라 전 세계 모든 의료체계가 겪고 있는 **수도권과 비수도권간 의료서비스의 밀도차**에서 비롯된다. 예를 들어 대한민국의 경우 서울의 1000명당 의사 수가 3.0명인데 비해 경북은 1.7명에 불과하고, 독일의 경우 주치의로 지정된 지방 가정의들이 지속적으로 고령화되는 문제로 대책 마련에 고심하고 있다. 그래서 '의사 수가 정말 부족하냐 아니냐'의 문제는 의대 정원 이외에도 각국의 의료 정책과 시스템에 의해 풀어야 하는 것으로 봐야 한다. 그렇다면 한국의 의료 정책에서 비롯되는 의사 수 '부족'의 문제는 두 가지 키워드로 설명되는데, **지방 의사 부족의 문제와 중증환자 케어 시스템의 결핍**이 바로 그것이다.

의료 문제가 보여주는 '자살하는 대한민국'

의사들은 대개 고소득 전문직으로 인식되는 경우가 많고, 소비자들이 병원에서 비급여 항목으로 분류된 진단 또는 케어를 권유받는 경우도 제법 있다. 그래서 우리나라에서는 "대한민국은 의료수가가 낮다"라는 이야기를 하면 설득이 어려운 경우가 많다. **그러나 우리나라는 의료수가가 낮은 나라가 맞다. 근본적으로 대다수의 의료 행위가 원가보전이 안 되기 때문이다.** 2017년 건보공단 직영 일산병원의 자료를 근거로 분석한 결과 의료수가의 원가보전율은 평균 78.4%에 불과하다는 지적이 제기됐다.*

* 안창욱, 「의료수가, 원가보전율 '78%'」, 《메디게이트뉴스》 2017. 8. 10.

의료원가와 관련하여 지난 2017년 보건복지부와 한국보건산업진흥원이 공동으로 조사, 분석하여 발간한 「2015년 병원경영분석 보고서」를 살펴보면 의료원가 현실에 조금 더 접근할 수 있다.* 일반적으로 우리나라의 의료기관들은 의료원가를 인건비(의사 및 간호사), 재료비 및 관리비로 구분하는데, 이 중 인건비가 43.0%, 재료비가 21.6%, 관리비가 24.6%의 비중을 차지했다. 이 중 병상 수가 많은 상급병원으로 갈수록 인건비 비중은 낮아지고 재료비 비중이 상승한다. 이는 2차 및 3차 의료기관으로 대변되는 상급병원의 의료 행위에 고난도 수술 및 항암치료, 다수의 의료기기를 동원한 중대질병 치료 등 1차 의료기관과는 상이한 패턴의 의료 행위가 다수 일어나기 때문인 것으로 보인다.

다음으로 실질적인 병원의 지속가능성을 알아볼 수 있는 의료수익 대 원가 비율을 살펴보면, 일반병원의 원가 비율은 300병상 이상 대형병원은 평균 98.7%, 160병상 미만의 병원은 평균 101.4%이다. 160병상 미만의 병원들은 실제로 이미 10년 정도 전부터 적자를 보고 있었다는 뜻이다. 물론 이중 공공병원의 원가비율이 124.9%이고 민간병원은 93.0% 수준이긴 하지만, 지방 중소도시로 내려갈수록 공공병원에 대한 의존도

* 이와 별개로 《의약뉴스》의 2018년 4월 14일자 기사(신승헌, 「의료서비스 원가, 44.3%는 '인건비'」)에 의하면, 보건복지부와 한국보건산업진흥원은 2018년 그해의 최신 보고서를 발간하기 위하여 전국에 있는 병원급 이상 의료기관 3400여개 중 의료기관 회계시스템을 통해 신뢰성이 확보된 자료를 입력한 종합병원급 이상 337곳의 경영실태를 분석했다고 한다. 그러나 그 「2018년 병원경영분석 보고서」는 현재 어디에서도 찾을 수가 없으며, 의료원가와 관련된 다른 언론 칼럼 등에서도 병원경영분석 보고서는 2015년 이후 공개되지 않고 있다고 한다.

가 더 크기 때문에* **공공병원의 높은 원가비율**은 곧 지방 의료의 지속가능성이 높지 않음을 의미한다. 물론 민간병원들도 원가율이 거의 100%에 근접하고 있기 때문에 공공병원에 비해 상황이 썩 나은 편이 아니다. 실제로 해당 보고서에서는 각 과별로 세세하게 원가 구분이 되지 않았지만, 의료보험 비급여 진료가 많은 성형외과나 피부과를 제외하고 살펴보면 기피과의 원가율은 훨씬 더 높을 것으로 추정된다.

이렇게 의료원가의 문제를 살펴보면, 우리는 의사들이 상대적으로 고소득인 것과 의료수가의 문제는 사실상 아무런 관련이 없다는 사실을 알 수 있다. 의사들의 소득은 병원의 인건비에 녹아들어가 의료원가를 구성하고, 의료수가는 이 원가를 과연 '얼마 정도' 보전해 주느냐를 결정하는 문제이기 때문이다. 이러한 시스템에서는 '의사는 소득이 높을 수 있지만 병원은 적자를 보는' 특이한 현상이 발생한다. 하지만 대부분의 공동체 구성원들은 의사의 소득이 높다는 것만 알고 있기 때문에 병원의 지속 가능성을 위해서 의료수가를 올려야 한다고 주장하면 받아들이지 않는다. 공교롭게도 의료수가의 상향을 호소하는 사람들은 의사들이 모인 병원이라는 특정한 공간이 아니라, 높은 소득을 지닐 것이라 추정되는 의사들 개개인 또는 그들의 단체이기 때문이다.

의료수가 문제를 조금 더 자세하게 들여다볼 경우 한 가지 특이한 패턴을 발견할 수 있다. **전방위적으로 낮은 의료수가의 구조 속에서 인간의 생명과 더욱 가까울수록, 그리고 수술의 케이스가 많을수록 의사들이 특정 의료행위를 경제적으로 기피하게 된다는 것이다.** 이것이 표면화되면

* 차승은, 「연봉 4억에도 안 간다… 벼랑 끝 지방 공공의료」, 《연합뉴스TV》 2023. 2. 24.

외과, 흉부외과, 비뇨기과, 산부인과의 고질적인 인력 부족 문제로 연결된다. 특히, 우리나라는 2000년 의약분업 관련 분쟁 당시 의대 정원을 감축하여 2006년 의대 정원이 3058명까지 줄어든 이후 18년째 정원은 그대로이나, 수도권의 병상 수는 통제할 수 있는 방법이 없어 지속적으로 증가한 까닭에 쏠림으로 인한 상대적 인력 부족 문제도 심해지고 있다.

의사 수가 그대로인 상황에서 병상 수만 늘어나면 의사들은 당연히 과로에 시달리게 된다. (앞의 쓰레기통 문제와 정확히 일치함을 상기하자.) 그럼에도 한국의 의료계는 의대 정원 확대에 부정적인 경우가 많다. 이는 으레 의사 집단의 이기주의로 이해되기 일쑤지만, 그렇게만 매도할 것은 아니다. 의사의 육성에도 천문학적인 돈이 들어가기 때문이다. **현재와 같이 필수의료의 원가 보전이 되지 않아 아무도 기피과를 가지 않으려 하는 상황이 지속된다면 의대 정원을 확충해 봤자 수익성이 높은 과로 쏠리는 현상은 동일할 것이고, 의료접근성이 떨어지는 지방의 의료 문제나 소아과 문제는 여전히 해결되지 않을 것이 자명하다.** 이는 지역불균형 해소를 위해 관광업을 개발하는 것이 돈을 들인 만큼 수도권-비수도권 간 격차를 해소하지 못한다는 사실과 정확히 일치한다.

이 때문에 큰 수술이 필요한 중증질환이나 긴급한 외상 치료를 담당하는 전공과의 경우 기본적인 인력 충원부터가 쉽지 않고, 나아가 지방의 해당 의료인력은 더욱 부족해질 수밖에 없는 것이다. **바꿔 말하면 우리 의료수가의 구조적 문제는 그 수준이 절대적으로 낮다는 것뿐만 아니라 위험도가 높을수록 그 상대적 레벨이 더욱 낮다는 데 있다.** 우리는 바로 이 문제가 실제로 지방 의료인프라의 결핍을 초래해 왔다고 보아야 한다. 서울과 지방간 의료 인프라의 차이도 그러하거니와, 한국 사회가 여태까지 **필수의료에 대한 가치 책정**을 성실하게 수행하지 않았다는 점이 한꺼번에 반영되고 있는 것이다.

지금까지 이야기한 필수의료의 문제는 3장에서 살펴본 노동생산성의 논의와도 연결되는 지점이 있다. 의료 행위는 그 종사자의 수입이 높다는 이유로, 또한 인간의 목숨을 다룬다는 이유로 상당히 고부가가치 서비스업으로 인식이 되지만, 실제로 원가 구조를 살펴보면 인건비 비중이 40%가 넘는 상당한 노동집약적 산업임을 알 수 있기 때문이다.* 그럼에도 우리 공동체 구성원들은 자녀를 의과대학에 진학시키려 하는 모습을 통해 의료 행위에 높은 노동생산성의 가치를 부여한다. 하지만 의료 종사자들이 노동을 하고 있는 병원을 지속가능하게 유지하기 위한 적절한 수준의 의료수가 책정에 대해서는 상당히 보수적인 태도로 임하고 있다. 의사들은 돈을 많이 벌기 때문에 가뜩이나 부족한 나의 주머니를 그들을 위해 더 열 수는 없다는 것이다.

물론 앞에서도 밝혔듯 통상적으로 의사들은 우리 사회에서 고소득자들이기 때문에 이러한 태도는 일견 합리적으로 보일 수도 있다. 그러나 병원경영분석을 살펴보았을 때 알 수 있듯이 그들의 고소득 이면에는 의료수가로 보전되지 않으면 안 되는 **상당히 높은 수준의 의료원가**가 존재하고 있음을 반드시 상기해야만 이 문제를 풀 수 있다. 물론 의사의 공급은 정부가 지정한 의대 정원에 의해 통제되고 있기 때문에 의

* 아직까지도 제조업은 대개 노동집약적 산업으로 인식되고 있지만, 국내 주요 제조 대기업의 인건비 비중은 대형 종합병원보다 훨씬 낮다. 2023년 1분기 기준 삼성전자의 인건비 비율은 매출 대비 10.1%에 불과했으며, LG전자는 15.6%, 현대자동차는 10.0%에 머물렀다.

사는 정부가 만들어준 경제적 지대*에 기대는 측면도 분명히 존재한다. 그러나 그 경제적 지대와 관계없이 의사들은 의료행위에 투입되는 원가만큼의 보상도 받아야 한다.

그러니 우리 의료계를 합리적으로 조정하는 일은 근본적으로 국민건강보험이라는 사회보험의 증액을 요구한다. 한국에선 사회보험이 준조세 역할을 담당하고 있는 점을 감안할 때, 이는 사실상의 증세라고 할 수 있다. 그러나 내가 반복해서 지적하고 있는 것처럼 우리는 증세를 절대 용납할 수 없는 사회에서 살고 있다. 그것은 돈을 얼마나 버느냐와는 크게 관련이 없다. 오히려 2021년의 연구에 의하면, 가구의 소득이 늘어날수록 복지를 위한 증세에 반대한다는 추세가 통계적으로도 유의미한 것으로 검증되었다.** 우리 사회에서 의료수가의 문제를 해결하자고 목소리를 높이는 그룹은 그 직업상 대개 고소득자에 해당된다는 점을 감안할 때, 과연 이 문제에서도 우리가 눔프 현상에서 온전히 벗어날 수 있으리라 기대하기는 쉽지 않다.

* 경제적 지대(Economic Rent)란 공급이 제한되어 있거나 공급탄력성이 극히 낮은 생산요소에서 발생하는 추가적인 소득을 일컫는다. 현대 경제 체계에선 '면허'로 대표되는 정부의 공급 통제로 인해 발생하는 소득을 의미할 때가 많다. 만약 국가에서 특정한 직업에 면허를 부여할 경우, 면허를 받지 않은 사람들은 모두 무면허가 되므로 사실상 불법행위자가 되어 시장에서 경쟁력을 상실하게 되고, 이 과정을 통해 면허를 가진 사람들만 대체불가능한 공급처가 된다. 이 경우 면허 소지자들에게 지불되어야 하는 보수는 면허가 아예 존재하지 않는 세상에서 자유롭게 경쟁할 때보다는 더 높아야 한다. 이 가격보다 더 높은 가격을 주지 않으면 면허소지자들은 다른 직업으로 이탈할 것이기 때문이다.

** 양재진·윤성원·장우윤, 「한국인의 복지 및 기본소득 관련 증세 태도 연구」, 《예산정책연구》 제10권 제2호, 2021. 6.

결론적으로 말한다면, 의대 정원의 확대와 의료수가 문제는 '자살하는 대한민국'의 핵심적인 순환 고리들과 전혀 무관하지 않다. 문제를 근본적으로 해결할 수 있는 구성원들의 복지태도, 이와 연관된 실질가처분 소득의 측면, 이것과 또다시 연관되는 다양한 사회의 부조리들과도 긴밀히 맞물린 쟁점이라는 것이다. 그러나 우리는 이 쟁점에 관해서 진지하게 고민하지 않거나, 자신의 일이 아니라는 식으로 생각해 왔다. 마치 말기 암환자가 점점 더 강력한 진통제를 맞으면서 그 순간의 고통만 잠시 넘어가면 된다는 식으로 치료를 하는 것과 마찬가지다. 실제로 암환자가 이런 식의 치료를 원한다면 그것은 스스로가 목숨을 끊는 행위를 바라는 것과 마찬가지일 것이다. 그러나 현재의 우리 사회에선 모두가 그런 치료만을 거듭하고 있다.*

* 이 책이 출간을 목전에 두고 있는 2024년 2월 현재, 집권 윤석열 정부는 약 2천여 명 규모의 의대 정원 확대를 발표했고, 이에 대한의사협회(의협)은 격렬하게 저항해 다수의 대학병원 전공의들이 사직을 하거나 파업을 하는 등 심각한 수준의 의료 갈등이 진행되고 있다. 이 책의 본문에선 의사 정원 관련 논란을 의사의 수와 병상 수 간의 균형을 오해한 결과물로 바라보고 있지만, 일반적인 시민들의 의사에 대한 시선은 여전히 싸늘하다. 이는 의협의 대정부투쟁 전략의 오류에서 기인한다. 의협은 의사들이 혹사당하고 있지만 그것은 단순히 의사가 부족해서 그런 것이 아니라는 논리를 대중에게 각인시키는 일에 완전히 실패했다. 대신 높은 입시 성적과 본인들이 가진 전문성에 대한 자부심이 그 자리를 채웠다. 나는 이 책 대개의 논의에서 우리 공동체의 문제를 누군가의 탓으로 구체화해 지목하지 않았지만, 의료 문제의 경우 결국 대정부투쟁 주체인 의사 자신들의 오류가 사태를 더욱 악화시킨 면이 분명히 존재한다고 볼 수 있다.

6장

한국에서 가장 비싼 선택, 결혼

사람은 살면서 다양한 선택을 한다. 결혼과 출산은 그 중 가장 중요한 선택 중 하나다. 사람은 경제적 동물이어서 거기에서도 손익을 따지게 되는데, 현재 한국의 가장 큰 문제는 결혼과 출산이 너무 비싼 선택이라는 것이다. 이 쟁점에선 소득이 주로 문제로 제시되곤 하지만, 소득보다 더 큰 문제가 있다. 재산의 유무와 미래 기회비용이 바로 그것이다. 우리가 비싼 물건을 살 때에는 소비를 미루고 돈을 모으듯, 한국 공동체의 젊은 구성원들은 결혼을 계속 미루거나 아예 회피하는 것 이외에는 방법이 없을 만큼 결혼은 비싼 선택지가 되었다는 뜻이다.

우리 공동체가 스스로 소멸하고 있다는 가장 강력한 근거로 제시되는 **출산율** 문제는 전 세계적으로도 매우 극단적인 양상을 띤다는 건 이미 널리 알려진 사실이다. 그러나 한국의 출산율 문제는 전체적인 배경을 그려내기가 어려울지 몰라도, 직접적인 원인을 짚어내는 것은 생각보다 어렵지 않다. 이는 이민이 강력하게 통제되어 있고, 결혼 제도 내의 출산만 인정하는 한국의 전근대적 행정 시스템으로 인해 법률혼 관계가 아니라면 출산을 하더라도 자녀의 신분에 문제가 발생할 가능성이 매우 높은 사회가 바로 한국이기 때문이다.

이로 인해 한국은 특히 **혼인 건수와 출생아 수의 관계**가 매우 밀접한 나라이다. 실제로 1994년 이후로 30년치 통계를 조사하면 혼인 건수와 출생아 수의 상관계수는 0.938에 이른다. 즉, 그냥 x=y 수준으로 선형의 관계를 가진다는 것이다. **한국의 저출산 문제는 혼인 감소의 문제와 결국 동일한 사회 현상으로 볼 수 있다.**

그렇다면 저출산의 문제를 논하기 전에 우리는 **혼인율 저하의 문제**

출생아수는 늘 혼인건수에 후행한다 (1994~2021)

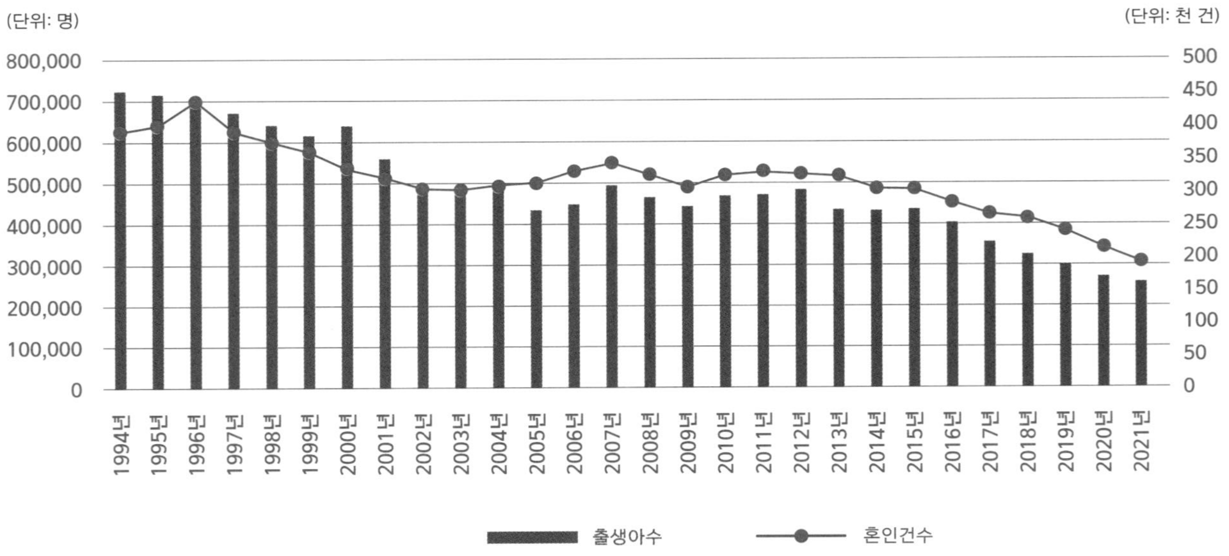

출처: 통계청 「2021년 인구동향조사」 및 「2021년 혼인, 이혼통계」, 각각 2022

를 반드시 선행해서 논의해야 할 것이다. 실제로 통계청이 합계출산율 분해요인을 분석한 결과 합계출산율의 감소는 유배우 여성의 감소와 밀접한 관련이 있는 것으로 조사되었는데, 20~24세 및 30~34세 유배우 비율 감소가 1991년부터 2010년까지의 전체 합계출산율 감소의 30%와 16%를 설명하는 것으로 추정되었다.* 이 비율은 혼인 건수 감소 추이가 지속되고 있는 2011년부터 현재까지의 흐름에서도 유사하거나 더 크게 도출될 것이다.

한국인들은 왜 결혼을 하지 않는 것일까? 그리고 왜 결혼을 어렵사리 하더라도 출산을 망설이는 것일까? 이 책의 관점에서 이유를 따져보자면 다음과 같다. **결혼에는 돈이 많이 드는데, 젊은 한국인들은 돈이 없기 때문이다.** 또 출산은 시간을 대가로 지불하는 것이며, 상대적으로 더 돈이 없는 젊은 한국인 여성들에게 출산은 미래의 경제적 이득을 축소시키는 선택지이기 때문이다. 정리하면 이렇다. 한국은 GDP 규모 세계 10위권의 경제적 선진국이지만, 놀랍게도 정작 미래를 짊어질 사람들은 이 국가 체제를 지속할 정도로 자원이 충분하지 않다는 것이다.

나는 앞의 문장에서 자원이라는 단어를 선택했다. 여태까지 우리는 결혼과 출산의 문제를 주로 **취업** 또는 **소득**의 문제로만 관찰해 왔다. 청년층이 취업이 어렵고, 어렵사리 취업을 하더라도 소득이 낮으니 결혼을 계속 미룬다는 것이다. 물론 이 장에서 후술할 남녀간 경제력 격차 측면에서는 실제로 특정 성별의 소득이 낮은 경향이 관찰되기 때문에 소득 측면에서 결혼의 회피성향을 논하는 것이 완전히 틀린 것

* 이철희, 「한국의 합계출산율 변화요인 분해: 혼인과 유배우 출산율 변화의 효과」, 《한국인구학》 제35권 제3호, 2012

은 아니다.

그러나 오직 소득 관점에서만 이 문제를 논의하는 것은 전체적인 문제를 조망하기에 적절하지 않다. 앞서 분석했던 여러 이유로 한국인들이 공동체에 재원을 배분하기 어려워할 정도의 실질적 가난 상태에 처해 있는 건 분명하다. 그런데 결혼을 회피하는 문제에는 다른 이유가 하나 추가된다. 바로 **재산**의 문제이다. 우리는 소득이 없는 상태를 가리키든, 재산이 없는 상태를 설명하든 모두 '돈이 없다'라고 이야기하지만 전자와 후자는 상당한 차이를 지닌다. 소득이 없더라도 재산이 있으면 결혼은 가능하지만, 소득이 있더라도 재산이 없으면 결혼이 불가능한 것이 우리의 현실이기 때문이다.

'집'이라는 자본이 중요한 이유

재산이 없다면 결혼을 하는 데 무엇이 문제가 될까? 첫째는 당연히 집이다. 여기서 조금은 불편한 이야기를 해야 할 것 같다. 한국은 혼인가구의 월세가 그리 많이 보편화되어 있지 않다. 이 말은 **매매 또는 전세라는, 적어도 수억 단위의 돈이 먼저 투자되어야 한다는 것이 결혼의 기본 전제**라는 뜻과 같다.

실제로 임대차만 따로 떼어놓고 봐도 한국의 임대차 계약 내 전세 비중은 2022년 처음으로 50%를 하회한 48.1%를 기록하였다.* 허나 이

* 이덕연, 「전세의 소멸…연간 월세비중도 50% 돌파」, 《서울경제》 2023. 1. 16.

아파트 거래에선 언제나 매매와 전세가 기본 (2011~2022)

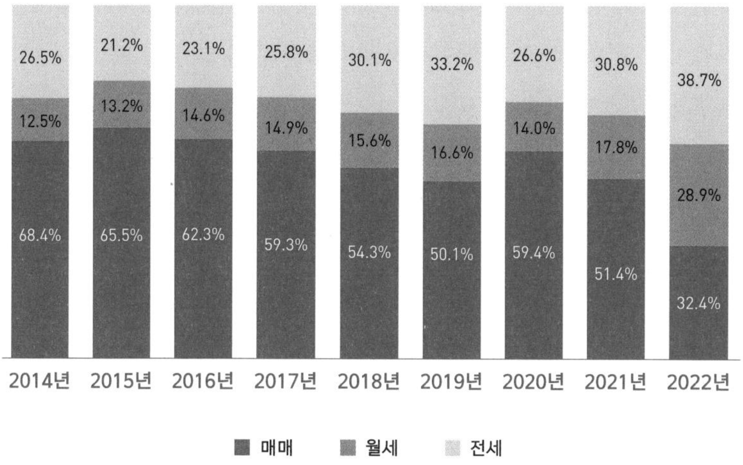

출처: 국토교통부 실거래가 공개시스템, 한국부동산원 부동산통계정보시스템, 「부동산 거래현황」 및 김경택, 「작년 전국 아파트 전월세 100만 돌파…월세 비중은 제일 높아」, 《서울경제》 2023. 2. 1.

시기는 2021년에서 2022년 사이에 있었던 코로나바이러스 대유행 종식과 이로 인한 인플레이션으로 한국은행이 대대적으로 금리를 인상하던 기간이었다는 특성이 있다. 또한 월세를 함께 놓고 전체 주택거래 중의 비중을 살펴볼 경우 전세는 오히려 코로나 기간에 비중이 증가했고, 줄어든 것은 매매뿐이었으며, 매매가 줄어든 자리를 월세가 채웠다. 이는 2010년대 중후반 집권하였던 문재인 정권이 강력한 대출 통제와 조세를 무기로 한 부동산 정책을 펼치면서 거래가 급감한 것을 주요 원인으로 꼽을 수 있을 것이다. **어쨌든, 한국에서 독립을 하기 위해선 축적된 자본이 필수적이라고 볼 수 있다.**

2023년 8월 기준 서울의 주택종합 매매중위가격은 6억 9500만원이며, 수도권은 4억 5250만원이다. 전세의 경우 서울은 3억 6250만원, 수도권은 2억 7000만원이다. 이는 아파트와 단독주택 등을 모두 포함한 가격이며 아파트만 따로 떼어내서 관측하면 매매 중위가격은 서울 9억 4666만원, 수도권은 5억 6000만원으로 각각 종합 중위가격의 1.2~1.5배 수준을 보이며, 전세 중위가격은 서울 4억 9500만원, 수도권은 3억 2317만원으로 역시 종합 중위가격 대비 1.2~1.3배 수준이다.

현재 대한민국의 LTV(Loan-to-Value, 담보인정비율)는 무주택자 기준 50%이다. 그렇다면 현재 결혼을 생각하는 청년층이 독립을 하여 새 가정을 꾸리려면, 모든 주택을 종합한 기준으로도 수도권에 진입하기 위해서는 2억 2500만원이 넘는 자본이 필요하다.* 여기에 취/등록세 및 부동산 중개 비용 등을 포함하면 1천만~2천만원 수준의 비용이 추가로 필요하다고 볼 수 있다. 이것은 전혀 새로운 이야기가 아니다. 지금까지 사회적으로 끊임없이 문제화되었던 내용이다. **우리나라는 재산이 없으면 그나마 경제적 기회가 잔존하는 수도권에 진입할 수가 없다.**

집을 살 돈이 없으면 전세부터 시작하라고 할 수도 있겠다. 우리나라는 전세자금대출이라는 훌륭한 제도도 있으니 말이다. 그러나 이는 사람의 욕망구조를 잘못 파악한 것이다. 전세를 사는 사람은 전세가 좋아서 사는 것이 아니라 주택을 매수할 만한 재산이 없기 때문에 전세부터 시작하게 되는 것이므로, 이들은 언제든지 주택을 매수할 예비 수요자라고 보아야 한다. 물론 전세부터 시작한 이들이 향후 주택을 매매할

* 물론 담보인정비율이 50%라고 하더라도, 실제로 대출이 집행될 때에는 시세 자체를 표준시세 중 하위평균가로 적용하기 때문에 실제로는 50% 미만의 시세만 인정받게 된다.

수 있을 만큼의 자본 축적이 가능한지에 관해선 또 다시 생각을 해보아야 한다. 증세조차도 어려울 정도로 여유가 없는 사회가 한국 공동체에서 자기 돈으로 주택의 매수가 가능하다는 것은 굳이 통계로 입증을 하지 않더라도 말이 되지 않는다.

전세라는 제도가 주택을 매수하기 위한 중간 단계로서의 지위를 가지려면 주택 가격이 비교적 안정적으로 유지되어야 한다는 전제가 필요하다. **그런데 앞서 짚어보았던 한국의 공간적인 쏠림 현상은 실패한 정부 정책과 겹쳐 수도권, 특히 서울의 집값을 대책 없이 상승시켰다.** 한국과 같이 전세자금대출이 정책적으로 존재하면서 동시에 집값이 대세적으로 상승하는 환경에서는 임대차 시장 내의 전세와 월세 간 대결에서 전세가 언제나 승리할 수밖에 없다. 임대인들이 전세자금대출의 이자율보다 더 높은 수준의 월세를 책정하기엔 상당히 어려운 환경이 조성되어 있기 때문이다. 한국 공동체에선 근본적으로 전세를 선호하는 문화가 강하기 때문에 월세 임대인들은 언제나 전세보다 더 유리한 조건으로 월세를 책정할 수밖에 없다.

한국의 전세 선호 현상의 원인에는 여러가지가 있다. 대표적으로는 전세와 월세가 가처분소득에 미치는 영향의 차이를 들 수 있다. '대출'이 동반되지 않는 전세는 단지 임차인(세입자)의 목돈이 임대인에게 잠시 이전되는 것이기 때문에 세입자의 지출을 전혀 불러일으키지 않는다. 그동안은 대출이 동반되었더라도 2008년부터 시작되어 10년을 넘게 유지돼온 저금리 시대는 전세대출금리를 매우 낮게 유지하는 것에 일조했고, 청년층 주거 대책이라는 명목하에 각 지자체별로 앞다투어 도입한 청년 전세자금대출 우대금리는 전세의 선호를 더욱 굳건하게 했다.

실제로도 아직 한국 공동체가 전반적인 전세 선호도가 높다는 사실은 통계로도 입증이 된다. 지난 2022년 프롭테크 스타트업인 '직방'이 자사 어플리케이션 이용자 1306명을 대상으로 설문한 결과 임대인과 임차인을 가리지 않고 57%의 임대차 시장 참여자가 아직도 전세 거래를 더 선호한다고 밝혔다. 이 중 전세 임차인의 경우 무려 85.4%가 전세를 지속적으로 선호하고 있었고, 월세 임차인의 경우에는 62.1%가 월세를 선호하여 전세 임차인 대비 선호도가 낮은 모습을 보였다. 임대인의 경우 전세 선호도가 53.5%로 월세 선호도 46.5%보다 소폭 높았다.

우리의 주거정책은 왜 결혼을 가로막는가

이 지점에서 우리는 전세가 정부의 주도가 아니라 한국의 경제 발전 도상에서 임대인과 임차인의 이해관계가 맞아 떨어지면서 자연스럽게 생겨난 **자생적 사금융 제도**라는 관점으로 이야기를 심화해 볼 필요가 있다. 통상적으로 선진국의 도시 주거대책은 대규모 임대아파트 공급을 중점에 두는 경우가 많았다. 그렇지만 경제를 서둘러 성장시키기에 바빴고 이 때문에 각자도생의 사회를 방치할 수밖에 없었던 한국의 정책 의사 결정자들은 주택 공급을 민간에 일임하다시피 했다.

하지만 그때의 집값도 단순히 월급 몇 달 모아서는 살 수 없는 가격이었다. 주택이 계속 지어지긴 하지만 소비자금융이 발달하지 못한 당시 한국의 현실상 공동체 구성원들은 주거 자금을 마련할 수단이 필요했고, 이에 수도권 주택에 어떻게든 거주하기 위해 만들어진 임시방편적 사금융이 전세제도로 자리 잡게 된 것이다. 실제로 주택 구입 시 핵심이 되는 중도금·잔금 지원용 소비자금융이 본격적으로 확대된 것은 외환 위기가 다소 진정된 1998년 이후였다.*

사금융으로서의 전세가 초창기에 잘 자리 잡을 수 있었던 이유는 무엇일까? 그때 우리 사회엔 은행 예금 이외에 별다른 투자처가 없었고, 당시 한국은 상당한 고금리 국가였기 때문에 자본 축적을 위한 초기 목돈을 한 번에 마련한다는 관점에서 전세는 월세보다 비교 우위가 있는 거래였다는 점을 들 수 있다. 그때는 도시에 다주택자가 드물었던 시기였고, 집주인의 입장에서도 월세 모아서 목돈 만들기 어려운 것은 세입자와 마찬가지였기 때문이다.

하지만 2008년 이후 저금리가 보편화되었음에도 불구하고 전세는 살아남았는데, 그 이유는 2010년대 초반과 후반이 다르다. 2010년대 초반에는 2008년 서브프라임 모기지 사태의 여파로 인해 집값이 크게 하락했던 시기였고, 이 때문에 사실상 매매의 대기수요 역할을 겸하는 전세로 많은 사람들이 몰려 오히려 전세가율이 매매가율 대비 100%에 육박하는 현상이 발생하기도 했다. 소위 전세 대란이라 불렸던 이 현상은 2010년대 후반이 되며 차츰 가라앉았지만, 전세는 여기서도 색깔을 바꿔 살아남았다. 저금리 현상이 길게 이어지며 자산 가격이 상승하기 시작했지만 수도권에 어떻게든 집을 구하고 싶은 수요는 계속 넘쳐났기 때문에, 전세금을 다른 부동산에 대한 투자금 그 자체로 사용하는 사람들이 생겨난 것이다. 이게 **갭투자**의 시작이었다. 갭투자는 집값을 다시 끌어올리고, 더 오른 집값은 상대적으로 전세를 더 매력적으로 보이게 했다.

* 한국주택학회, 『한국의 주택금융 70년』, 한국주택금융공사, 2016

한국의 전세제도는 일종의 관행이기 때문에 쉬이 소멸하지 않는 성격도 있다. 그렇지만 전세가 사라지지 않는 가장 명확한 이유는 **전세 자체가 누군가에게 일정 시간 동안 '재산'을 만들어주기 때문이라는 사실**을 우리는 인정해야 한다. 이 재산의 용도는 다양했다. 외환위기 전후로는 은행 이자를 창출했고, 서브프라임 위기 전후로는 경기 불황 상황에서 일종의 충격 완화 역할을 했던 것이며, 2010년대 중후반 이후로는 다른 부동산에 대한 투자 재원이 된 것이다. 이런 식으로 전세는 향후에도 계속 색깔을 바꿔 살아남을 확률이 높으며, 월세가 전세를 역전할 때가 반드시 도래하리라 생각하기는 어렵다. 1장에서 물가 이야기를 하며 나는 한국의 임대료가 유독 낮다는 사실을 지적한 바 있다. 그 임대료 구조는 바로 이와 같은 과정을 통해 만들어진 것이다.

이러한 상황에서 한국의 정책의사결정권자들은 청년들의 결혼에 숨통을 끊는 제도를 지속적으로 입안하고 유지해 왔다. 대한민국 공동체에서는 혼인신고를 하게 되면 오히려 경제적인 불이익을 얻게 되는 제도가 존재하며, 이는 특히 결혼을 하고 독립을 하기 위해 가장 필요한 주거 마련의 측면에서도 치명적으로 작용한다. 청년들이 결혼을 하고 가정을 꾸리는 것을 지원하는 수많은 대출 제도들이 '부부합산소득'이라는, 학문적 이론적 근거도 부족한 기준에 묶여 있는 게 사실이다.

이는 그들이 사실상 결혼을 미루거나 결혼을 하더라도 혼인신고를 하지 않는 풍토를 조장하고 있다. 예를 들어 가장 널리 알려진 청년 대출 상품이라 할 수 있는 주택도시보증공사의 디딤돌 대출의 경우 30세 이상 미혼자와 결혼을 한 부부의 대출 가능 소득 기준은 연 6천만원으로 동일하다. 1명이 독립을 해서 경제 활동을 하는 공간과, 2명이 부부가 되어 가정을 이루고 미래에 출산까지 계획할 수 있는 공간은 분명히 다름에도 불구하고 같은 소득 기준을 적용한 정책이 계속 이어져 왔던 것이다.

과거 주택 마련의 주요 수단이었지만 현재는 복권과도 같이 변질된 청약 제도 역시 같은 맥락에서 살펴야 한다. 맞벌이 신혼부부가 주택청약 우선 공급 조건을 충족하기 위해서는 부부 중 1인의 소득이 도시노동자 가구당 월평균 소득의 100%를 초과하지 않아야 한다는 비현실적 기준이 아주 오랫동안 유지돼 온 것이다. 전세 혹은 청약뿐만이 아니라, 직접적으로 소득을 보전해 주는 제도에서도 비슷한 기준이 존재한다. 노동을 해도 소득이 낮아 빈곤을 탈출하기 어려운 사람들에게 주어지는 근로장려금 제도의 경우 단독 가구는 2200만원 미만부터 지원을 받을 수 있지만 맞벌이 가구는 3800만원 미만이어야 이 제도의 지원을 받을 수 있다. 단순 계산으로도 사람은 2배가 되는데 소득 기준은 고작 1.7배만 상승해서 수혜 대상을 고르는 것이다. 이런 제도적 디테일은 생각보다 훨씬 더 중대한 문제다. **이러한 상황에서 결혼은 비쌀 뿐만 아니라 하면 손해가 되는 선택지가 되는 것인데, 우리 사회는 바로 그 손해의 시그널을 꾸준하게 재생산해 왔다.**

지금까지 이야기한 내용을 바탕으로 우리는 한국 공동체에서 결혼을 하기 위해 반드시 많은 재산이 필요하다는 사실, 그리고 결혼이 오히려 가정을 꾸리는 것에 경제적인 손해를 입힐 수도 있다는 사실 자체가 앞으로도 변하지 않을 것이라는 전망을 해볼 수 있다. 물론 월세가 보편화된 세상은 세입자의 부를 주택 소유자에게 이전하는 효과가 있으므로 과연 월세가 지배하는 공동체는 지속 능력이 더 강하냐는 물음에는 무조건 '예'라고 답할 수 없긴 하다. 또한 매매나 전세가 보편화되어 있는 사회라고 할지라도 그 평균적인 비용을 낮출 수 있는 방법은 존재한다. 수도권에 모든 경제력이 집중되지 않은 사회로 만드는 게 그

것이다. 다시 이 책의 2장에서 검토했던 논의로 되돌아가는 것이다.

수도권에 모든 경제력이 집중돼 있으니, 사람도 말도 서울과 경기로만 와야 하는 사회다. 서울과 경기에 수요가 몰리니 이 지역의 주거비용은 너무 비쌀 수밖에 없다. 몰린 수요 때문에 인프라든 투자든 또 서울과 경기 위주로 이루어지고, 이것이 다시 주거 환경을 개선시키니 더 많은 사람이 수도권으로 몰려든다. 이는 또 다시 집값을 위시한 주거비용을 끌어올린다. **모두가 수도권에서는 살고 싶어 하기에 거기서 독립을 하려면 비용이 너무 많이 든다. 그럴 만한 재산이 없으니, 차라리 원룸에서 혼자 살거나 부모와 동거하면서 결혼을 하지 않는 방법을 선택한다. 결론적으로 이렇게 경제력이 지역에 따라 불평등하게 분배돼 있는 사회 구조에선 절대로 주거비용을 낮출 수 없다.**

결혼과 출산이란 선택지를 지워버리는 여성 차별

다음으로는 우리 사회의 추락한 혼인율과 관련해서 **여성 경제활동의 강도 및 그 지속력 문제**를 들여다보자. 먼저 경제력 축적의 척도가 될 수 있는 경제 활동의 '강도'부터 이야기를 시작해야 한다. 최근 우리나라에선 남녀간 경제력 격차가 없다고 '우기는' 풍조가 두드러지는 모양이지만, 대한민국에서 여성의 생애주기 소득은 분명히 남성보다 낮다. 특히 출산 이후로 그 차이는 두드러진다. 근래엔 남녀간 경제력 격차를 반박하기 위해 동일 업종 동일 직급에서는 임금 격차가 없다는 점이 주요 반례로 제시되고 있는데, 동일 업종 동일 직급은 상식적으로 당연히 임금이 같아야 한다는 점에서 그런 식의 반례는 아무런 유의미한 타당성이 없다고 할 수 있다.

실제로 같은 기준을 적용하면 과거에도 동일 업종 동일 직급 간에는 임금 격차가 없거나 적었을 것이다. 아예 여성은 다른 직급으로 채용했기 때문이다. 예를 들어 과거 은행권의 경우 남성은 '행원'으로, 여성은 '여행원'으로 채용하는 것이 아예 제도로 정착돼 있었는데, 당연히 행원은 군 복무 기간을 근무연수에 산입하는 한편 바로 주임, 대리로의 승진이 가능했고, 여행원은 당연히 낮은 임금으로 시작하여 행원이 되려면 시험을 치러야 하는 경우가 허다했다. 일부 여행원들은 결혼을 하면 퇴직을 하겠다는 각서를 쓰기도 했다. 이는 지어낸 이야기가 아니라 엄밀한 사실이다.* 제일은행을 기준으로, 1992년 여행원 제도가 최초로 폐지될 때까지의 일이다.

여성 경제활동의 강도를 남성의 그것과 올바르게 비교하기 위해서는, 동일업종 동일직급이라는 의미 없는 척도를 사용해서는 곤란하다. 그 직급의 성비가 남성 90에 여성 10이라면 개개인의 임금 수준이 같더라도 성별 집단의 경제력 격차는 심각하다는 뜻과 같으며, 그것이 사회 전반의 흐름으로 이어지기 때문이다. 그 대신 취업 시점에 각 성별 취업자 수의 분포가 어떤 방식으로 이루어져 있는지를 살피는 것이 먼저다. 3장에서 다루었던 노동생산성 문제로 되돌아가서, 누가 더 생산성이 높은 직종이나 기업에 종사하고 있는지를 검증한 후 그 원인이 무엇인지를 탐색하는 것이 **성별 경제력 격차**를 설명하는 가장 적합한 방법이라는 것이다.

* 민경자 외, 『평등으로 가는 여정: 성차별 벽을 깬 여행원 인권 운동사』, 나녹, 2022

우선 자본주의 사회에서 생산물 배분의 가장 중요한 수단인 '취업'을 누가 더 많이 하고 있는지 살펴보자. 2021년 기준 한국의 남성 취업자 수는 1554만 7000명가량이고, 여성 취업자 수는 1172만 4000명가량이다. 여성 취업자 수가 약 400만명 정도 적지만, 이는 모든 연령의 취업자 수를 합한 것이기 때문에 여성 경제활동이 원천적으로 차단되어 있었던 세대가 포함되어 있다는 점에서 현재와 과거가 뒤섞인 통계라고 볼 수 있다. 또 이런 수치엔 30대 여성들의 경우 육아 휴직 등으로 인해 일시적으로 일을 쉬는 상태가 포함되어 있기도 하다.

그렇다면 실질적인 자산축적이 필요한 청년층의 취업통계를 살펴보자. 20세에서 29세까지의 취업자 수는 남성이 177만 2천명, 여성이 193만 4천명으로 여성이 약 16만명 정도가 더 많다. 그러나 이 시기에는 한 가지 고려되지 않은 요인이 있다. 20대 초반의 남성 집단 전체는 약 20개월간 병역 의무에 종사해야 하기 때문에 여성에 비해 사회 진출이 늦어질 수밖에 없다는 게 그것이다. 하지만 그럼에도 남녀 취업자 수의 갭은 20대 전체 취업자 수 기준 4%에 불과한 미미한 수준이다. 즉, 한국은 총인원 55만명 이상의 거대한 병력 집단을 운용하고도 남녀 취업자 수에 그렇게까지 큰 차이를 보이지 않는다는 것이다. 25세에서 29세까지의 연령 구간만을 놓고 봐도 남성 취업자 수는 128만 5천 명으로 취업률 65.7%, 여성은 120만 2천명으로 취업률 70.4%이다.

문제는 본격적으로 경제력을 축적해야 하는 30대다. 30세에서 39세 사이의 남성 취업자 수는 321만 2천명이지만, 여성 취업자 수는 204만 5천명에 불과하다. 여기서 무려 117만명의 갭이 발생한다. 같은 해 기준 30대의 남성 인구는 363만 7492명이며 여성 인구는 331만 7127명이므로 각각의 취업률은 88.3%와 61.6%이다. 즉, 20대 후반에서 30

2021년 성별 연령대별 취업자수

(단위: 천 명)

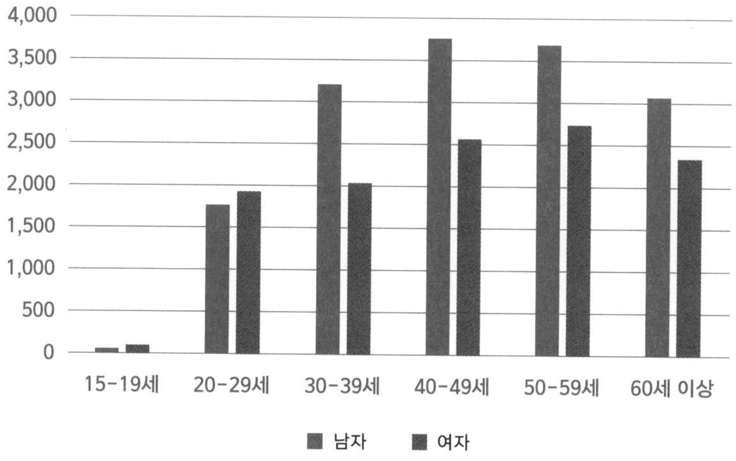

출처: 통계청, 「경제활동인구조사 - 성/연령별 취업자 (2021)」

대 초반으로 이동하면 여성 취업률은 5.2%p가 감소하고, 30대 초반에서 후반으로 이동하면 추가적으로 6.7%p의 취업률이 더 감소한다. 반면 같은 생애주기 간 남성 취업률은 오히려 65.7%에서 91.2%까지 25.5%p가 증가한다.

이것이 우리가 개념적으로만 두리뭉실하게 이해하는 경력단절의 경제적 실체이다. 남성의 취업률은 35~39세 연령대에서 91.2%를 기록한 후 54세까지 86.6% 정도로 유지되지만, 여성 취업률은 30대 후반 58.5%로 최저치를 기록한 후 54세에 도달하더라도 66.1%까지만 회복되어 20대 후반의 취업률 70.4%를 회복하지 못한다. 이러한 추세는 출산이나 육아를 위해 일터를 떠난 여성의 상당수가 경제 활동의 무대로 다시 돌아오지 못함을 의미한다. 게다가 오랜 기간 경력이 단절된 사람이 노동시장에 복귀하더라도 이전과 같은 생산성을 부여받지는 못하기 때문에 남성과의 생애주기상 소득의 격차는 더 크게 발생하게 된다.

이렇듯 대한민국의 남성들은 30대까지 거의 90%의 취업률을 달성하지만, 여성들은 20대 후반 70%의 취업률이 가장 높은 것이기 때문에 본능적으로 **경제력 상실의 위험성**을 언제나 인지할 수밖에 없다. 그렇다면 이 지점에서 여성들이 택할 수 있는 가장 합리적인 선택은 결혼을 미루거나, 결혼을 하더라도 경력단절을 회피하기 위해 출산을 하지 않거나, 극단적인 경우 아예 결혼까지도 선택하지 않는 것이다. 이 지점에서 우리는 다시 한번 질문해 보자. 동일업종 동일직급에서 임금 격차가 나지 않는다는 사실이 과연 성별 격차가 없다는 근거가 될 수 있는가?

같은 인간이 성별만 다른데, 그에 따라 한쪽의 취업률이 유의미하게 낮은 경향이 관찰된다면 이는 명백한 차별적 사회 현상이다. 문제는 이것이 명백한 차별적 성향을 띠는 현상임에도 불구하고, 여기에서 차별을 지우고 싶어 하는 사람들이 있다는 것이다. 근거는 다양하다. 여성들이 선택하는 전공이 대개 취업 시장에서 인기가 없다든지, 여성들이 쉽고 편한 일자리만 찾는다든지, 심지어는 부가가치가 높은 일자리로 연결될 확률이 높은 분야 자체를 여성들이 유전적으로 선호하지 않는다는 이야기를 하는 사람도 있다. 이는 일견 그럴 듯하지만 원인으로 결과를 정당화한다는 점에서 적절한 견해가 아니며, 여성들이 내리는 '선택'의 기반이 사회적 학습이 아닌 개인의 선호에만 존재한다고 보는 점에서 심각한 오류를 저지르고 있다.

문제의 본질은 성별 불평등이다

그렇다면 다음으로, 현재 취업 상태인 사람들이 각각 어느 정도의 부가가치를 창출하고 있는지에 대해서도 살펴보도록 하자. 3장에서 다뤘던 노동생산성의 측면에서 우리나라는 서비스업 중 금융업을 제외한 모든 부문의 생산성이 낮고, 제조업 중에서도 중소기업의 생산성이 낮은 편이며, 이러한 생산성 쏠림 현상은 결국 대부분의 노동자들을 실질적 불평등 상태에 처하게 만든다고 지적한 바 있다. 그래서 납세자의 대부분을 차지하는 이들이 공동체를 위해 신경을 쓸 만한 자원이 부족한 상태가 되었다는 게 나의 분석이었다.

그렇다면 여기에 **성별 변수**를 넣으면 어떻게 될까? 당연하겠지만, **또 하나의 불평등 구조**를 발견할 수 있다. 우선 취업자의 취업 장소 규모 측면부터 살펴보면 여성의 영세업체 취업률이 남성보다 높다는 사실을 관찰할 수 있다. 한국 공동체의 고용 대부분은 100인 미만의 사업장이 유지하고 있으나, 남성 취업자 중 100인 미만의 영세 업체에 고용된 비율은 67.9%, 여성은 74.8%로 여성이 6.9%p 더 높다. 그 외 100인 이상의 모든 사업장에서는 그 규모에 관련없이 남성이 더 높다. 특히 1000인 이상의 중견기업 이상 고용자의 경우 남성은 10.3%, 여성은 7.6%로 여성이 2.8%p 더 적다. 즉, 사업체 규모별 취업자 수 현황을 들여다보면 한국은 원래부터 낮은 노동생산성을 보이는 영세한 업체들에 많은 고용이 몰려 있으나 여성의 경우는 그것이 남성에 비해 더 심하다는 사실을 확인할 수 있다.

이러한 수치를 생산성 측면에서 더 정확하게 확인하기 위하여 업종별 구분을 적용하자. 전 연령대를 대상으로 한 통계에서, 남성 취업자

보통 여성은 더 영세한 곳에 취업한다

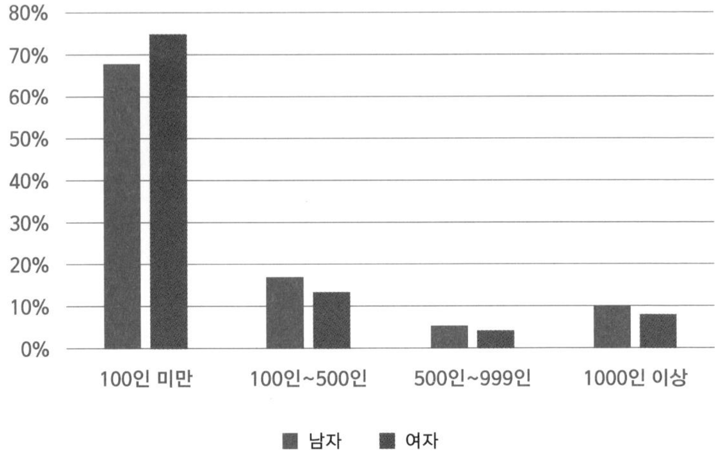

출처: 통계청, 「사업체노동실태현황 - 전국, 산업별, 성별, 규모별 사업체수 및 종사자수」, 2022

수 중 가장 많은 비중을 차지하고 있는 업종은 제조업(27.1%), 도소매업(12.7%), 건설업(11.9%) 순이며, 여성의 경우 보건 및 사회복지업(17.1%), 도소매업(9.6%), 제조업(9.2%) 순이다. 그나마 생산성이 높은 제조업 고용에서 여성은 남성에 비해 훨씬 더 배제되어 있으며, 특히 1천명 이상 제조업 사업장의 남성 취업자 수는 39만 8684명임에 비해 여성은 7만 4183명에 불과하다. 다시 말해 한국 생산성의 대부분을 이끌어가는 제조 대기업에 여성은 턱없이 적기 때문에 한국 경제의 생산물을 배분받는 시스템에서 여성은 멀찍이 뒤처져 있는 것이다.

조금 더 심층적으로 들여다보자. 취업시점이 포함되어 있고 경제력을 본격적으로 축적해야 하는 시기라고 할 수 있는 19세부터 39세까지의 연령대로 조금 더 범위를 좁힌 뒤 그 안에서의 남녀 고용 현황을 확인한다면 어떨까. 19~39세 사이의 남성 취업자 수 중 가장 많은 비중을 차지하고 있는 것은 제조업(23.0%), 도소매업(11.8%), 숙박음식점업(9.4%) 순으로 전 연령대의 구조와 여전히 동일하다. 같은 연령대의 여성의 경우는 보건 및 사회복지업(17.3%), 숙박음식점업(16.9%), 도소매업(12.6%) 순으로 숙박음식점업이 두 번째 순위에 올라 있다. 전 연령대 대상보다 취업개시시점의 여성이 오히려 더욱 생산성이 낮은 직종에 취업하는 경향성이 발견되는 것이다.

서비스업 중 그나마 생산성이 높은 금융업을 살펴보자. 금융업의 전체 취업자 수는 남성 31만 1004명에 여성 39만 7567명으로 여성이 약 8만명가량 많지만, 1000인 이상 사업장, 중견 이상의 금융사만으로 좁혀 보면 사정이 달라진다. 남성은 금융업 취업자 수의 13%인 4만 1600명이 이런 금융사에 재직 중이지만 여성은 7.3%인 2만 9167명만이 중견 이상의 업체들에 취업한 상태다. 몇 보 양보해서 설령 이공계나 상경계열에 진학하는 여성이 드물다는 게 직업 선택에 영향을 끼쳐 성별 간의 전반적인 임금 격차를 만들어낸다고 할지라도, 같은 업종 내에서도 여성은 영세한 업체에 취업하는 비중이 남성 대비 훨씬 높아서 기본적으로 낮은 노동생산성의 범위 내에 머무를 수밖에 없는 것으로 볼 수 있다.

결국 기업 규모별 생산성으로 보건, 업종별 생산성으로 보건, 한국에서 여성들은 취업 시점부터 남성보다 훨씬 열악한 경제력의 축적만이 가능하다는 건 명백하다. 여성들이 피하기 힘든 경력단절로 인해서 생애주기적인 경제력 축적도 역시 어려운 상황이다. 그러나 앞에서도 언급했듯, 이러한 불평등을 정당화하려는 시도는 끊임없이 이어지고 있다. 다

우리나라는 취업시점부터 남녀가 아예 다른 분야에서 일하고 있다

남성 19세~39세 취업자 수(업종별)

여성 19세~39세 취업자 수(업종별)

한국여성정책연구원 「산업별 취업자(성/시도/연령별」에서 통계청 「지역별고용조사」의 원자료 분석한 것을 재가공함.

시 취업과 직결되는 대학 전공 이야기를 해보자. 남성 비율이 높은 이공·상경계열이 취업률이 좋고, 여성은 취업이 상대적으로 어려운 인문계열을 선택하는 경우가 많기 때문에 개개인의 그러한 선택이 집단의 경제력 문제로 이어진다는 관점은 우리에게 익숙하다. 또는 남녀의 취업률이 극명하게 갈리는 제조업의 대부분은 사실 생산 현장에서의 일이기 때문에, "여성이 힘든 일자리를 기피하지 않느냐"라는 담론이 힘을 얻어온 것도 사실이다. 하지만 소방 현장직이나 저개발국 외교공무원과 같은 아주 특수한 경우를 제외하면, 분명히 남성도 힘든 일자리는 기피한다. 실제로 이러한 현상은 내국인 청년일수록 더욱 두드러지는 특성을 보인다.

'힘든 일자리'의 대명사이자 지극히 남성 중심적으로 돌아가는 건설 현장노동직의 예를 들어 살펴보자. 「2021 건설근로자 고용복지사업연보」를 KBS에서 재구성하여 분석한 결과*를 보면, 우리나라 건설노동자는 내국인이 87.6%, 외국인이 12.4%를 차지하고 있고, 내국인 건설노동자를 연령대별로 나누면 50대가 28.8%, 60대가 22.7%, 40대가 16.8%로, 중장년층이 무려 68.3%를 차지하고 있다. 20대 청년층은 7.8%에 불과했다. 일각에서는 한국의 건설현장은 외국인 노동자들이 이미 장악했다는 식의 담론을 퍼뜨리지만, 이런 이야기는 사실 거짓말이다. 같은 자료를 살펴보면 내국인 건설노동자들은 대부분 보통인부로 구성돼 있는 반면, 외국인 건설노동자들은 주로 형틀목공이나 철근공 등에 분포돼 있다. 그런데 형틀목공과 철근공은 건설현장에서 핵심

* 임주현, 「건설현장은 이미 외국인 노동자가 장악? [팩트체크 K]」, 《KBS》 2023. 6. 19.

적인 직종이지만 아주 무거운 자재를 다루어야 하며 위험도가 높은 고강도 업무라 고령층이 많은 내국인 건설노동자들이 기피하는 상황이다. 이 자리를 외국인 건설노동자들이 메꾼 것이고, 더 힘든 일을 하다 보니 건설현장이라는 작은 커뮤니티 안에서 그들이 발언권을 가지게 된 것뿐이다.

제조업 역시 마찬가지이다. 통계청이 2023년 발표한 「2022년 이민자 체류실태 및 고용조사」를 살펴보면 외국인 노동자 84만명 중 약 43%인 36.1만명이 광업 및 제조업에서 근무하며, 전체 노동자 수의 69.4%인 58.2만명이 소규모 사업장에서 근무하고 있다. 반복해서 지적하듯, 소규모 사업장일수록 노동생산성은 낮다. **다시 말해 지금 우리나라 사람들은 특수한 직역을 제외하면 성별을 가리지 않고 생산성이 낮거나 위험도가 높은 직업과 일자리를 회피하고 있으며, 그 빈자리를 외국인이 채우고 있는 것이다. 즉, 여성이 힘든 일자리를 기피하기 때문에 낮은 생산성을 수취할 수밖에 없다는 담론은 틀렸다.**

또한 여성이 힘든 일자리를 기피한다는 담론과 함께 제기되기 일쑤인 '이공계 회피' 문제는 앞서 설명했듯이 전공 선택의 사회적 학습효과를 배제하고 무시하는 단견에 불과하다. 이런 식의 관점은 동일업종 동일직급이 임금이 같으니 성 차별이 없다는 논리만큼이나 어설프며 유의미한 영향력을 갖지 못한다. 대학생의 전공 선택에는 내적 동기와 외적 동기가 함께 존재하게 마련이다. 최근까지도 한국 사회엔 이공계 또는 상경계열은 남성의 전유물이라고 여겨졌던 분위기가 있었고 이는 남성이든 여성이든 자유로운 전공의 선택을 차단하는 결과로 이어졌기 때문이다.

또한 실제로 취업에 밀접한 과를 여학생이 정말 선택하지 않는지도 따져볼 필요가 있다. 실제로 공과대학 여학생의 비율은 계속 증가하는 추이이며, 상경계열의 경우 현재 관련 업계에 따르면 남녀 학생의 성비는 50:50으로 거의 비슷하다는 평이 지배적이다. 더욱이 20대 초반에는 실제로 이공계열 전공 선택도에서 남녀간 차이가 있다고 하더라도, 그것이 금융업이나 제조업 사무직군 등에서 기업 규모별 취업자 수의 차이가 발생하는 현상을 설명할 순 없다. 그러니 우리는 다시 같은 물음을 던질 수 있어야 한다. 대체 남녀간의 생산성 차이가 왜 발생하는가? **결국 생산성이 높은 집단에서 여성의 고용을 꺼린다는 것 말고는 어떤 변수도 그 이유를 제대로 설명할 수 없다.**

결혼과 출산이 사치품이 된 근본적인 이유

성별 간의 경제력 불평등은 공동체 내의 결혼과 관련된 쟁점에 불필요한 왜곡을 하나 더 일으킨다. 바로 **상향혼 담론**이 그것이다. 근본적으로 대부분의 여성이 대부분의 남성에 비해 생애주기상 소득이 낮을 수밖에 없기 때문에, 여성들은 결혼을 하게 되면 의도하든 의도하지 않든 자신보다 경제력이 높은 남성과 결혼할 확률이 높다. 하지만 한국 공동체에서는 이것이 뒤집혀 모든 여성들이 오직 자신보다 경제력이 높은 남성만을 만나 결혼하려 한다는 식의 담론이 횡행하고 있다. 이는 엄연히 현실에 존재하는 경제력 격차를 부정하고 특정 성별 집단의 품성으로 문제를 설명하려는 시도라는 점에서 공동체에 심대한 악영향을 끼친다고 볼 수 있다.

현상의 핵심은 상향혼이 아니다. 고생산성 집단에서 취업개시 시점부

터 이미 여성의 고용이 더 적다는 게 핵심이다. 생산성이 높은 집단에서는 왜 여성의 고용을 꺼리는가? 과거 남성 중심으로 굴러가던 한국의 직장 사회가 아직도 그 관성으로 계속 움직이고 있는 게 중요한 원인일 것이다. 여성 경제활동 비중이 매우 낮았던 1980~1990년대에 취업한 남성들이 현재 승진을 거듭하여 의사결정권자에 올랐고, 이들은 남성 중심 문화에 익숙한 사람이기 때문에 여성의 채용을 적극적으로 꺼릴 수 있다. 최근에는 성별 할당제를 시행하여 여러 기업에서 여성 임원이 탄생하고는 있지만, 이들 또한 의사결정권자의 위치에 오르게 되면 남성 중심적인 문화를 완전히 극복하지 못하고 채용 과정에서 또 다시 남성을 선호하는 모순을 일으킬 가능성이 높다. 결국 모든 직급에서 여성의 수가 점진적으로 늘어나서 질서 자체를 바꾸는 것만이 답이지만, 그러한 변화가 일어나기도 전에 공동체 소멸의 위기를 직면하게 된 것이 우리의 현실이라고 할 수 있다.

성별 경제력 격차는 상향혼 담론의 유행 외에도 결혼 시장에서 두 가지 중요한 변화를 불러일으킨다. **첫째는 실제로 유사한 경제 환경을 지닌 개인끼리 결합하는 소득동질혼 비율이 낮아진다는 것이다.** 이런 흐름에서 소득 대신에 주목해야 하는 것이 바로 재산이다. 특히 여성의 경제력이 남성에 비해 약한 경우가 다수 존재할 것이므로, 이럴 때 결혼 시장에서 여성에겐 부모의 재산이 더욱 중대한 변수로 작용할 수 있다. **둘째는 앞서도 설명했듯이 결혼 자체를 회피하는 경향이 심화된다는 것이다.** 결혼은 삶에 이득이 되지 않는 선택이라는 게 점점 분명해지기 때문이다.

이런 흐름을 증명하는 연구 결과도 있다. 한국은행의 보고서 「소득동질혼과 가구구조가 가구소득 불평등에 미치는 영향: 국제비교를 중심으로」에 의하면, 한국의 소득동질혼지수는 1.16배로 비교 대상 34개국 중 34위를 나타냈다.* 해당 조사에서 최하위를 기록한 4개국이 한국, 중국, 대만, 일본이라는 아시아의 경제 대국이라는 점, 아시아 국가들의 성 차별 정도가 일반적으로 서구의 그것보다 높다는 점 등을 고려할 때 이는 지역적인 측면에서도 일정 수준의 경향성을 지닌다고 할 수 있다.

그러나 소득동질혼 비율이 낮다고 하여 무조건 그것이 나쁘다고만 볼 수 없다. 소득동질혼 비율이 낮다는 것은 같은 소득 수준의 개인끼리 덜 결합한다는 것이며, 경제력 그룹 간의 결혼이 무작위에 가깝게 일어난다는 것이다. 그처럼 결혼시장이 일종의 **소셜 믹스**의 역할을 수행하고 있다면 사회에는 개인간 소득격차보다 가구간 소득격차가 낮아지는 동력으로 작용할 수도 있다. 그것은 낮은 소득동질혼 비율이 지니는 긍정적인 측면이라고 볼 수 있다. 그러나 한국은 혼인 건수가 날로 감소하고 있기 때문에 낮은 소득동질혼율이 갖는 소셜 믹스의 효과가 앞으로도 공동체 전체에 유의미하게 작동할지에 대해서는 의문이다.

실제로 같은 조사에서 확인되는 바는 다음과 같다. 다른 국가에서 남녀결합 결혼을 놓고 조사할 경우 남성의 소득이 높을수록 여성의 비취업 가능성이 크게 낮아지는 반면, 한국은 남성의 소득이 높을수록 여성의 비취업 가능성이 높아지는 경향성이 있었다. 즉, 소득분위가 매우 높은 남성과 소득분위가 매우 낮은 여성의 결합이 한국은 두드러지게 많았다는 것이다. 또한 이 자료에서는 다른 특이한 경향성도 나타났는

* 박용민·허정, 「소득동질혼과 가구구조가 가구소득 불평등에 미치는 영향: 국제비교를 중심으로」, 《BOK 경제연구》 제2023-02호, 2023. 2. 7.

한국의 결혼형태는 상당히 소득무작위적이다

한국	여성 소득분위											
남성 소득 분위	분위	0분위	1분위	2분위	3분위	4분위	5분위	6분위	7분위	8분위	9분위	10분위
	0분위	1.2	0.9	0.8	0.9	0.8	1.3	1.0	0.8	0.7	0.8	0.9
	1분위	0.9	1.0	1.0	1.3	1.1	1.3	1.0	1.3	0.8	0.7	0.8
	2분위	1.0	0.8	1.4	1.0	1.1	1.0	1.3	1.2	1.1	0.8	0.5
	3분위	0.9	0.9	1.1	1.2	1.5	1.2	1.2	1.3	0.9	0.8	0.3
	4분위	1.0	0.9	0.9	1.0	1.1	1.1	1.1	1.2	1.0	0.9	0.5
	5분위	0.9	1.0	1.0	0.9	0.8	1.3	1.0	1.3	1.3	1.1	0.6
	6분위	1.0	1.0	0.8	1.1	1.0	1.2	0.8	1.0	1.3	1.1	0.7
	7분위	0.9	1.1	1.1	1.1	0.9	1.0	1.0	0.6	1.0	1.7	0.9
	8분위	1.0	1.1	0.8	1.9	1.1	0.7	0.9	1.0	1.0	1.3	1.5
	9분위	1.1	1.1	1.0	0.8	1.0	0.7	1.0	0.7	0.8	0.8	2.0
	10분위	1.2	1.1	1.0	0.7	0.5	0.5	0.7	0.6	1.0	1.0	2.2

주요국	여성 소득분위											
남성 소득 분위	분위	0분위	1분위	2분위	3분위	4분위	5분위	6분위	7분위	8분위	9분위	10분위
	0분위	1.9	1.0	0.9	0.8	0.7	0.7	0.6	0.6	0.6	0.6	0.6
	1분위	1.2	1.8	1.5	1.2	0.9	0.8	0.7	0.7	0.6	0.6	0.6
	2분위	1.0	1.3	1.4	1.4	1.4	1.0	0.9	0.8	0.7	0.6	0.5
	3분위	0.9	1.1	1.3	1.3	1.4	1.4	1.1	0.9	0.8	0.6	0.4
	4분위	0.8	0.9	1.1	1.2	1.3	1.2	1.3	1.1	0.9	0.7	0.5
	5분위	0.8	0.9	1.0	1.1	1.2	1.3	1.4	1.4	1.1	0.8	0.6
	6분위	0.7	0.9	1.0	1.1	1.1	1.2	1.2	1.4	1.3	1.1	0.8
	7분위	0.7	0.8	0.9	1.0	1.0	1.2	1.2	1.3	1.4	1.4	0.9
	8분위	0.7	0.8	0.7	0.8	0.9	1.1	1.1	1.2	1.4	1.7	1.4
	9분위	0.7	0.8	0.7	0.8	0.8	1.0	1.0	1.2	1.3	1.6	2.1
	10분위	0.9	0.7	0.7	0.6	0.6	0.8	0.8	0.9	1.1	1.5	3.0

출처: 박용민·허정, 「소득동질혼과 가구구조가 가구소득 불평등에 미치는 영향: 국제비교를 중심으로」, 《BOK 경제연구》 제2023-02호, 2023. 2. 7.

데, 소득 6~10분위의 고소득 남성층에서는 소득동질혼만큼 여성의 경제적 상향혼이 타 사회 대비 두드러지게 나타났고, 소득 4~7분위의 중위 소득 여성층에서는 남성의 경제적 상향혼이 타 사회 대비 두드러지게 많이 나타났다는 것이다.

이와 같은 자료에서 확인할 수 있는 것은, 맨 앞에서 이야기했던 상향혼 담론, 즉 "여성들이 자신보다 더 경제력이 우월한 남성만을 탐색한다"라는 담론 자체가 거짓말이라는 사실이다. 한국 공동체 구성원들은 성별을 가리지 않고 경제적 상향혼을 선택하는 현상이 관측되고 있다. 또 우리 사회에선 상향혼의 건수가 증가하는 것이 아니라 혼인 건수 자체가 줄어들고 있다는 점을 생각해 볼 때, 한국의 청년들은 애써 자신보다 더 경제력이 나은 사람을 찾으려고 그렇게까지 힘을 기울인다고 볼 수도 없다. 우리 공동체의 청년들이 **결혼을 회피한다는 '가장 쉬운' 선택지**를 고르고 있다는 사실을 논리적으로 추론할 수 있다.

요컨대 한국의 경우 성별 경제력 격차가 결혼 형태의 왜곡보다는 결혼 의사를 가진 인구 그룹의 축소에 더 큰 영향을 끼치고 있다. 다시 말해 위의 자료는 우리 통념과는 달리 한국에서 경제적 상향혼이 성별을 가리지 않고 발생하고 있으며, 이는 한국의 결혼 패턴이 경제적 관점에서는 상당한 무작위성을 띠고 있음을 나타낸다. 그렇지만 결혼에 돈이 필요하다는 사실은 변하지 않는다. 우리나라에선 0에서 2분위 구간의 저소득 여성이 8에서 10분위 구간의 고소득 남성층과 결합하는 것이 주요국 평균 대비 훨씬 더 빈번하다는 것은 무엇을 뜻하는가? 앞서 언급한 것과 같이, 이 구간에 위치한 여성들은 부모의 재산 측면에서 경쟁력이 있음을 의미할 수 있다. 이 장의 서두에서 이야기했듯 한국은 결혼을 하기 위해 목돈이 상당히 많이 필요한 공동체이기 때문에 본인의 소득뿐만 아니라 목돈을 일시적으로 지급할 수 있는 부모의 재산이 상당히 의미 있는 변수가 되는 경우가 많기 때문이다.

정리해 보자. **소득이 적더라도 부모의 재산이 많거나, 또는 현재 본인의 재산이 많거나, 그마저도 아니라면 미래에 본인의 재산이 많아질 것이라는 기대를 합리적으로 할 수 있는 경우에는 결혼은 그렇게 비싼 선택이 아니게 된다.** 그러나 그 셋에 해당되지 않는다면 현재 한국에서 결혼은 '가장 비싼' 선택이다. 출산과 육아의 문제로 옮겨가면 비용이 더욱 높아진다. 아이를 낳으면 거의 100%의 확률로 미래의 경제력 축적을 일정 부분 포기해야 하며, 다시금 경제 활동으로 복귀하더라도 자신의 노동 환경에서 같은 수준의 생산성을 보장받을 수 없기 때문이다.

대한민국에서 그나마 일정 수준 이상의 경제력을 보장하는 곳은 모든 것이 쏠려 있는 수도권이다. 그런데 수도권으로의 진입은 재산이 없으면 불가능하다. 그렇다면 거기에 진입할 재산이 없는 이에게 남은 길은 결혼과 출산을 회피하는 것뿐이다. 특히 앞에서 논의했던 것처럼, 결혼이 경제적으로 일종의 사치재가 되어 청년층이 결혼을 회피하게 되는 사회에서는, 결혼보다 장기적으로 더 많은 비용이 드는 출산의 부담은 더욱 가중될 수밖에 없다. 그러므로 이런 공동체에서는 결혼한 사람들의 출산회피성향이 상대적으로 더욱 높아지는 결과가 초래되기 때문에 출산율에는 더 부정적인 영향을 끼칠 수밖에 없다. 결혼은 두 사람의 경제적 환경이 결합되어 일종의 '살림'을 마련하는 것이기 때문에, 결혼에 투입되는 비용은 그나마 일시적 지출 취급을 받을 수라도 있지만, 출산의 경우에는 미래의 시간과 자원을 모두 현재가치로 환산하여 잡아먹는 일이 될 수 있기 때문이다.

실제로 출산이 남녀 고용률 차이에 주는 충격을 살펴보면, 전 세계적

한국에서 출산은 고용에 얼마나 충격을 끼치는가?

Child Penalty의 정도 (%)	국가명
43~64%	대한민국, 일본, 체코, 방글라데시, 알제리, 아르헨티나, 멕시코 등
38~43%	독일, 핀란드, 페루, 베네수엘라, 이란, 모로코, 이라크 등
36~38%	스페인, 브라질, 칠레 등
32~36%	대만, 영국, 이탈리아, 호주 등
27~32%	폴란드, 튀르키예, 남아프리카공화국 등
24~27%	미국, 프랑스 등
24% 미만	캐나다, 네덜란드, 노르웨이, 스웨덴, 덴마크 등

출처: Henrik Kleven, Camille Landais & Gabriel Leite-Mariante, 「The Child Penalty Atlas」, 《NBER》 2023. 8., 36p.

으로 출산은 여성 고용에 페널티로 작용하지만 그 정도가 한국과 일본이 특히 심하다는 것을 알 수 있다.* 한국 및 일본과 유사한 정도의 충격을 주는 나라는 멕시코, 아르헨티나, 말레이시아, 알제리 정도인데 이들은 모두 한국과 일본에 비하면 개발도상국의 지위에 머무르는 나라들이다.

이 국가들의 공통점은 무엇인가? **출산 이후 육아와 살림 등의 영역에**

* Henrik Kleven, Camille Landais & Gabriel Leite-Mariante, 「The Child Penalty Atlas」, 《NBER》 2023. 8.

서 성별 간의 분업화가 발생하고 있다는 것이다. 한국의 경우 이런 분업화의 경향에 더하여 **여성의 낮은 노동생산성 문제 및 인구와 세대적인 변수**가 겹쳐 문제가 더욱 심각해졌다. 인구가 폭발적으로 늘어났던 베이비붐 시기부터 X세대에 이르기까지 태어난 사람들은 1980~1990년대 경제 성장을 주도했고, 이때는 워낙 노동력이 풍부했기에 여성 경제 활동 참여율이 사회 공동체 유지에 중요하다고는 아무도 생각하지 않았다. 이들이 현재 각 기업체에서 주요 의사결정권자를 차지한 현재까지도 비슷한 생각이 이어져 성별 분업화를 긍정하는 분위기가 완전히 극복되진 못한 것이다.

한국 공동체의 소멸을 직접적으로 대변하는 결혼과 출산의 문제는 우리 공동체가 구성원들로 하여금 **비싼 선택**을 하도록 지속적으로 강요하는 측면이 있다. 이렇게 비싼 선택지들만이 존재하는 상황에서 구성원들은 그 소득 등의 크고 작음에 관계없이 불행에 시달리게 된다. **기회의 폭이 넓지 못한 상황에서 비싸고, 희소하며, 가치 있는 선택지에 많은 사람이 몰리게 됨에 따라 사회의 내적인 경쟁 압력이 강화되기만 할 뿐이기 때문이다.** 우리는 이제 자살하는 대한민국의 가장 깊숙한 곳을 관통하는 키워드, **경쟁**에 관해서 이야기할 때가 되었다. 다음 장에서 나는 시험과 공정에 관한 논의를 통하여 이 키워드를 다뤄가기 시작할 것이다.

7장

시험과 공정, 그리고 '약자'에 관하여

시험은 그 결과가 투명하게 공개되는 제도일 뿐 절대로 공정한 결과나 규칙을 갖춘 제도가 아니다. 그 어떤 방식의 시험을 도입하든 부모의 경제력 수준에 따라 유불리가 결정되는 구조임을 부정할 수 없기 때문이다. 그러나 한국인들은 시험을 가장 공정한 수단으로 굳게 믿는다. 우리는 왜 불공정한 것을 공정하다고 합의했으며, 그 결과 무슨 일이 벌어지게 되었을까?

나는 줄곧 한국 공동체가 어떤 측면에서 '돈'으로 대표되는 경제적 자원이 부족한지, 그나마 남는 경제적 자원은 어떤 방식으로 쏠려 있는지에 관해 분석하고 있다. 또 그로 인해 고착화된 각자도생의 시스템이 공동체의 물리적 소멸에 직접적인 영향력을 끼치고 있음을 입증하는 중이다. 이 모든 병리적 현상들은 유기적으로 맞물려 우리 사회의 **극심한 경쟁 압력**을 낳는다. 우리는 **모든 것이 값비싼 선택지가 된 사회, 남들과의 경쟁에서 이겨 쟁취해야만 하는 사회**에서 살아가고 있다.

경제적 자원이 부족하고 좁은 공동체 안에서의 내부적 경쟁이 격심한 사회의 특징은 무엇일까? 우리는 **그 경쟁의 결과를 어떻게 하면 모두가 만족스럽게 도출할 수 있는가에 과도할 정도로 집착한다는 점**에서부터 이 장의 이야기를 시작할 수 있을 것이다. 공동체의 테두리를 비교적 쉽게 벗어날 수 있는 사회라면, 그 안에서 경쟁의 결과를 가리는 판정은 중요도가 떨어질 것이다. 모두가 동일한 범주 안에서 '죽을 때까지 경쟁을 지속해야 하는' 사회는 그렇지 않다. 서열 그 자체도 중요하지만, 서열을 가르는 방식은 더더욱 중요해진다. 때로는 이것이 전 국민 사이에서 합의된 국가적 현상이 되기도 한다. 한국의 **대학수학능력시험**이 바로 그것이다.

만약 누군가가 초겨울에 출국을 할 일이 있다면 11월 초에서 중순은 피하는 것이 좋다. 한국에서 수능 듣기평가를 할 때에는 영공상의 모든 항공기가 커퓨(Curfew, 이착륙 제한)에 걸리기 때문이다. 심지어는 이를 피하기 위해 최대한 주거지와 멀리 떨어진 외딴곳에 건설한 인천국제공항도 이 시간에는 어김없이 이착륙 제한이 걸린다. 이유는 간단하다. 전국의 그 어떤 시험장에서도 항공기 소음으로 인해 듣기 평가 시험에 방해가 되면 안 되기 때문이다.

이는 몇몇 수험생이 단순히 방해를 받는 문제에서 그치지 않는다. 2010년대 이후 특히 청년층에서 목숨을 걸고 사수하려고 하는 **공정**이라는 가치가 훼손되는 사건이 되는 것이다. 그 공정이라는 가치가 유독 **입시**라는 제도를 둘러싸고 가장 열띤 논쟁이 벌어지고 있다는 것은 무엇을 뜻하는가? 결국 입시에 따른 자원의 배분 과정에 그만큼 많은 사람들이 집착하고 있음을 가리킬 것이다. 이는 입시에 따라 배분되는 자원이 매우 한정되어 있으며, 그 자원을 향한 경쟁 압력이 상당히 강하다는 것을 의미하기도 한다.

한국 공동체가 지나친 경쟁 압력 때문에 내부로부터의 불행을 견디지 못하고 붕괴되기 시작했다는 점은 이어지는 논의에서 더욱 자세하게 이야기할 기회가 있을 것이다. 이 장에서 나는 먼저 극심한 입시 경쟁에 관해 짚어보려 한다. 경쟁은 필연적으로 재화를 차지하는 **순서**를 만들어내며, 이 순서는 일종의 **규칙**에 의해 구축되는 것이다. 그런데 하나의 경쟁에 너무나 많은 사람들이 참여하는 경우 그 순서의 간격은 점점 촘촘해지게 마련이며, 지나치게 촘촘한 간격은 그 간격을 만들어 내는 규칙에 대한 집착으로 자연스럽게 이어진다. 우리는 이 과정을 파악하기 위해서 과거로부터 이어져 내려온 우리 사회의 전통, **시험 제도를 통한 국가 체계 유지**라는 역사적 맥락을 들여다봐야 한다. 그러면 한국의 입시 제도가 근대화 이후로 왜 그토록 잦은 변화에 시달렸는지를 직시할 수 있을 것이다.

시험은 과연 공정한가?

한국 공동체는 역사적으로 시험을 통과해야 기득권을 획득할 수 있었던 사회를 500년 넘게 겪은 바 있다. 물론 그 이후의 식민 통치 시기와 한국전쟁을 거치면서 한국의 물적 토대는 거의 대부분 파괴되어 아무것도 없는 상태로 되돌아가기는 했지만, 식민 통치와 전쟁이 구성원들의 머릿속까지 모두 변화시킬 수는 없었다. 그래서 역사적으로 시험이라는 제도는 한국인들에게 기득권을 획득하기 위한 가장 중요한 절차로 남아 있었다고 볼 수 있다.

실제로 전근대 시절 시험의 대표적인 예시인 **과거 제도**는 일견 **현대적인 능력주의**에 부합해 보이기도 한다. 양인(良人), 즉 당시 천민을 제외한 모든 사람은 능력만 된다면 과거에 합격해 양반이 될 수 있었기 때문이다. 그렇지만 이처럼 조선 시대의 과거 제도를 능력주의와 연결시켜 생각하는 건 합리적이라고 할 수 없다. 조선의 과거 제도는 일반 양인의 응시에 대한 뚜렷한 제한 규정은 없었으나, 실제로 각 지방에서 과거 응시자를 통제하기 위한 제도적인 장치가 존재했고, 당대 인구의 대다수를 차지했던 평범한 농민은 과거에 응시하는 것이 실질적으로 불가능했기 때문이다. 실제 조선은 문과 응시생 자체가 하나의 신분으로 기능했다고 할 수 있다.

조선에서 일반 양인들이 과거를 응시하는 것은 매우 까다로웠다. 과거 시험을 응시하기 위해서는 수능 원서를 제출하듯이 응시 서류로 호적과 보단자(保單子)를 제출하도록 되어 있었는데, 양인들의 발목을 잡았던 것은 바로 이 보단자였다. 보단자는 일종의 신원보증서였다. 보단자를 써줄 신원보증인이 그저 옆집 이웃이어도 상관없다면 문제가 없었으나 보단자를 쓸 수 있는 자격은 각 향촌에 설치된 경재소(京在所)에 소속된 관원만이 가능했고, 이는 조선 후기로 가면 6품 이상의 조관으로 변경된다. 평범한 농민이 당시 이미 자신과 신분의 차이가 있는 관원들에게 신원보증서를 써달라고 할 수 있었을 리가 만무하다.

보단자의 제출은 사실상 과거 시험 응시자를 극도로 제한하는 일종의 해자, 즉 장애물에 가까웠다. 보단자를 써준 사람이 과거 시험장에서 발생하는 부정 행위에 대한 연대책임을 지기도 했기 때문이다. 이처럼 신원이 불확실하거나 애시당초 상위 신분의 인맥이 존재하지 않는 자, 이를 돈으로도 살 수 없는 자들은 과거 시험에서 제도적으로 배제되어 있었던 것이다. 하지만 원래부터 양반 신분이었던 이들은 보단자를 제출하지 않아도 되는 특권을 누렸다. 이러한 현실들이 겹쳐 통계적으로 과거 급제까지는 최소 25년에서 30년의 기간이 필요했다는 연구도 있다.* 현대로 따지면 행정고시를 10세 때부터 공부한다고 하더라도 35세에서 40

* 송준호,『조선시대 문과백서 (상)』, 삼우반, 2008

세부터 5급 사무관 역할을 시작할 수 있다는 뜻이 된다.

하지만 이렇게 어려운 과정을 뚫고 과거에 합격하게 되면, 비록 관직에 진출하지 못하더라도 25년이 넘는 준비 기간이 무색하게 많은 권리가 주어진다. 그 중 가장 눈길을 끄는 것은 본인은 물론이고 후손에게까지 군역과 요역을 면제하는 특권이었다. 부모가 과거에 합격하여 양반의 지위를 획득할 경우 이는 전근대 시대답게 자연스레 그 후손도 그 생애 경로를 따랐는데, 이들은 관학인 성균관과 지방 각지의 사학에 소속되어 유학(儒學) 직역을 부여받고 군역, 요역을 면제받으며 공부를 할 수 있었다. **공부를 해서 시험을 통과하는 것은 국가에 이롭다는 논리**는 이미 우리의 정신 체계를 500년 이상 지배해 왔다는 뜻이다.

이를 반박하는 논리도 있다. 실제로 조선 시대 과거 시험에서 양반이 아닌 자들의 합격자 비중이 높았다는 점을 거론하며 과거 제도가 소위 **개천용**이 탄생할 수 있는 환경을 제공했고, 이것이 곧 사회 탄력성으로 이어져 조선 왕조가 500년 이상 유지될 수 있는 기틀을 마련했다고 주장한다.* 해당 연구에 의하면 조선 초 양반이 아닌 자의 과거 급제 비율은 태종 시기 50%까지 증가하였다가, 양반 계층이 확립된 조선 중기 15~20%까지 하락한 뒤, 신분제가 혼란에 빠지는 세도 정치기 이후 다시 50% 이상으로 증가해 고종 시기에는 58%까지 도달한다.

그러나 이 연구는 단순히 '양반보다 신분이 낮은 자'인 중인 및 향리를 모두 평범한 영세 농민에 포함시켜 조사한 것이기 때문에 이런 자료만을 토대로 전근대에도 시험 제도가 사회를 비교적 활력 있게 만들었

* 한영우, 『과거, 출세의 사다리』, 지식산업사, 2013

다고 평가하기는 어렵다. 또한 이는 단순히 왕조가 오래 지속된 이유만을 설명할 수 있을 뿐, 그렇다면 왜 이렇게 활력 있고 신분 간 이동이 활발했던 역동적인 사회가 식민지로 전락했는가에 대한 물음에는 답할 수가 없는 결과이기도 하다. 후자의 맥락에서 1392년 조선 개국 시점부터 1600년까지 약 200여년 간 과거 시험에서의 양인 급제자는 고작 12명에 불과했다는 연구 결과도 있다.* 신분 자체는 양인으로 분류될지 모르나, 애당초 양반 계급과 가까운 편이었던 중인, 향리 등을 제외할 경우 실질적으로 개천에서 용이 난 경우의 수는 그리 많지 않았다는 것이다. 이런 시각에 따르면, 시험 제도라는 것은 사실상 시대를 가리지 않고 특정한 사람들만의 리그였다고도 볼 수 있을 것이다.

어쨌든 국가 전체를 운영하는 기틀 자체가 시험이라는 제도 위에 토대를 세우고 있다 보니, 한국 공동체는 그 경제적 구조와 토대에 관해서 근원적인 문제를 제기하는 대신 **그 제도의 규칙을 어떻게 더 만족스럽게 고칠 것인가**에 사회적 역량을 낭비하고 있다는 건 분명하다. 특히 시험으로 획득할 수 있는 권리가 축소될수록 규칙에 대한 집착은 더욱 강해지고, 반칙으로 여겨지는 행위에 대한 반발심도 거세지게 된다. 이러한 폐쇄적인 순환이 계속된 결과 한국은 대학도 시험으로 입학하며, 대기업도 인적성 '시험'을 통해 입사하게 되고, 공공기관도 시험을 통해 입사하며, 시험을 통해서 거머쥘 수 있는 각종 자격증이 성행하는 사회가 되었다. 세계적으로도 의사와 변호사 이외의 직종에 대해 한국처럼 정부 차원에서 체계적으로 자격증을 관리하는 국가는 드물다.

* 이성무, 『조선초기 양반연구』, 한국학술정보, 2003

이젠 개천에서 용이 나올 수 없다

시험 규칙에 대한 한국 공동체의 집착은 대입 수능 제도의 변천사에서 그대로 확인할 수 있다. 한국의 대입 시험은 1번의 실패가 1년의 시간과 등가교환되기 때문에, 시험이 쉽든 어렵든 언제나 비판을 받아왔다. 시험이 너무 쉽다면 고득점자가 지나치게 많이 나와서 최상위권 수험생들이 진학하고자 하는 대학교 및 전공 정원의 배분에 문제가 발생할 수 있다. 시험이 너무 어려울 경우 타인의 성적을 명확하게 파악하기 어려운 한국 입시 특성상 시험보다는 대학 지원 전략의 실패로 공부를 다시 해야 하는 일이 생길 수 있고, 또 한편으로는 난도의 갑작스러운 변동으로 인해 누군가는 공부 기간과는 상관없이 운에 힘입어 좋은 결과를 거둘 수도 있기 때문이다. 이 두 가지 모두 한국인들이 생각하는 공정함과는 거리가 멀다.

이러한 상황 때문에 입시의 출제자들은 시험 범위를 계속 좁히고, 문항 수도 줄이는 대신 몇몇 문항의 난이도를 유별나게 높여 변별력을 추구하고, 그 대신 대학의 자율이 조금 더 강한 수시 입시 비중을 야금야금 늘려 나가는 고육지책을 사용했다. 이 방법은 전반적으로 난이도가 어려운 것도 쉬운 것도 아니기 때문에 전체 시험 난이도를 조절하는 것보다는 부담이 덜했기 때문이다. 준킬러·킬러 문항으로 대표되는 어정쩡한 한국의 입시 제도는 이렇게 매년 구렁이 담 넘어가듯 어물쩍 굴러가고 있다. 원래 시험의 변별력은 많은 문항 수 또는 넓은 시험 범위로 결정이 되는 게 더 합리적이지만, 학생들의 학업 부담 경감을 이유로 둘 다 선택할 수 없었던 한국만의 특이한 제도가 완성된 것이다.

이렇게 우리 공동체는 시험 제도를 갈고 닦아 최대한 아무에게도 불만이 생기지 않게끔 만드는 것에 열심이었지만, 정말 시험이 우리 사회의 경제력을 설득력 있게 분배하는 수단인지에 대해서는 아무도 의심하고 있지 않다. 의심하지 않는 것은 물론이고, 실제로 한국은 시험이야말로 **가장 설득력 있는 경제력 분배 수단**으로 확신한다. 수능 제도의 개편과는 별개로, 현재 입시 현장에서는 수시가 50% 이상의 비중까지 차지하고 있지만, 한국에서는 여전히 수시 제도를 **사실상의 음서제**로 인식하고 있는 게 사실이다. 그 어떤 여론조사든 정시 확대 찬성 비율은 60%를 초과하고 있기 때문이다.

그렇다면 시험은 정말로 공정한가? 그렇지 않다. 공동체 구성원이 경제력을 배분받는 것을 하나의 제도로만 의존해야 한다면 시험은 가장 불공정한 제도 중 하나라고 불러야 할 것이다. 이는 수치로 서열화를 한다는 시험의 기본적인 한계성과, 제도 자체가 성숙할수록 개인의 역량이 아닌 부모의 재산에 따라 결과가 좌우된다는 사회적인 한계성을 공히 지니고 있기 때문이다.

여기 A와 B가 있다고 가정하자. A는 수능 시험에서 100점을 획득하였고, B는 99점을 획득하였다. 많은 한국 공동체 구성원들의 꿈과 희망의 대상인 서울대학교 의과대학 정원이 10명이라고 할 때, A가 가까스로 10등을 기록했고 B는 11등을 기록했다고 하자. A는 당당한 서울대 의대생이고, B는 그렇지 않게 된다. 이것은 공정한가?

숫자로만 생각한다면 A가 B보다 점수가 높은 게 맞다. 그래서 당연히 A는 합격의 기쁨을, B는 탈락의 슬픔을 느끼는 것이 합리적일 수도 있다. 하지만 실력의 관점에서는 어떨까? 과연 저 1점의 점수차이가 A와 B의 미래 의료 인력으로서의 역량 차이를 정말로 정확하게 반영하고 있다고 봐야 할까? 의과대학에서 공부를 하며 의료인이 되기 위한 지식을 효과적으로 습득할 수 있는 역량 차이를 정확하게 반영하고 있는 것일까? 아무도 명쾌하게 대답하지 못할 것이다. 응시자 간의 미시적인 격차가 얼마나 중요한 의미를 띠는지는 정확히 설명할 수는 없지만, 어쨌든 등수가 그러하니 인생이 달라져야 하는 제도를 과연 공정하다고 말할 수 있는가?

한국 공동체는 이러한 시험 제도의 기본적인 불공정성에 대해 한 번도 제대로 된 답변을 내린 적이 없다. 그 대신 저 1점 차이를 만들어내기 위한 정신적 교육만을 강화했다. 실수도 곧 실력, 사당오락 등등의 지루한 문구들은 토대의 불공정성을 전혀 고려하지 않은 채 우선 **'그 제도에 가장 잘 적응하는 사람만이 승자가 된다'는 한국식 능력주의**의 대표적인 상징과도 같다. 흡연 구역과 쓰레기통은 모두 없앤 뒤 계도와 단속만으로도 간접 흡연이 사라지고 길거리가 깨끗해질 것이라고 믿는 우리의 사회구조적 인색함과 놀라울 정도로 유사한 경로를 확인할 수 있다.

이와 같은 시험의 태생적인 불공정성에도 불구하고 한국 공동체가 시험이라는 제도를 그토록 애지중지하는 이유는 무엇일까? 우리는 이 지점에서 다시 '개천용 담론'으로 돌아갈 필요가 있다. 기본적으로 시험은 모두가 동일한 조건 하에서 치러지기 때문에, 어려운 환경일지라도 공부를 열심히 하면 형편과는 관계없이 누구든 관문을 통과하여 경제력을 배분받고 다양한 사회적 권리를 획득할 수 있는 창구다. 바로 이에 대한 굳은 믿음이 우리 공동체에 팽배해 있으므로 우리는 시험 제도를 마치 신과 같이 모시는 것이다.

그러나 과연 시험의 결과물은 정말로 각자의 경제적 형편과 전혀 관련이 없는가? 몇 가지 간단한 통계만을 확인해 봐도 전혀 그렇지 않다는 점을 확인할 수 있다. 교육부가 국회 교육위원회에 제출한

시험이라는 제도는 부모의 경제력을 반영할 뿐입니다

(단위: %)

지역	합격인원 비율		전국 대비 고3 학생 비율
	2023	2020~2023 평균	
서울	36.3	36.7	16.7
경기	19.1	19.7	26.7
대구	6.9	8.1	4.8
전북	7.3	6.8	4.8
부산	7.0	5.7	5.6
광주	3.5	3.6	3.3
충남	3.2	3.1	4.4
대전	3.6	2.8	3.2
울산	2.7	2.7	2.3
경남	3.4	2.3	6.7
경북	1.3	1.8	4.9
전남	1.3	1.5	3.6
인천	1.0	1.1	5.6
충북	0.9	1.0	3.1
제주	0.7	0.9	1.4
강원	0.6	0.8	2.9
세종	0.3	0.2	0.8

- (음영) 고3 학생 대비 의대 합격자 많은 지역
- 전국 대비 고3학생 비율=2023년 기준 (출처 교육통계서비스)

출처: 더불어민주당 강득구 의원, 「2020~2023학년도 전국 정시모집 의대 신입생 선발 결과」, 2023

「2020~2023학년도 전국 정시모집 의대 신입생 선발 결과」를 분석하면, 서울 지역은 전국의 고3학생 중 16.7%만이 거주하지만, 3년간 의대 신입생 중 서울 출신은 평균 36.7%에 달했다. 반면 경남은 전국 고3의 6.7%가 있지만 의대 신입생 중에서 차지하는 비율은 평균 2.3%에 불과했으며, 인천은 그 정도가 더욱 심해 전국 고3의 5.6%가 인천에 살지만 의대 신입생 중 인천 출신은 1.1%에 그쳤다. 앞서 논의했던 수도권 경제력 쏠림 현상을 상기해 보자. 이 결과가 우리에게 보여주는 바는 단순하고 명쾌하다. 경제력이 높은 곳에서 더 많은 의대 신입생을 보낸다는 게 그것이다.

서울에서도 특히 강남 지역에 포커스를 맞추면 이러한 추세는 더욱 심해진다. 21대 국회 교육위원회 소속인 서동용 국회의원이 발간한 「서울대 법인화 10년을 돌아본다」에 의하면, 2022년 서울대학교의 신입생 중 10.4%가 강남·서초구 출신이었으며, 강남·서초 출신 신입생은 전체 서울지역 신입생 중 28.8%를 차지하고 있는 것으로 드러났다. 수도권으로 확대하면 2/3 정도가 된다. 2022년 전체 고등학교 졸업생이 44만 5815명이고, 이 중 수도권 출신은 21만 6871명으로 전체의 48.6% 수준임을 감안할 때, 경제력이 쏠린 만큼 입시 결과는 정비례해서 쏠린다는 간단한 사실을 우리는 확인할 수 있다.

수능의 공정함에 대한 집착에도 불구하고

그렇다면 시험의 '개천용' 효과는 왜 소멸하였는가? 우리는 2장에서 스타트업이 판교를 중심으로 한 경기도에 대거 몰려드는 현상을 일종의

클러스터 효과로 정의한 바 있다. 서울의 넘쳐나는 자본이 근처에 있으니 자본 투자가 용이하고, 비슷한 업종의 대기업 역시 근처에 몰려 있어 전반적으로 정보와 자원의 취득이 쉽기 때문이라는 것이다. 입시 역시 마찬가지이다. 단순히 경제력이 높아서 사교육에 돈을 퍼부을 수 있는 게 다가 아니다. 돈이 모이는 곳에 정보도 모인다. 그러니 현 대학 입시의 생명인 정보력에서 서울, 특히 강남은 타 지역 대비 월등해질 수밖에 없다.

수도권, 특히 서울과 지방의 정보력 격차가 어떻게 시험이라는 제도의 불공정성을 강화하는지에 관해선 앞서 언급했던 수능 제도의 변천사 이야기를 다시 꺼낼 필요가 있다. 한국의 수능 제도는 난이도를 떠나서 말 그대로 **모두에게 불만족스러운 제도**였기 때문에 일부 문항을 특별히 난이도 있게 만들어 변별력을 꾀하는 동시에 수시 비중을 늘려나가는 절충안을 선택했다고 밝힌 바 있다. 그렇다면 대입 수능에서의 고득점은 소위 **킬러 문항**이라 불리는 저 일부 문항에 달려 있다고 볼 수 있는데, 이를 파고들어 우수한 입시 성적을 낼 수 있는 역량은 수도권 중에서도 오직 서울, 그 중에서도 대치동에 집중돼 있다.

《시사IN》의 2023년 취재에 따르면, 서울 대치동의 A 학원은 2023학년도 39개 의과대학 전체 정시 정원 941명 중 정확히 절반에 한 명 모자란 470명의 합격생을 배출했다.* 한 나라에서 의사가 될 공부를 하기 위해 수능 시험을 치르고 의대에 합격한 사람 중 50%가 딱 한 학원 출신이라는 것이다. 비결은 간단했다. 난이도를 끊임없이 조절하는 것

* 이상원, 「기울어진 저울 위 춤추는 사교육」, 《시사IN》 2023. 8. 8.

도 모자라서 한두 문제 차이로 변별력이 갈리게끔 변질된 수능의 허점을 노린 것이 먹혀든 것이다. 해당 학원은 철저히 킬러 문항 개발에만 공을 들인 교재를 제작하고, 이를 현장 강의 수강생들에게만 독점적으로 배포한 것으로 알려졌다. 이 수강생들은 기본적으로 의과대학을 노리는 학생들이니만큼 변별력이 없는 문항은 다 맞힐 수 있을 있으리라 기대할 수 있다. 그래서 이들은 반복적으로 몇몇 킬러 문항만을 학습하여 수능에서도 최상위권에 머무를 수 있게 된 것이다.

이러한 A 학원의 방식은 다른 학원들의 기존 방식과는 차원을 달리했다. 강의력이 좋은 유명한 1타 강사를 섭외하는 게 아니라, 이미 입시 문항에 숙달되어 우수한 성적으로 대학에 진학한, 문제 풀이 능력이 우수한 대학생들이 A 학원의 섭외 대상이 된다. 이들은 학원이 개최하는 문항 공모전을 통해 자발적으로 문항을 개발하고, 또 이 중 실력이 두드러지는 사람들은 해당 학원의 문제 출제위원으로까지 섭외된 것으로 알려졌다. 이것은 이미 학업 성적이 우수한 사람이 많은 수도권을 기반에 두고 있지 않으면 시도 자체가 불가능하다고 볼 수 있다. 애초에 다수의 문제를 계속해서 생산해 낼 수 있는 사람이 일정 수 이상이어야만 가능한 방식이기 때문이다.

1타 강사의 강의를 소비하는 것은 지방에서 온라인으로도 가능하지만, 이 학원의 문항 교재는 현장 강의 참석자들에게만 독점 제공되었다고 알려졌다. 온라인 강의 시청자들에게 킬러 문항 연습 교재를 제공하지 않는 이유는 간단하다. 희소한 콘텐츠이니만큼 당연히 공급을 줄여야 높은 수강료를 책정할 수 있기 때문이다. 해당 학원의 수강료는 독서실 사용료 포함 월 208만원가량으로 알려졌는데, 이는 앞서 1장에서 확인한 우리나라의 서울 지역 고등학생 평균 사교육비의 두 배가 넘는다. 다시 말해 서울 안에서도 이 같은 비용을 감당할 수 있는 사람은 그리 많지 않을 것이라는 결론이 나온다.

시험은 공정한가? 그렇지 않다. 기본적으로 서열화를 목적으로 하는 그 어떤 수단도 모두에게 공정할 수는 없다. 그리고 많은 연구 결과에 따르면, 우리의 통념과 달리 수시와 정시는 비슷한 정도로 불공정하다. 오히려 수시 모집에서 학교의 종류와 상관없이 오로지 3년간의 내신 성적 등급만을 평가하는 학생부교과전형이 단 하루의 시험으로 모든 것이 결정되는 정시보다 더욱 공정할 가능성이 높다.

잊을 만하면 발생하는 각종 입시 비리 및 '부모 찬스' 등으로 인해 수시 모집은 우리 사회에서 비리의 온상으로 여겨지고 있지만, 이것은 수시 확대 초기에 몰려서 벌어진 일시적 성격이 강하다. 사실상 학교 외 실적이 전혀 인정되지 않는 현재의 수시 모집은 각 고등학교 자체의 역량에 따라 학생부종합전형에 활용되는 생활기록부의 내실로 달라지는 경우가 많다. 그리고 지금 학생들이 대입에서 교과전형을 선택할 것인지, 종합전형을 선택할 것인지, 정시를 선택할 것인지는 사실상 내신 성적 및 기타 교내 활동의 성취도에 따라 전형을 선택하는 것에 가깝다. 이 때문에 교내에서 각 학생의 역량을 정확하게 파악하고 원하는 진학 방향에 맞춰 다양한 활동을 준비할 수 있는 자사고와 특목고, 강남 8학군은 정시뿐만 아니라 어떤 전형에서든 매우 유리하다.

시험공화국의 총체적인 폐해

그럼에도 한국 사회는 왜 시험이 공정하다는 허상에 집착하는가? 결론적으로 말한다면, 이는 우리가 시험의 결과가 '수치'로 공개되는 **투명성**을 공정성으로 착각하기 때문이다. 시험, 그 중에서도 특히 수능은 점수뿐만 아니라 자신의 위치가 대충 같은 수험생들 사이에서 어디쯤인지는 비교적 상세하게 공개한다. 또한 우리는 그 계산의 결과가 신뢰도가 높다고도 인정하고 있다. 그러나 그 결과와 누군가의 위치를 투명하게 공개한다고 해서 그 제도 자체가 공정하게 될 수는 없다. **시험이야말로 가장 공정한 제도라고 우기는 사람들은 기계적 투명함을 사회적 공정함으로 바꿔치기하는 거짓말을 하고 있는 것이다.**

지금까지 우리는 시험의 본질적인 불공정성과, 그럼에도 불구하고 한국이 시험에 집착하는 이유를 역사와 현실을 넘나들며 이야기해 보았다. 여기까지 읽은 독자들께선 의문이 들 수도 있다. 경제력이 좋은 가정 환경이 높은 교육 수준을 제공할 수 있고, 그런 환경에서 성실하게 공부한 학생이 좋은 시험 성적을 거두어 부모의 사회적 지위를 이어가는 것이 과연 그렇게 잘못인가라는 의문 말이다. 위의 문장에서 학생이 한 일이라곤 그저 열심히 공부하는 것 말고는 없었기 때문이다. 돈이 많은 사람이 시험을 잘 본다고 했을 때 시험 제도가 불공정하다고 말할 수는 있겠지만, 그 제도가 나쁘다고 할 수는 없다. **진짜 문제는 사실은 불공정한 제도를 우리 모두가 공정하다고 믿고 따를 때에 발생한다.** 모두가 인정하는 공정한 제도로 자리매김했기 때문에, 그 제도를 통과한 사람에게는 지나치게 많은 것들이 주어지기 때문이다.

만약 어떤 제도가 부분적으로나마 불공정하다는 사회적인 합의가 있다면 어떨까? 누군가가 그 제도에서 아무리 우수한 결과를 이루어봤자 얻을 수 있는 것은 지금처럼 넘칠 만큼 많지 않을 것이다. 사람들이 그 제도 자체에 지금과 같은 절대적인 가치를 매기지는 않을 것이기 때문이다. 그러나 어느 제도가 오직 공정하다는 합의만이 광범위하게 형성되어 있을 경우 거기에는 아주 높은 가치가 부여된다. 특히 그 제도에서 이득을 얻는 사람의 수가 적을수록 거기에 매달리는 사람들은 더욱 늘어날 수밖에 없다.

한국 공동체에서 대학 입시를 우수한 성적으로 통과하는 자에게는 우선 한 장의 승차권이 주어진다. 바로 **서울행 승차권**이다. 이미 서울에 거주하는 사람이라면 마치 놀이공원 자유이용권처럼 서울을 더 적극적으로 이용할 수 있는 티켓을 받을 수 있을 것이다. 이는 포항공대와 카이스트를 제외한 대부분의 상위권 주요 대학이 모두 서울에 몰려 있기 때문이다. 비교적 가까운 과거까지는 지방거점국립대가 그 역할을 어느 정도 분담하였으나 이제 지방거점국립대는 모두 쇠락하였고, 대부분의 인재는 서울이 독점한다. 심지어 경제력은 일정 정도 서울과 견줄 수 있는 수도권인 경기도마저도 이 지점에서는 서울 앞에 무릎을 꿇어야만 한다.

두 번째 티켓은 **고생산성 집단, 즉 전문직, 제조 대기업 사무직 또는 금융권, 각종 공기업 등에 입장할 수 있는 티켓**이다. 이는 사실 어느 정도 합리적인 기회의 부여일 수 있다. 지식노동 측면에서는 높은 학력이 높은 부가가치, 그리고 높은 생산성으로 연결될 가능성이 높기 때문이다. 세계적으로도 학업 성취도가 높은 사람들이 소득이 높을 가능성이 크므로, 입시를 훌륭한 성적으로 통과한 사람들이 사회의 경제력을 더 많이 배분받을 수 있는 기회를 가진다는 것은 그 사실 하나만 떼어 놓고 본다면 충분한 합리성을 가진다.

그러나 위의 두 가지 티켓이 한국 공동체가 겪고 있는 다른 사회 현상과 결합되면, 우리는 '자살하는 대한민국'의 가장 중요한 축을 발견할 수 있게 된다. 지역의 문제든, 생산성의 문제든 한국 사회가 소멸로 직행하고 있는 원인들 중 가장 중요한 것은 바로 **극단적인 쏠림**이라고 할 수 있다. 그런데 무엇이든 지나치게 쏠려 있는 쪽에 입장할 수 있는 티켓을 시험의 결과에 따라 배분함으로써, 우리 사회는 그 티켓을 받은 사람들로 하여금 **쏠려 있는 자원을 독식하는 것이 온전히 자신들의 노력에 따른 결과**라는 매우 잘못된 신호를 주고 있다.

실제로 몇 안 되는 명문대 졸업생들이 사회로 진출하여 소수의 고생산성 업종 및 기업에 쏠려 있는 경제력을 독식하는 것은, 물론 그들이 해왔던 노력의 결실도 있겠지만, 이 공동체가 어쩔 수 없이 몇몇 부문에만 부가가치가 편중되도록 경제 구조를 짜왔기 때문이다. 만약 고용의 대부분을 차지하는 중소기업의 수출참여도가 높아지는 방향으로, 이에 따라 대기업에 수직계열화 되는 정도가 적은 방향으로 경제가 발달했다면 대기업과 중소기업의 생산성 격차는 줄었을 것이고, 생산성 격차가 작은 경제 구조라면 지방 중소기업은 '공부를 열심히 안 했기 때문에 가는 곳'과 같은 서울중심적인 시각에 놓이지 않았을 것이다.

그러므로 현재 한국에서 우수한 입시 성적을 거둔다는 것은, 균형 잡힌 사회에서 성실하게 학업을 수행했을 시에 미래에 통상적으로 수취할 수 있는 사회적·경제적인 대가만 거머쥘 수 있다는 뜻이 아니다. **뛰어난 입시 성적을 쟁취한 이들은 한국 사회의 불균형으로 인해 발생한 쏠림 현상으로 한쪽에만 생성된 추가적인 사회경제적인 대가를 보너스로 받는 셈이다.** 하지만 우리는 이 모든 것을 너무 순순히 **노력의 대**가로 치부하고 만다. 그 이유 역시 앞에서 언급한 바와 같다. 시험은 우리 모두가 공정하다고 합의한 제도이기 때문에, 그 제도를 통과한 자가 얻어낼 수 있는 대가의 크기와 관련없이 우리는 그런 보너스를 주는 것까지도 인정하기로 합의했기 때문이다.

시험이라는 토대 위에 운영되는 사회에서 승리한 자가 마지막으로 거머쥘 수 있는 것은 바로 **발언권의 티켓**이다. 세계 어느 나라든 그러한 경향이 있지만, 한국은 유독 어느 분야에서든 시험을 우수한 성적으로 통과한 자가 아니면 발언권을 인정받지 못하는 경우가 많다. 그나마 과거에 대학 간판이 모든 것을 설명하던 시기에서는 다소 벗어나 이제 전문적인 분야는 그 분야의 전문가를 존중하려 하는 단계까지는 와 있으나, 입시의 결과로부터 시작되는 경제력 배분과 그 경제력 배분에서 발생하는 사회적 발언권의 차이는 아직 해소되지 못하고 있다.

게다가 시험 통과자가 얻은 모든 사회경제적 권리를 순수한 그의 성실함의 대가로 인정하는 사회 흐름은 그렇지 못한 사람들의 발언권을 더더욱 약화시킨다. 제도의 관문을 통과하지 못한 사람들이 사회 불균형에 대해 아무리 호소해 봤자 "그것은 학업을 성실하게 수행하지 않은 너의 개인적 책임"이라는 반응으로 일관되게 반박당하기 십상이다. **즉, 시험공화국은 사회의 모든 불균형이 시험 성적에 선행함에도 불구하고 그 불균형을 개인 선택의 문제로 환원하여 공동체의 문제에서 배제시켜 버린다.** 다시 말해 시험이라는 제도가 사회의 더 많은 것을 결정할수록 그 사회의 구성원들은 사회의 문제가 개인의 문제라는 생각에 경도될 수밖에 없다. 그런 사회에서 공동체를 위해 자원을 투자할 사람은 존재하지 않을 것이다.

발언권의 격차는 사회적 소수자들이 세상에서 아예 지워진다는 다른 문제도 만들어 낸다. 장애인, 이주노동자, 미혼모 등의 사회적 소수자들은 대개 경제력이 약하고 시험이라는 관문을 높은 수준으로 통과할 수 있을 정도의 배경을 갖추지 못한 경우가 많다. 그렇기 때문에 대개 이들은 발언권이 매우 약한 상황이며, 한국 공동체의 대부분은 이러한 존재가 잘 있는지도 모르고 지내는 경우가 대부분이다.

또한 이 같은 현상은 진짜 사회적 소수자들은 아예 존재하지도 않는 그 무엇으로 만들어버리고, 실제로는 그렇지 않은 사람들끼리 자신의 약점 또는 불행을 내세우며 이전투구를 하게 하는 환경을 조성하기도 한다. **이처럼 우리 자신의 약자성에만 과도하게 집중하거나, 또는 타인의 약자성을 아예 해결해야 할 문제로 생각하지 않는 사회는 결과적으로 봤을 때 '공동체에 인색한 사회'로 회귀하는 특성이 있다.** 특히 이것은 한국에서 시험에 통과한 사람들이 실질적으로 주류의 기준을 '분류'하는 과정에서 일어나는 일이기도 하다. 결국 한국 사회는 약자가 아무도 없거나, 모두가 약자여서 문제를 해결하는 것이 아예 불가능한 공동체가 된다.

약자가 약자를 미워하는 체제

요컨대 우리는 모두가 스스로 가진 자원이 부족하다는 사실에 집중하는 사회, 자신을 상대적 약자로 규정하는 사회에서 살아간다. 그런 사회에선 공동체 구성원들 중 상당수가 **사회적 약자와 소수자에 대한 우대**에 강한 반감을 보이거나 혹은 사실상 관심을 거의 갖지 않는다. 이는 유권자 그룹의 정책 태도로도 이어져 의사결정권자들의 정책 집행 및 선거 의제 설정 등에도 반영된다. 한국인들을 정치적으로 그룹화한 조사에서는 어김없이 드러나는 경향이다.

이러한 한국 공동체 구성원들의 이중적인 태도를 선명하게 보여주

정당이 분류한 대한민국의 유권자 그룹

그룹명	비율	특성
평등·평화	31.7%	① 평등 지향 ② 친노동, 친성평등, 친복지, 친환경 ③ 소수자 이슈에는 크게 공감하지 않음
능력주의 보수	21.5%	① 능력주의적 공정성, 자유시장주의 성장론 지지 ② 반복지, 반환경, 반노동 ③ 소수자 혐오 성향
친환경·신성장	18.8%	① 공동체주의 보수, 신산업 혁신 지지 ② 친기업, 친 생산적 복지, 친환경, 반노동 ③ 소수자에 대한 반감이 관찰됨
반권위 포퓰리즘	9.3%	① 기존 권력과 국가 시스템을 불신 ② 반기업, 친복지, 격차해소 ③ 소수자에 대한 반감이 관찰됨
민생 우선	6.4%	① 생계와 밀접한 민생이슈에 민감 ② 친기업, 감세, 친노동, 친자영업 ③ 소수자에 대한 반감이 관찰됨
배타적 개혁 우선	6.3%	① 정치개혁 및 사회혁신에 민감 ② 친재벌, 친노조, 민족주의 ③ 소수자 문제에는 큰 관심이 없음

출처: 더불어민주당 새로고침위원회, 「이기는 민주당 어떻게 가능한가」, 2023

는 조사가 있다. 국민의힘과 함께 한국의 양대 정당 중 하나인 더불어민주당에서 2022년 전국 만 18세 이상 69세 이하 남녀 시민 3천명을 대상으로 조사한 보고서인 「이기는 민주당 어떻게 가능한가」가 그것이다. 해당 보고서는 정당의 미래 비전을 위한 기초자료를 수집하고 국민들의 정책 수요를 파악하기 위한 목적을 가진 게 사실이다. 그렇지만 보고서에서 분류하고 그 특성을 분석한 한국의 유권자 그룹 및 이들의 지향점은 그 목적과는 별개로 중요한 시사점을 지니고 있으므로 여기에서 소개할 만하다. 이 보고서에서는 한국의 유권자들을 단순히 이념 지향적인 보수, 중도, 진보의 전통적인 구도 대신에 각 유권자 그룹이 중요하게 생각하는 것들과 사회 이슈에 대한 태도를 중심으로 6개 그룹의 분류를 수행했는데, 각 유권자 그룹의 특성은 아래와 같다.

우리가 이 표에서 가장 주목해야 할 점은 다음과 같다. 여섯 개의 모든 그룹에서 '소수자'와 관련된 이슈에 공감하지 않거나, 이슈 자체에 무관심하거나, 소수자 그룹 자체에 강한 반감을 지니는 현상이 공통적으로 관찰되었다는 것이다. 바꿔 말하면 한국 유권자들의 정치적 관심도에서 소수자들은 아예 관심 밖이거나, 미움을 받거나 둘 중 하나일 뿐이다. 심지어 이 조사 결과는 소수자에 대한 강한 반감이 관찰되는 것으로 알려진 반권위 포퓰리즘 그룹엔 주로 소득 하위층, 월세 거주자, 불안정 서비스업 노동자가 주로 속해 있다는 것을 보여준다. **스스로가 사회적 약자에 속하는 사람들이 사회적 약자에 대해 더욱 강력한 반감을 지니는 모순이 확인되는 것이다.**

이는 앞서 1장부터 계속 언급해 왔던 한국 공동체의 경제적 빈곤함, 그로 인해 해결하지 못한 채 누적된 후진성이 반복된 결과다. 한국 사회는 생존 비용이 높고 지역적 쏠림 현상이 심하며, 그래서 구성원들이 공동체의 유지보수를 위한 비용을 기꺼이 지출하려 하지 않는다. 이 같은 경향은 정부가 빠른 경제 발전만을 추구하면서 공동체의 유지보수를 민간에 모두 아웃소싱하며 사실상 각자도생의 구조를 지속적으로 유지하는 와중에 더욱 강화되었다고 볼 수 있다. **대한민국은 서울행 티켓과 경제적 풍요, 그리고 사회적 발언권이라는 세 가지 종류의 입장권을**

거머쥐기 위해선 누군가에게 반드시 시험이라는 제도를 높은 성적으로 통과하게끔 강제하는 체제를 토대로 국가를 운영했다. 그 결과 이를 통과하지 못한 사람들은 낮은 노동생산성과 열악한 삶의 질, 낙후된 사회 인프라를 감내하며 그것을 모두 자신의 선택이 불러온 책임인 것처럼 감당해야 했다.

이와 같은 국가적인 시스템이 어제오늘 만들어진 것은 아니다. 이 구조와 토양이 갖는 모순점 자체가 2010년대 중반 이후로부터 불거져 나오기 시작하고 그것이 출산율 급락이라는 최종 산출물로 이어지기까지는 40년 이상의 긴 누적이 필요했다. 모순이 한창 축적되던 시기는 고도성장기와 권위주의 정권이 맞물렸던 지점이었기 때문에 일정 수준 이상의 축적이 진행되더라도 그것의 분출이 매우 어려웠다. 또 민주화 이후 고도 성장이 절정에 이르렀다고 생각되었던 1990년대 중반엔 소수자 운동이 조금씩 고개를 들려 했지만 곧바로 찾아온 외환 위기가 사회 시스템을 한 번 크게 뒤틀어 놓는 바람에 모순의 표면화는 더 연기되었다.

실제로 한국 공동체 체계의 내부적 모순 속에서 숨죽여 살던 소수자들이 본격적인 탈출을 시도한 것은 2000년대 초부터라고 할 수 있다. 2001년 1월 발생한 수도권 전철 4호선 오이도역 리프트 추락사고가 그 본격적인 시작이었다. 장애인 노부부가 리프트를 타려다가 추락하여 사망한 사건은 전국적인 **장애인 이동권 투쟁**을 불러일으켰고, 정부의 최초 태도는 다소 미온적이었다. 그러다가 투쟁의 과정 도중에 수도권 전철 5호선 발산역에서는 안타깝게도 또 다시 리프트 추락 사고가 발생했고, 투쟁의 강도는 더욱 거세졌다. 2024년 현재 우리가 서울을 기준으로 비교적 흔히 볼 수 있는 저상버스와 지하철역 엘리베이터는 이 사건들을 계기로 모두 만들어졌다. 그럼에도 아직 한국의 저상버스 도입률은 30.6% 수준에 머무르며, 우리 사회의 장애인들은 아직도 이동권 투쟁을 하고 있지만 말이다.

장애인 다음으로는 여성들이 나섰다. 한국의 민법이 시행된 후 40년 넘게 이어져 왔던 구습인 **호주제가 2005년에 폐지된 것**이 시작이었다. 지금은 상상하기 어렵지만, 그때만 해도 아직 한국 사회에서 강력한 발언권이 있는 집단 중에는 '유림(儒林)'이 있었다. 이젠 지나치게 진지한 사람을 비웃는 용도로 오히려 더 자주 사용되는, 갓 쓰고 도포 자락 휘날리는 분들이 정말로 모여서 호주제 폐지에 반대하는 집회를 이어갔다. 놀랍게도 당시에는 국회의원 중에서도 소위 '혈통의 순수성'을 운운하며 호주제를 가계 질서 유지의 수단으로 계속 활용케 하자는 사람도 있었다. 물론 그로부터 20년도 되지 않은 이 시점에 호주제를 부활시키려 하는 사람은 아무도, 정말 아무도 없다. 우리 곁에는 그저 호주제의 폐지로 가족관계문서가 간소화됨에 따라 사회적 비용이 감소하였다는 증거만이 남아 있다.

기묘하고 불우한 균형

앞선 두 사례는 그래도 체계의 모순이 분출하였지만 사회적 합의가 잘 이루어진 편에 속한다. 그러나 이 두 예시보다 조금 앞서서 일어났던 1999년 **군 가산점 폐지 논란**은 한국에서 사회적 약자 또는 소수자에 대한 주류 집단의 강한 반감이 형성된 최초의 사례라고 볼 수 있다. 군 가산점 폐지는 지하철역 엘리베이터 설치 및 저상버스의 도입과 같은 시설 개선과 호주제 폐지와 같은 법률 개정의 문제를 벗어나 경제력의 배분과 직결되는 취업의 문제와 관련이 있었기 때문이다. 당시는 외환 위기로부터 채 3년이 지나지 않은 시점이었다. 비정규직 확대를 포함하여 한국 사회의 고용 구조가 전과는 크게 달라져 있었다. 이 때문에 경제력의 배분이 축소될 것이라는 광범위한 불안감 속에서, 시간을 빼앗는 병역 의무에 대한 보상 체계가 사라진다는 것은 당시 남성들의 입장에서는 받아들이기가 쉽지 않았을 것이다.

2000년대 이후 한국 사회가 차츰 다원화되면서 더 많은 사회적 약자 또는 소수자들이 등장하고 있는 게 사실이다. 문제는 이들이 소수자의 위치에서 탈출하려는 시도는 계속 늘어나지만, **한국이라는 공동체가 유지할 수 있는 경제적 파이의 크기**는 차츰 그 한계점에 도달하기 시작했다는 점에 있을 것이다. 모두가 이 사회의 주류와 유사한 크기의 권리를 누리려면 누군가는 비용을 지출해야 하는데, 사실상 대다수의 사람들은 그 비용을 지출할 실질적인 여유가 없는 경우가 많다. 여유가 있는 사람들의 또 상당수는 그들의 소수자성 혹은 비주류성을 그들 스스로의 선택이나 책임으로 여기기도 한다. 가령 화물차 운전기사가 운수 노동 행위에 대한 원가 보전을 운임으로 제대로 받지 못해도, 그것은 그들이 **노력을 열심히 하지 않은 대가**라고 치부하며 '노력을 열심히 한 우리'가 그들을 위해 사회적 비용을 지출할 필요가 없다고 생각하는 것이다.

그러나 우리 구성원들이 사회를 위한 비용 지출을 꺼리는 일은 주류든 비주류든 그 대상의 성격을 가리지 않고 진행된다. 5장에서 살펴보았듯, 심지어 한국은 어느 정도 기득권을 점유하고 있는 의사라는 직업마저도 여기서는 자유롭지 못하다. 필수의료 분야가 아무리 그 원가 보전이 어렵다고 한들, 의사들은 고소득자이기 때문에 굳이 우리가 비용을 추가로 지출할 필요가 없다고 생각하기 때문이다. **생산성이 낮은 사람들은 단순히 노력이 부족했기 때문에 비용을 지출할 수 없고, 생산성이 높은 사람들은 나보다 형편이 좋기 때문에 비용을 지출할 수 없다. 그래서 한국 공동체에선 그 어떤 그룹도 자신이 가진 약자성에서 탈출할 수가 없다. 기묘하게 짜인 균형 아래에서 모든 것이 시나브로 사라지기만을 기다리게 될 뿐이다.**

한편 한국 공동체를 경제적인 관점에 따라 다양한 소그룹으로 나누어 관찰하면, 사실 생산성이 낮은 업종에 종사하는 대부분의 사람들은 사회적 약자에 해당한다. 한국은 그동안 낮은 노동생산성 문제를 긴 노동 시간으로 해결하는 방법을 채택해 왔고, 노동생산성이 낮은 서비스 부문에 대해 제값을 부여하는 방식의 문제해결 방식을 전혀 채택하지 않았기에 대부분의 사람들이 저임금과 긴 노동 시간에 시달리기 때문이다. 높은 생산성이 집중된 일부 대기업은 여기에 해당되지 않겠지만, 이 그룹에 속한 사람들은 극소수다. 그런데 이 그룹은 위에서 말한 시험을 통한 발언권을 획득한 사람들이기 때문에 언제나 목소리를 가장 크게 내는 경향이 있다. 그나마 먹고살 만한 사람만 소셜 미디어에서 큰소리친다는 말은 그저 우스갯소리가 아니다.

8장

모든 것을 파괴하는 '경쟁'의 매운 맛

불행의 원인을 품성에서 찾는 것만큼 어리석은 시도는 없다. 한국인들은 남들과 비교하는 일이 잦기 때문에 불행하다고 하지만, 그 말은 절반만 맞다. 비교라는 행위는 경쟁의 압력이 높기 때문에 작동하는 것이기 때문이다. 혹자는 '그렇다면 생활수준이 전반적으로 낮은 국가들처럼 모두가 빈곤해도 경쟁하지 않고 행복해지는 게 옳은 것이냐'라고 되물을 수 있겠다. 그러나 우리가 지금 행복하지 못한 건 생활수준과 관련이 없다. 한국인의 불행은 오로지 효율만을 극단적으로 추구하게 만든 공동체의 토양, 가성비가 모든 것을 결정하게끔 하는 특수한 경제적 구조에서 비롯되고 있기 때문이다.

한국인들은 그 스스로가 얼마나 잘 살든 관계없는, 불행이라는 지독한 덫에 걸려 있다. 그러나 그 덫은 우리의 통념처럼 한국인들의 인식체계에서 비롯된 것이 아니다. 그 덫의 정확한 이름은 이 책에서 줄기차게 이야기했던 **공동체의 유지를 위해 지출해야 하는 잉여 자원의 부족**이다. 모든 가치 있는 것들의 비용이 지나치게 높아진 한국이라는 공동체에서, 그 구성원들이 겪어야 하는 불가피한 경쟁의 압력은 외적으로 분출되지 못하고 내재적으로 압축될 뿐이다. 이는 우리 모두의 불행을 더욱 가속화하는 악순환을 구축한다.

이러한 상황에서 가뜩이나 돈이 없는 한국인들의 삶을 더욱 피폐하게 만드는 주요한 원인으로 지적되는 것 중 하나가 바로 타인과의 지나친 비교라 할 수 있다. 이러한 지적에 항상 따라오는 것이 소위 명품 오픈런 등으로 대표되는 **과잉 또는 보여주기식 소비에 대한 비판**이다. 특히, 소셜 미디어 등지에서 이와 같은 현상을 상당히 근엄한 어조로 분석하는 분들은 '분수'라는 단어를 자주 사용한다. 한국인들은 자기 '분수'를 모르고 마치 뱁새가 황새를 따라가려 하는 행위를 일생 동안 지속하다 보니 불행에서 벗어날 수가 없다는 것이다.

이와 같은 '분수론'은 한국이라는 공동체를 품성의 잣대로 해설하고자 하는 대표적인 시도이지만, 품성론이 대개 그러하듯이, 그리고 앞선 논의에서부터 반복적으로 강조했듯이 그 자체로 합당한 근거가 결여돼 있다는 점은 부인할 수 없다. 그러나 한국인들의 의식 체계 내에서 특정한 공간의 소비 또는 아이템의 착용, 여행으로 대표되는 경험재의 전시 등 '일련의 특별한 것'들을 향한 경쟁적인 추구는 분명 하나의 사회적 현상으로 자리 잡았다고 볼 수 있다. 그렇다면 우리는 이 현상 자체는 있는 그대로 인정을 하되, 한국인들이 왜 특별한 것에 대해 경쟁적으로 집착하는지에 대해 먼저 생각해 볼 필요가 있다. 우리는 이 지점에서 한국이 상당히 최근까지도 외부 세계와의 민간 교류가 적은, **매우 굳게 닫힌 나라**였다는 점을 주목해야 한다.

'언제 다시 올지 모르는 행복'을 붙잡기 위해

국제 민간교류의 상당한 부분을 차지하는 **민간인의 자유로운 이동**에 관해 먼저 생각해 보자. 한국의 해외여행 자유화 조치는 1989년에 시행되었다. 이는 유럽연합이 생기기도 전인 1985년에 서유럽 주요 국가들이 쉥겐 조약을 체결하여 국경을 완전 개방한 시점으로부터도 무려 4년이나 늦은 것이다. 한국은 1982년 이전에는 아예 민간인의 순수 관광목적 여권 발행이 불가능한 국가였다. 1983년 1월 1일부터 관광여권 발급이 가능해졌으나 이는 50세 이상 시민에 한하여 200만원을 1년간 국내 은행에 예치하는 조건으로만 이루어졌던, 사실상의 의미 없는 조치였다. 한국이 해외여행 전면 자유화라는 결정을 내리기 위해선 1988년 서울 올림픽의 성공적 개최라는 경험이 있어야 했다. 국가 차원에서의 '자신감'이 필요했던 것이다.

그래서 1989년 이후 한국에 존재했던 모든 세대들에게 순수한 관광 목적의 해외 교류는 순식간에 '특별한 것'으로 다가왔다. 지리적인 특성상 그리고 경제적인 여건상 주변 국가를 방문하는 게 자유로웠던 서구권 국가, 특히 유럽의 시민들과는 달리 한국의 시민 대부분은 밀레니얼 세대까지도 부모의 인도를 따라 어렸을 적부터 바깥의 세상과 교류해 보았던 경험이 많지 않을 것이다. 1980~1990년대생들의 부모인 베이비붐 세대는 급속한 발전기엔 아직 생존을 위한 경제적 역량을 축적해야 했으며, 해외여행이 자유화된 지 얼마 되지 않아서는 바로 외환위기를 맞이해야 했기 때문이다. 과거 한국에서 누군가가 해외여행을 떠난다고 하면 주변 지인들이 일정 부분 금전적인 찬조를 하는 문화가 있었던 것은 이러한 배경에서 이해해 볼 수 있다.

이렇듯 모두에게 특별했던 해외여행 자유화가 더욱 특별해진 이유는 바로 **한국의 지리적 특성으로 인한 높은 교류 비용** 때문이다. 국가간 이동 또는 국가 내에서의 장거리 이동수단의 비용은 보통 버스·선박→철도→항공기 순으로 증가하는데, 한국은 삼면이 바다로 둘러싸인 반도 지형이며 그 상황에서 북한이 위를 막고 있기 때문에 국가간 이동에서 가장 비싼 항공기 이동이 사실상 강제되는 측면이 있다. 특히 외국어 사용이 상대적으로 자연스럽고 먼 외국에 대한 두려움이 없는 젊은 세대에게 소구되는 유럽·미주 지역은 한국발 항공권료가 매우 높은 지역에 속한다.

이처럼 교류의 기회에 부여되는 비용이 높아지면, 그 비용을 지불하는 사람은 자연스럽게 해당 **재화를 경제적으로 최대한 가성비 있게** 소비하고자 한다. 이를테면 어떤 사람이 마음만 먹으면 집 근처에서 기차를 타고 30~40만 원 내외의 비용으로 지중해의 휴양지에 반나절 안에 도착할 수 있는 것과, 또 어떤 사람이 1년 넘게 돈을 모아 200~300만 원에 육박하는 비용으로 15시간 가까이 항공기를 타고 같은 장소에 도착할 수 있는 것은 아예 다른 형태의 소비라고 봐야 한다. 이 두 형태의 소비를 대하는 사람들이 가지는 '돈'에 대한 마음가짐은 서로 가늠할 수 없는 차이를 지니게 된다. 후자의 소비를 한국식으로 번역하자면 **"언제 다시 올 수 있을지 모른다"**라고 표현할 수 있다.

언제 다시 올 수 있을지 모르는 사람의 소비는 아이러니하게도 행복보다는 불행에 더 가까운 면이 있다. 다시는 기회가 없을지도 모르기 때문에(또는 다음 기회를 잡으려면 본국에서 지난한 수고를 들여야 한다는 것을 알기 때문에) 조금씩이라도 최대한 많은 곳들을 둘러보아야 하고, 매일매일 옷을 바꿔 입어가며 최대한 멋진 모습들을 연출해야만 한다. 그러므로 장거리 여행에서 워낙 중요한, 효율적으로 짐을 꾸리는 일은 한국인들의 입장에서는 그저 그림의 떡일 뿐이다. 같은 장소를 여행하더라도 서구 선진국 청년들이 주로 배낭을 이용할 때, 한국인들에게는 수트케이스가 필수적이다(말로는 배낭여행을 떠난다고 해도 어쩔 수 없다). 그러나 수트케이스는 유럽의 길거리를 오가기에 적합한 형태의 가방이 아니기 때문에 훨씬 더 힘이 든다. 같은 경험재의 소비라면 힘이 덜 드는 쪽이 더 행복에 가까울 것이다.

우리가 엄청난 경쟁 압력에 시달리는 요인은 무엇인가?

중년층의 등산복 착용 이슈가 그러하듯, 한국에서 이런 소비 행태는 '국민성'의 문제라든지, 특정 성별이 지닌 '허영'의 문제라든지 하는 식의 해석만이 난무한다. 그러나 이것은 우리들의 품성 때문이 아니다. 병영국가 시절 모든 것을 통제받다가 30여 년 전인 1990년의 초입 무렵에 이르러서야 주요 경험재들이 국가에 의해 해금되기 시작하였고, 이 와중에 고비용의 문제까지 겹쳐 **최대한 경쟁적인 소비, 즉 '불행한 소비'**를 할 수밖에 없게 되었기 때문이다. 다시 말해 한국과 경제력이 유사한 다른 국가들과 비교하였을 때 우리는 소비의 기회를 자유롭고 균등하게 누릴 수 없었기 때문에 발생한 일이라고 보아야 온당할 것이다.

이와 더불어 한국 사회의 내재적 경쟁 압력의 축적에 큰 영향을 끼치는 중요한 요인이 있다. 병영국가와 가부장제가 결합된, 해방 이후 현재까지도 어느 정도 지속되어 오는 한국의 기묘한 체제가 그것이다. **오랜 권위주의 통치와 병영국가적 체제가 만든 폐쇄성**은 사회 구성원들로 하여금 '특별한 것'에 대한 경쟁적 추종을 이끌어냈지만, 한편으로는 타인이 가진 것을 끊임없이 의식하며 남들 대다수가 가진 만큼은 자신도 가져야 한다는, 다시 말해 '스스로가 생각하는 평균에 가깝게끔' 특별함을 추종하는 보수적 성격의 경쟁 구도를 이끌어 냈다.

실제로 한국 사회는 권력을 가진 집단이 **표준**으로 제시하는 기준을 위반한다고 여겨질 경우 정상적인 사회생활이 불가능할 정도의 제재를 가했던 어두운 과거를 지니고 있으며, 실제로 이러한 모습은 현재도 '정상성'이 '비정상성'을 일방적으로 규정하고 기피하거나 때로는 아예 배제하려는 모습으로 드러나고 있다. 이러한 사회에서 학습하고 성장한 사람들은 두 가지 이율배반적인 태도를 지니게 된다. 첫째로는 권위적으로 금지되거나 차단되어 있는 것들에 대한 막연한 동경이고, 둘째로는 그 동경을 적극적으로 실현시키려 했을 때 닥칠 수 있는 리스크에 대한 두려움이다.

물론 현재의 대한민국은 1987년 체제 이후 표면적으로는 권위주의 사회에서 벗어난 지 오래 되었으나, 그 시절 청년기를 보냈던 사람들은 여전히 한국 사회에서 높은 인구 비중을 차지하고 공동체 전체에 지속적인 영향력을 끼치고 있다. 이들은 한 사람의 생애주기에서 인류 보편의 절차로 여겨지는 것들의 사회적 경쟁 압력을 추동한다. 입시, 결혼, 출산이라는 3대 관문이 바로 그것이다. 이들은 아랫세대에게 **표준적**이고 **정상적**이라고 생각하는 삶을 추종하라고 전방위적인 압박을 가하는데, 이들 자신이 그런 권위적인 환경에서 자라났기 때문이다. 취업도 여기에 해당되지만, 취업은 이제 이들조차도 함부로 통제하거나 논평할 수 없는 영역이 되어버렸다. 외환 위기 이전의 한국과 그 이후의 한국, 특히 2장에서 수도권 집중 문제를 다루면서 지적했던 '대기업 절벽'이 발생한 2013년 이후의 한국의 취업 환경은 그전과 매우 상이하기 때문이다.

여기에 더하여 **인터넷과 스마트폰의 보급**은 이 모든 것을 뒤섞었다. 급속히 발달한 통신 체계는 오랫동안 아주 좁게 억제되었던 사회 구성원들의 인지 범위를 폭발적으로 확대시켰다. 과거 한국에서는 '특별하지만 남들이 하는 정도로 따라하면 되는 것'이 옆 동네 누군가의 결혼 연령, 아파트 앞 동 누군가의 진학 대학 정도에 머물렀다. 이제는 어디 사는지도 모르는 어떤 사람의 궁금하지도 않았던 해외여행 사진이라든지, 그저 일상적인 모습이라며 업로드한 사진에 교묘히 감춰진 사치품 브랜드라든지 하는 것들이 순식간에 '따라잡아야 하는 요인들'로 떠오른 것이다. 모두가 행복한 모습만을 전시하는 것으로 유명한 인스타그램의 등장은 가뜩이나 기묘한 사회 체제 속에 형성된 '특별한 것에 대한 욕구'와 동시에 그럼에도 '튀어 보이기는 싫은 리스크 회피 성향'이 겹쳐 **올려치기**라고 불리는 또 하나의 특이한 사회적 현상을 탄생시킨다.

올려치기 밈은 지난 2022년 하반기 대학생들이 주로 머무는 커뮤니티에서 '한국 망하고 있는 이유 중 하나가 평균 올려치기인 듯'이라는 제목의 글이 상당히 회자가 되면서 본격적으로 활용되기 시작했다. 한국 구성원들은 실제 사회 전체의 평균이 그렇지 않음에도 훨씬 더 높은 기준을 삶의 평균으로 인식하고, 그것에 억지로 맞추려다 보니 모두가 스트레스를 받는다는 것이다. 이러한 올려치기 현상은 **한국 사회의 인식 체계와 욕망 구조가 이중적이라는 것**을 극명하게 보여준다. 모두가 도달해야 할 평균을 현실보다 더 특별하고 경쟁적으로 상정해 두고, 자신은 아직 그 평균적인 삶에 미치지 못한다면서 스스로를 몰아붙인다. **사회의 평균을 구성하는 대다수 사람들마저도 '더 높은 평균'을 찾으면서 불행할 수밖에 없는 사회가 바로 한국인 것이다.**

왜곡된 경제 구조, 생존과 경쟁의 악순환

다시 강조하건대, 이러한 한국 사회의 심리적 특질을 개개인의 문제로 바라보면 안 된다. 그것은 반쪽짜리에 불과한 피상적인 진단이다. 지금까지 이야기한 인식 체계상에서의 경쟁 압력을 근원적으로 추동하고 강화하는 것은 **한국의 특수한 경제 구조와 사회적 토양**이라고 봐야 한다.

자본주의 사회에서 욕망을 달성할 수 있는 수단은 결국 경제력인데, 앞서 3장에서 밝혔듯이 한국은 노동생산성이 상당히 낮으며, 노동생산성에 대한 관념이 상당히 왜곡돼 있는 사회이기 때문에 근본적으로 인건비 수준이 비교적 높지 못한 축에 속한다. 또한 서울에 극도로 집중된 경제력과 이로 인해 발생하는 높은 주거비용 등은 사회 구성원들이 부를 축적하기 어렵게 만든다. 이러한 경제 구조 속에서 각자의 인식체계 내 욕망구조의 목적을 달성하려면 세 가지 조건이 필요하다. 첫째는 부의 상속, 두 번째는 투자 또는 사업의 성공, 세 번째가 바로 고부가가치를 지닌 라이선스의 획득이다.

한 가지 재미있는 것은, 이 세 가지 부의 축적 수단 중 그나마 운의 요소가 가장 적게 작용하는 것이 바로 세 번째인 **라이선스의 획득**이라는 것이다. 이러한 라이선스는 보통 의사, 법조인 등을 주로 생각할 수 있지만, 한국과 같은 수출 주도형 국가에서는 **언어의 능력** 또한 상당한 가치를 지닌다는 것은 주목할 만하다. 그리고 이러한 요소는 한국에서 강도 높고 평균과는 차별화된 교육을 통해서만 획득할 수 있으며, 특별한 경우가 아니라면 평생 상실하지 않고 계속 경제적인 이득을 제공하게 된다.

그래서 한국에서는 교육의 ROE(Return on Equtiy, 자기자본이익률)가 필연적으로 높을 수밖에 없다. 출생아 수는 날이 갈수록 줄어들지만 영어유치원 학비는 치솟고 있는 현상은 각종 교육 중에서도 **언어 교육**의 ROE가 특별히 높음을 시장이 선반영하는 것으로 보아야 한다. 향후 인구가 더욱 크게 감소하여 한국에서 내수시장만을 대상으로 한 사업이 그 경제적 부가가치를 충분히 창출하지 못할 경우를 생각해 보라. 가뜩이나 높은 수출의존도는 더욱 격심하게 상승할 것이며, 그러한 구조에선 언어 교육에 투입된 부모의 자원이 자녀 세대의 경제적 수준을 결정하는 데 더욱 큰 영향을 끼칠 것이기 때문이다.

이처럼 한국은 교육에 열성적이지만, 우리가 길러내는 인적 자원이 글로벌 밸류체인 내에서 거둘 수 있는 투자 수익률은 상당히 낮은 편이다. 유럽경영대학원(INSEAD, Institut European d'Administration des Affaires)에서 산출하는 세계인적자원 경쟁력지수를 살펴보면, 한국은 그 교육 열과는 별개로 이 리스트에서 상당히 낮은 수준에 머물러 있기 때문이다. 한국은 OECD 국가 중 경제력 규모로 10위권에 속하지만, 인적

한국은 사람에 어떻게든 돈을 쓰지 않습니다

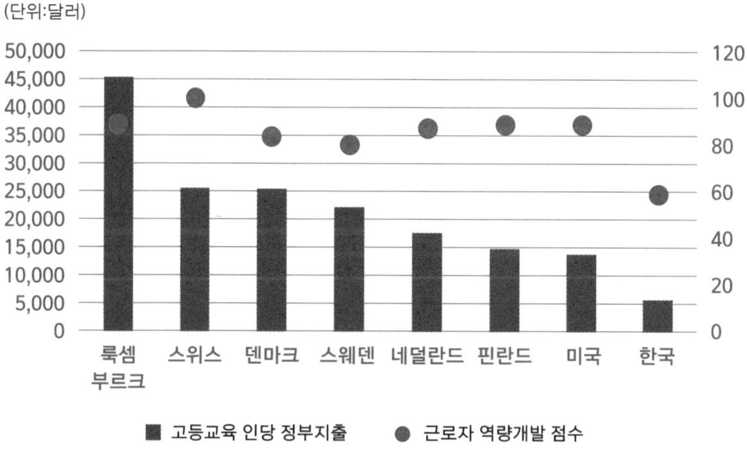

출처: 전국경제인연합회 「OECD 국가와 한국의 인적자원 경쟁력 현황과 시사점」, 《Global Insight》 83호, 2022. 6. 9.

자원 경쟁력의 평균 수준은 OECD 38개국 중 24위에 그치는 모습을 나타냈다. 특히 고등교육의 인당 정부지출은 5773달러에 불과해 31위로 최하위권이었고, 노동자 역량 개발 점수는 59.64점으로 23위에 머물렀다.

이 같은 결과는 무엇을 가리키는가? **한국에서 벌어지는 내부적인 경쟁이 글로벌 밸류체인 내에서의 부가가치 창출에 이어지지 못하고, 부가 쏠려 있는 공간 또는 직업으로의 진입에만 몰두하고 있다는 점**을 설명하고 있다. 이 구도는 공동체의 극단적인 쏠림을 해소하지 못하고 점차 강화하며 앞에서도 언급했던 '황금 티켓 증후군' 현상을 만들어낸다. 나는 책의 마지막 장에서 이 증후군에 대해 깊이 고찰해 볼 것이다.

이러한 사회에서 경쟁의 압력은 바깥으로 분출되지 못하고 내재적으로 계속 누적될 수밖에 없다. 게다가 모두가 수도권을 향해 몰려들어 모든 경쟁이 한 점에만 집중되고, 그 레이스에서 탈락하면 사회 전체에서 탈락하게 되는 것처럼 간주되는 공동체에서는 그 어떤 방법으로도 일극적인 경쟁의 압력을 낮추지 못한다. 경쟁에서 승리하거나 탈락하는 것 이외에는 선택지가 없는 사회에서 개인을 고립된 채 생존의 방법을 잃어간다. 그게 여태껏 우리가 달려온 길이었던 것이다.

2012년 남유럽 재정위기 당시 큰 위기를 겪었던 4개국(포르투갈, 이탈리아, 그리스, 스페인)의 청년 유출은 한때 우리나라 언론에서도 이슈화되었던 적이 있다. 40%를 넘나드는 최악의 청년실업률 때문에 자국에 일자리가 없어 타국으로 일하러 떠나는 청년들은 당시의 한국 사회 입장에서는 거의 망해가는 나라를 보는 듯한 느낌이었을 것이다. 하지만 주목해야 할 것은, 그때 한국 청년들도 크게 다를 게 없었다는 점이다. 삼포, 오포, 칠포 세대라는 단어는 이미 2010년대 초반부터 한국 사회에도 통용되던 말이었고, 실제로 이들이 2010년대에 20대를 보내고 2020년대에 30대에 접어들자 한국은 인구 규모를 유지하기는커녕 매년 출생아 수 최저 기록을 경신하는 신세가 되었다.

또한 경제주체 개인의 입장에서 보면 한국은 오히려 남유럽보다도 더 사정이 나빴다고 할 수 있다. 주변국과의 높은 언어적 유사성* 및 상대적으로 저렴한 이동 비용으로 인해 최소한 다닥다닥 붙어 있는 주변 경제 강국으로 일자리를 구하러 떠날 수 있었던 스페인, 포르투갈, 이탈리아 등의 청년들과는 달리, 가장 가까운 이웃나라인 중국 및 일본과의 언어적 유사성이 상당히 낮은 편인 한국인들은 자국을 떠나는 게 쉬운 선택이 아니다. 그렇다고 해서 서울과 수도권을 벗어나는 것이 답이 될 수도 없다. 지방으로 내려가면 양질의 일자리는 더욱 줄어들고, 2000년대 초중반 지방으로 이전한 몇 안 되는 공공기관에 또 다시 '시험'이라는 경쟁을 통해 입사하는 것이 가장 나은 선택지가 될 가능성이 크기 때문이다.

* 포르투갈어와 스페인어의 유사성은 약 70%에 달하고, 스페인어와 이탈리아어의 유사성도 비슷한 수준이다. 특히 스페인의 한 지방인 카탈루냐에서 사용하는 카탈루냐어의 경우 프랑스 남부에서 사용되는 오크어와 스페인어 사이의 방언연속체 역할을 하고 있어 습득이 쉽다. 영어의 경우 게르만어파에 속해서 로망스어파인 프랑스어/스페인어/이탈리아어 등과는 부류가 다르다. 그렇지만 영어는 게르만어파 계열의 언어 중에서도 프랑스어의 영향을 매우 많이 받았다는 특징이 있다. 결국 유럽의 언어적 연속성은 전 세계에 걸쳐 있다고 볼 수 있는 것이다.

닫힌 사회의 누적된 좌절감 속에서

물론 청년층의 해외 유출이 국가 공동체에 좋은 영향을 끼친다는 뜻은 아니다. 그러나 적어도 취업의 가능성이 작게나마 보이는 탈출구가 어떤 형태로든 존재하는 사회와, 그런 탈출구가 하나도 존재하지 않는 사회에서 보이는 개인의 행동 양태는 매우 달라질 수밖에 없다. 유독 한국에서 심했던 블록체인 토큰 열풍도 근본적으로는 이 관점에서 해석할 수 있다고 본다. 시간이 지날수록 누적되는 경쟁 압력을 탈출할 방법은 뚜렷이 존재하지 않고, 가능성은 매우 낮지만 언젠가는 찾아올 수 있는 '한 방'으로 한꺼번에 경제적인 부를 얻어 자유로운 상태를 누리는 것이 최적의 탈출 경로라고 판단하는 것은 자연스럽기 때문이다.

만약 이도저도 안 되는 경우에는 다른 방법이 있다. 바로 **자살**이다. 한국의 자살률은 독보적인 OECD 1위이며, 우리나라는 지난 2003년부터 2023년까지 21년 동안 2018년 단 한 해를 빼놓고는 한 번도 1위를 놓치지 않았다. **한국은 그야말로 자살의 대국인 것이다.** 여기엔 농촌의 높은 노인 자살률도 영향을 미치지만, 청년층 자살률 역시 최근 빠르게 증가하고 있어 노년층 자살률을 곧 대체할 것으로 전망된다.

그렇다면 다시 물어보자. 청년층의 해외 유출은 과연 나쁜가? 이는 공동체에 해를 끼치는가? 우리의 통념에서 청년들이 해외로 탈출하는 건 나라의 기둥뿌리를 허물어트리는 일일 수 있다. 그러나 이제 다른 관점에서 생각할 필요가 있다. 본디 생산성이 낮은 사회에서 생산성이 높은 사회로 이동하는 것은 자본주의 체계에서 당연한 것이지만, 한국이라는 공동체는 지리적 고립, 언어적 장벽으로 인해 이러한 이동이 원천적으로 봉쇄된 측면이 크다. 대신 과거에 우리 공동체 내에서는 비

자살률 1위, 탈출할 곳은 저세상뿐인 나라

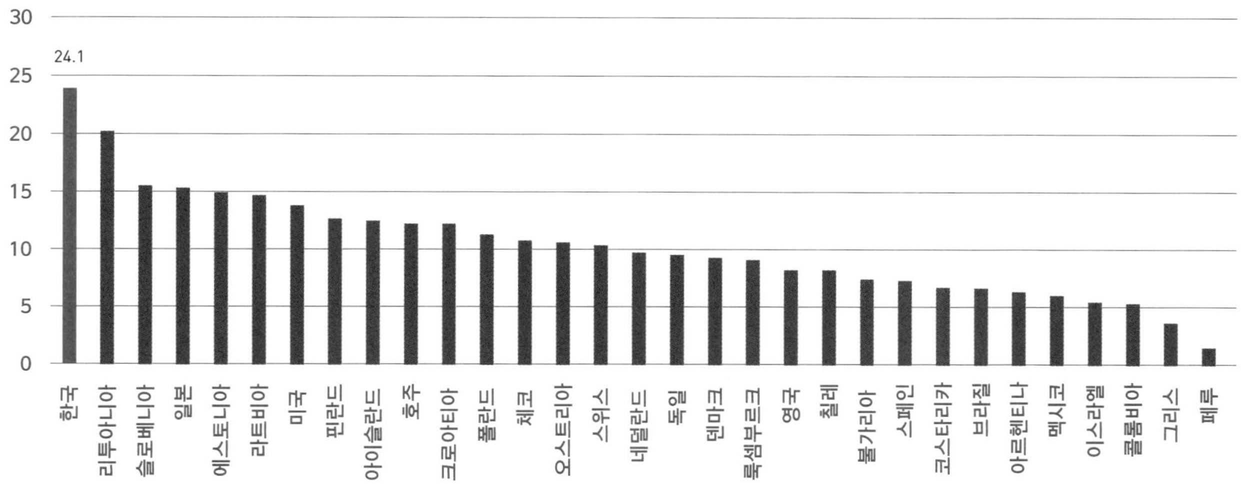

출처: OECD, 「10만명 당 자살자 수」

교적 그 이동이 자유로운 편이었지만, 수도권 쏠림이 수십년 간 계속된 나머지 이제는 수도권으로의 이동조차 만만하지가 않게 되었다. 이런 지점에서 생각해볼 때 사회 전체적 측면에서 구성원이 차라리 다른 사회로 거주를 이전해서라도 경제 활동을 지속하는 것이 더 나은지, 아예 영원히 세상을 떠나는 것이 나은지에 대해서는 모두가 그 답을 알고 있을 것이다.

아울러 한국 공동체의 경쟁 압력과 인식 체계 속 욕구의 기제가 이러한 경제 구조와 강력히 결합하여 누적되어 있다는 사실은 더 큰 문제를 발생시킬 수 있다. **한국 공동체는 높은 경쟁 압력과 함께 빈약한 사회 안전망도 가지고 있다는 사실을 상기해 보자.** 둘은 잘못된 만남을 가지게 될 가능성이 높다. 이때 발생할 수 있는 문제는 무엇인가? **첫째는 가성비만을 추구하는 소비 행태에 따른 '손해를 참지 못하는' 사회 분위기이고, 둘째는 불특정 다수를 향한 범죄의 증가이다.**

한국 공동체가 모든 것에서 가성비를 추구하는 소비를 해야 한다는 것은 앞서 설명한 바 있다. **가성비적 소비의 가장 큰 특징은 언제나 모든 부문에서 비용 대비 극도의 효율을 추구한다는 것에 있다.** 그처럼 극단적인 효율을 추구할수록 아주 작은 손해에도 민감해진다. 이 손해를 다음에 다시는 입지 않으려면 어떻게 해야 하는가? 소비를 하는 입장에서는 생산을 하는 쪽에 강한 불만을 표시할 수밖에 없다. 특히 소셜 미디어 사회가 되면서 모든 것을 평점으로 평가할 수 있는 사회는 대기업 정도 규모의 큰 조직을 배경으로 두고 있지 않은 사람들에게는 하나의 새로운 지옥을 열었다. 민원 지옥이 바로 그것이다.

한 자녀가 보편화되고 맞벌이는 당연한 것이 되면서 한국의 부모들은 늘 자녀들에게 미안해한다. 자녀에 대한 기본적인 사랑이 있기 때문이겠지만, 아이는 부모가 하루종일 보육을 해야 한다는 구시대적 관념이 관성적으로 한국인들을 포위하고 있기 때문이라고 봐야 더 타당할 것이다. 농촌의 육아 공동체가 해체되고 도시에서 육아의 책임이 한 가정으로 오롯이 전가될 동안 손을 놓고 있었던 한국 공동체 자체의 문제점도 있었을 것이다. 또 책의 3장에서 설명했던바 한국의 낮은 노동생산성과 맞물린 긴 노동시간도 큰 영향을 미쳤을 게 분명하다. 한국보건사회연구원의 2023년 「일-생활 균형시간 보장의 유형화」 연구에 의하면, 한국의 1년 연간 노동시간은 1915시간으로 OECD 평균인 1601시간보다 무려 300시간 이상이 많고, OECD 주요국 중 가장 노동시간이 짧은 독일의 1349시간에 비교하면 566시간이 더 많다.* 566시간은 약 23일하고도 절반에 해당하는 시간이므로, 한국인들은 독일인들보다 무려 1개월을 더 일하는 것과 마찬가지라는 것이다.

또한 아이를 양육하는 주 양육 연령대가 포함되어 있는 25세 이상 54세 이하 전일제 노동자가 주업에서 1주일 동안 노동하는 시간의 평균을 측정한 결과, 역시 한국이 평균 43.8 시간으로 가장 길었고, 주당 노동 시간이 48시간을 초과하는 장시간 노동자의 비중 역시 OECD 평균은 7.4%에 불과하였으나 한국은 18.9% 라는 초월적인 수치를 기록했다. **한국 안에서야 모두가 비슷한 환경이기 때문에 한국 공동체의 노동 환경이 자녀 양육에 좋은지 나쁜지도 구별하기 힘든 채로 모두가 꾸역꾸역 아이를 키우겠지만, 국제비교를 하면 한국의 양육 환경은 최악이라고 봐도 무방하다. 특히 양육에 가장 중요한 부모의 '시간'이라는 관점에서**

* 노혜경, 「일-생활 균형시간 보장의 유형화」, 《보건사회연구》 제43권 제2호, 2023. 6.

볼 때 비교 가능한 국가들 중 가장 나쁜 수준이라는 것을 잘 알 수 있다. 하지만 우리 공동체는 결코 이를 일정한 지출이나 제도로 해결할 생각을 하지 않는다. 그저 각자가 자구책을 마련하기 위해 맘카페에서 '꿀팁'을 서로 공유하거나 한정된 시간 내에 최대한의 편리성을 찾을 수 있는 방법을 전 국민 모두가 경쟁적으로 탐색한다. 바야흐로 대(大)가성비 시대의 한 단면이라고 할 수 있다.

낮은 생산성과 긴 노동시간에 허덕이면서 자녀를 키우는 부모들이 최대한 자녀와 함께 있는 시간동안 그 효용을 극대화하고자 하는 것은 너무나 자연스러운 선택이 된다. 자녀를 2명 이상 낳지 않게 되는 것 또한 당연한 결과다. 6장에서도 논의했듯 한국에서 출산은 굉장히 비싼 선택이 되었는데, 우리에겐 그 비싼 선택지를 향후 수십년간 잘 관리할 시간이 절대적으로 부족하다. 이런 공동체의 환경에선 부모는 하나의 연예 기획사가 되고, 자녀는 그 기획사의 1인 연예인이 되는 결과로 귀착된다. 나아가 아이를 학교에 보내는 부모들은 학교가 담당하는 보육의 역할에서까지 최대한의 가성비를 추구하게 된다. 부모들이 본인의 미안함을 모두 갚을 수 있을 만큼 극한의 가성비를 추구한 끝에 다다른 곳은 어디인가? 아동학대처벌법의 구멍과 맞물려, 손만 대도 아동학대라는 식의 고소 남발이 이어지는 교실 현장이다. 아동학대 혐의로 고소된 교원은 지난 2020년 230건에서 2022년 468건까지 증가했다. 이 중 절반 이상은 기소 요건조차 성립하지 않은 고소였다.

개개인의 이기심을 증폭시키는 사회적 토양을 직시해야

그렇지만 이를 특정 학부모의 이기심과 같은 집단적인 품성론으로는 절대로 올바르게 파악하거나 평가할 수 없다. 근본적으로 부모가 인내심을 갖고 긴 시간 동안 아이를 훈육할 수 있는 노동 환경이 조성되어 있었다면, 자녀가 부모가 차린 기획사의 1인 연예인이 될 일도 훨씬 적었을 것이다. 만약 학교에서 학부모의 민원이 개별 교사에게 직행하는 것이 아니라 전담 법률가나 교장 또는 교감을 거치도록 되어 있었다면, 단지 민원이 들어왔다고 해서 현장에서 일하는 교사가 스스로 목숨을 끊는 일도 없었을 게 분명하다.

그러나 이 같은 방식은 모두 돈이 들어간다. 가령 학교마다 전담 법률가를 두려고 하면 그만큼의 인건비가 증가할 것이며, 개별 교사의 업무 부담을 줄여 민원 응대의 용이성을 늘리기 위해서는 교사의 수가 늘거나 학급당 학생의 수가 줄어들어야 한다. 이는 또 다시 인건비의 증대로 이어지는 게 순리다. 하지만 내가 줄곧 강조하는 것처럼, 우리는 언제나 여유가 없고 그래서 어디에든 돈을 쓰지 않는다. 그저 현장에서 버티고 있는 사람들에게 계속 참아 줄 것을 요구할 뿐이다.

다시 가성비 육아의 문제로 돌아와보자. 냉정하게 들릴 수도 있지만, 사람은 무균실에서는 올바르게 성장할 수 없다. 그러나 육아를 대단히 비싼 선택으로 만들어버린 한국 사회에서는 육아 역시 가성비의 대상이 되어 있을 뿐이며, 이런 사회에선 내 아이에게 '유해한 것'들을 모두 적극적으로 거부하기 십상이다. 육아가 가성비의 대상이 되면, 이 일의 효율은 결국 자신의 자녀가 얼마나 훌륭한 대접을 받는지의 문제로 치환된다. 어떤 사람들은 다행히도 사회를 구성하고 살아가는 인간의 특성상 자녀가 성장 과정에서 약간의 손해를 입거나 양보를 하는 게 불가피하다고 훈육할 것이다. 그러나 사회 전체가 가성비를 추구하는 분위기에서 어떤 사람들은 무균실과 같은 '언제나 무해한' 환경만이 자신이 원하는 효율성에 가장 크게 접근하였다고 판단할 수 있다.

문제는 이러한 경향이 갈수록 강해지는 모습을 보이고 있다는 것이다. 학생의 수는 점점 더 줄어만 가는데 교사를 향한 고소와 고발 건수는 놀라운 속도로 증가하고 있다면, 가성비를 따질 수밖에 없는 사회경제적 구조 때문에 사람들이 점점 더 이기적으로 변하고 있다고 추론하는 게 타당하다. 오로지 **효율성**만이 남은 공간에 이기심 말고 다른 것이 들어설 여지는 없는 법이다.

이처럼 내 아이가 조금이라도 손해를 보았다고 생각이 들었을 때 상대방을 사법적 조치로 손봐주려는 추세가 강화될 때, 이는 우리뿐만 아니라 우리 후세대에도 악영향을 끼친다. 교원을 아동학대로 고발한 건의 절반 이상은 기소요건조차 갖추지 못했지만, 수사와 재판이라는 것은 사람의 일상생활을 크게 훼손하기 때문에 이 같은 일을 겪은 사람은 당연히 심리적으로 크게 위축되고, 본래의 직업적 기능이었던 훈육을 포기하게 될 확률이 높다. 그런 환경 속에서도 직업적인 성실함을 유지했던 몇몇 사람들은 감정적으로 몰린 끝에 극단적인 선택을 하게 된다. 주변에서 이런 안타까운 일이 발생하면 이는 또 다른 사람들에게 영향을 끼칠 수밖에 없고, 학교와 사회 전체를 위축시킨다.

이것이 몇 년 지속되면 그 공동체는 붕괴한다. 모두가 가성비만 따졌을 때 공동체가 어떻게 파멸하는지 학교 현장이 가장 앞서서 이를 보여주고 있는 것이다. 실제로 각 종합대학 사범대는 원래 전공 만족도가 가장 높은 과 중 하나였지만, 2010년대 중후반부터 그 만족도가 큰 폭으로 하락하기 시작했다. 지금은 그 영향력이 입시에까지 닿아서, 이제는 10대 시절 성실하게 공부한 학생들이 사범대 진학을 기피하는 현상이 두드러지고 있다. 원래 한국은 사회적으로 가장 우수한 인재들이 교육 현장에 배치되는 것으로 이름난 나라였지만 이제 그것도 사실상 끝났다.

지금까지 가성비의 극한 추구가 보여주는 사회의 문제를 살펴보았다면, 이제는 경쟁 압력과 왜곡된 경제적 토대가 범죄로 연결되는 측면도 살펴보자. 2023년 여름 한국 사회는 잇달아 발생한 흉기 난동 및 유사한 강력 범죄 사건으로 인해 공포에 떨었다. 서울 시내 한복판인 신림역에서 30대 남성이 4명을 흉기로 찔러 그 중 1명이 사망한 사건을 시작으로, 연쇄적인 흉기 난동 및 폭력 범죄가 이어졌다. 이 사람들의 생활 배경은 다양한 편이지만, 공통적으로 겹치는 사실은 **정신적인 불안함과 개인적 빈곤**이 겹쳐 있었다는 것이다. 다시 말해 자신의 인식체계 내에 자리 잡은 욕구를 경쟁적으로 추구하기 쉽지 않은 환경에 놓여 있었다는 것이다. 즉, 모든 사람들이 '평균적으로 불행한' 사회 구조 내에서 **실질적인 탈락자**의 역할을 담당하고 있었다고 할 수 있다.

이러한 일은 한국이 맨 처음 겪은 것은 아니다. 한국보다 먼저 이 문제를 심각하게 겪은 나라로는 이웃나라 일본이 있는데, 일본은 2008년 한 해에만 이러한 불특정 다수를 향한 범죄가 17건에 이르러 큰 사회문제로 비화한 적이 있었다. 그리고 그 배경에는 당시 고이즈미 내각이 주도했던 일본판 비정규직, '파견근로'의 확대가 자리 잡고 있었다. '잃어버린 10년'의 해소를 기치로 걸고 집권한 일본 자민당의 고이즈미 준이치로 내각은 2003년 제조업 파견근로 허용을 시작으로 과감하게 비정규직을 확대하였고, 이에 따라 2008년 전체 노동자의 34.6%가 파견

근로자로 이루어지게 된다. 그 와중에 2006년 제조업 파견 근로자의 고용기간이 3년으로 늘어나며 당시 파견 근로자들의 상당수가 2009년에 해고될 것을 우려하는 '2009년 문제'는 당시 일본의 주요 이슈 중 하나였다. 공교롭게도 2008년 서브프라임 모기지 사태가 발생하며 이 문제가 현실화되고 말았다.

일본은 사회보장비 지출이 OECD 평균을 살짝 상회하는 나라이지만, 지나치게 빨랐던 고령화 때문에 주로 노년층에 유리한 연금과 의료제도가 급격하게 팽창해 사회보장비 지출을 대폭 증가시킨 측면이 있었다. 이로 인해 일본 사회는 청년 세대가 원하는 보육 및 실업수당 등으로 사회안전망의 핵심을 이동시키지 못했다. 실제로 일본의 2017년 사회보장비 지출은 전체 120조엔 중 연금에 45.6%, 의료에 32.8%를 지출하였고 고용보험은 2%에 미치지 못하는 수준이었다.* 다시 말하면 일본의 경우 주요 경제 활동 그룹에 대한 빈약한 사회 안전망 제공과 이를 무시한 급격한 노동구조 변화가 사회 탈락자를 양산했고, 이들 중 일부가 범죄의 길로 빠져들었다고 해석할 수 있다.

불행과 증오에 중독된 공동체

앞서 일본의 예를 들었지만, 한국의 경우 **GDP 대비 사회보장비 지출 비중** 자체도 OECD 최하위 수준에 머무르고 있다는 점에서 일본보다도

* 김성조, 「일본 복지정책의 지속가능과 미래 방향성」, (재)동아시아연구원, 《EAI 워킹페이퍼》, 2019. 12.

한국의 정치 세력에게 직접세 증세는 정치적 자살이다

정권	집권기	시도한 정책
노무현 정권	2003년~2008년	종합부동산세 도입
박근혜 정권	2013년~2017년	연말정산시 소득공제 항목의 세액공제 변경 근로소득세 과표 1.5억원 초과 세율 인상 금융소득종합과세 대상자 확대 (4천만원 초과 → 2천만원 초과)
문재인 정권	2017년~2022년	종합부동산세 인상 근로소득세 과표 3억원 초과 세율 인상

미래의 상황이 좋지 않을 것이라 생각해 볼 수 있다. 이러한 상황이 바뀌려면 필요한 많은 것들 중 하나가 바로 **증세에 대한 합의**일 것인데, 내가 계속해서 강조하고 있는 내용이지만, 한국에서 증세에 대한 합의를 얻어내는 것은 태평양 한복판의 섬나라가 월드컵에서 우승하는 것보다도 어려울 것이다. 한국은 프랑스와 함께 조세저항이 매우 강력한 국가 중 하나이기 때문이다. 과거 프랑스를 뒤흔들었던 노란조끼 시위와 비교하면 한국의 조세저항은 매우 조용해 보이지만, 실제로《한겨레》의 조사 결과 코로나 대유행 한복판에서도 증세 반대 여론이 59.8%에 이르렀다는 점,* 민주화 이후 한국에서 증세를 시도했던 정권은 단 한번의 예외도 없이 모두 교체당했다는 점은 한국의 조세저항 강도를 설명한다.

* 이지혜, 「'복지 확대' 원하지만 '증세 거부감' 은 더 완강해져」,《한겨레》, 2020. 6. 24.

물론 모든 사람들이 극단적인 선택만 하는 것은 아니다. 분출되지 못하는 경쟁 압력 속에서 탈락했다고 할지라도 모두가 스스로 목숨을 끊지는 않으며, 흉기를 들고 이름 모를 피해자를 찾으러 나오게 되는 최악의 상황도 일부의 경우이기는 하다. 그러나 반드시 흉기를 들어야만 타인의 인생마저 불행하게 만들 수 있는 것은 아니다. 우리는 이미 누적된 경쟁 압력 속에서 불행한 자신의 인생을 '올려치기' 위해 타인의 인생마저도 불행한 것으로 규정하기 시작했다. 2015년부터 몇몇 인터넷 커뮤니티에서 암약하다가 2021년 하반기부터 크게 화제가 되었던 **설거지론**이 바로 그것이다. '론(論)'이라는 한자어를 붙이기에도 다소 부끄러운 내용이지만, 설거지론을 간단히 정리한다면 '연애 경험이 전무하거나 매우 적은 남성이, 젊은 시절 문란한 성생활을 즐겼던 여성과 결혼하는 행위'를 설거지에 빗대어 조롱하는 것이라고 할 수 있다.

물론 이 담론은 어불성설의 수준이다. 근본적으로 이것은 여성의 혼전 성관계를 여성이라는 인간의 가치하락의 관점에서 관찰하기 때문에, 실제로 이 담론을 잘 설명하고 있다고 알려진 글들을 읽어보면 —그다지 큰 가치를 가진 텍스트는 아니지만— 남성의 경제력과 여성의 성관계 경험 유무를 동일선상에서 서로가 추구하는 욕구로 잘못 설명하고 있다. 실제로 타인의 성 경험에 대해 크게 중요하지 않게 생각하는 사람 앞에서 설거지론은 너무나 쉽게 무력화된다. 이 때문에 초기에 화젯거리가 된 이후 이 담론이 인터넷에서 파생되는 방향성을 살펴보면 갖가지 각론이 얼기설기 들러붙는 것을 볼 수 있다. 허술한 부분을 계속 보완해야 하기 때문이다.

이 담론을 적극적으로 찬동하고 따랐던 사람들은 연애 관계에서의 불공정이라는 숨겨진 진실에 대해 자신들이 처음으로 눈을 떴으며, 이로 인해 자신들이 주도적으로 결혼이라는 제도를 거부하는 것이라고 주장한다. 그러나 앞서 이야기했듯 이 담론은 인간성에 관한 지극히 사소한 관점과 태도의 차이 앞에서 바로 허물어진다. 그러므로 이렇게 허술한 이야기를 붙들고 계속 놓아주지 않는 것은, 그 이야기가 맞다고 굳게 믿어야만 누적된 경쟁 압력 속에서 자신이 가지지 못한 것을 가진 사람들의 인생도 함께 불행해지기 때문이다.

왜 어떤 이들은 남들이 불행하기를 바라는가? 나는 이러한 사회 현상을 설명할 때 품성론을 동원하는 것의 허구성을 이미 설명한 바 있다. 그에 관한 이 장의 논의를 요약한다면, **우리가 불행한 것은 우리 사회의 구성원들이 특별히 더 허영에 물들었기 때문이 아니다. 수도권 집중과 낮은 노동생산성이라는 경제 구조, 지리 및 언어적 요건, 빈약한 사회안전망의 토대 등으로 인해 개인이 감당해야 하는 경쟁 압력의 분출이 원천적으로 어렵기 때문이다.**

인터넷에서 누군가를 과녁으로 삼는 사람들도 사실 마찬가지이다. 이들이 특별히 사악해서 누군가를 공격하는 것은 아니라는 뜻이다. 지나치게 높은 경쟁 압력은 지나치게 많은 사람들을 탈락자로 만들어버린다. 이 점에서는 당연히 연애도, 결혼도 그 부작용을 피해갈 수 없다. 인간에게는 자신의 처지를 개선하거나 문제를 해결할 방법이 필요하지만 우리 사회는 그런 방법들을 해결할 고민을 하지 않았고, 아예 이 사회의 토양을 바꾸기 위해 그런 고민이 필요하다는 사실 자체를 직시한 적이 없었다. 이것이 쌓여온 결과 타인을 향한 증오만이 이 해결할 수 없는 압력을 해소할 마지막 출구가 된 것이다.

그러나 문제를 해결할 길은 여전히 요원하다. 우리는 아직도 사람의 의식이나 심성이나 문제를 설명하는 방식에 너무나 익숙해져 있기 때문이다. 우리에겐 원인을 개인에게 돌리는 것 역시 자연스럽고, 결론적으로 사회의 어떤 병리적인 현상이 되었든 '왜?'라는 질문을 던지지 않는 것이 습관이 되어 있다. 대신 사회의 누적된 병리 현상이 강력범죄나 증오 표현 등으로 등장하는 경우 이에 대해 강하게 처벌할 것을 요구하는 분위기만이 팽배할 뿐이다. 사람이 암에 걸렸는데, 겉으로 보이는 암덩어리만 절제하면 된다고 생각하는 것이다. 이 책 『자살하는 대한민국』의 대전제에 담긴 가장 중요한 뉘앙스처럼, 이런 일이 반복되면 결국 공동체 스스로가 사멸의 길로 접어들 수밖에 없다. 그리고 그 사멸의 길 위에는 **개인의 불편에는 지나치게 민감하지만, 공동체의 개선을 위한 투자에는 지나치게 인색한 우리 사회의 구조적 특징**이 자리하고 있다.

이민자들의 유입은 답이 될 수 있는가?

한국은 정신적 빈곤을 물질적 허영으로 채우려는 나라가 아니다. 만약에 누군가가 그런 이야기를 한다면, 그는 근본적으로 우리 공동체가 물질적 여유가 없다는 사실을 놓치고 있다고 봐도 좋다. 아울러 물질적인 무엇을 획득하기 위한 경쟁이 평생에 걸쳐 너무나 심한 나머지 정신적 빈곤이 자연스레 발생한다는 사실을 외면하고 있거나, 혹은 그에 관해 무지한 것이다. 그래서 그는 꾸준하게 한국인들은 정신적으로 빈곤하다는 거짓말을 하고 있는 것이다.

내재적으로만 축적된 경쟁의 압력에도 불구하고 이를 해소하기 위한 공동체적 지출의 부재는 결국 모든 공동체 구성원들을 가성비의 감옥 안에 가둔다. 이 감옥에서 사람들은 결혼과 출산이라는 비싼 선택지부터 인생에서 지워나감으로써 총체적인 공동체의 소멸을 맞이한다. 나는 1장에서 설명한 우리 공동체의 높은 생활 비용에서부터, 7장에서 설명한 공정에 대한 착각까지 일관되게 이 주제에 관하여 이야기한 바가 있다. 이 모든 것들이 뒤섞여 나타난 것이 출산율 0.7명대라는 파멸적인 결과라고 할 수 있을 것이다.

일각에서는 이러한 문제 때문에 **이민 정책**이 어느 때보다도 시급하다고 주장한다. 이미 순혈 한국인들끼리는 이 사회를 유지할 수가 없으니, 아예 현대 한국인들과 욕망의 구조가 다를 것이라 추정되고 더 나은 세상에서 거주하기를 갈망하는 사람들을 광범위하게 받아들여 인구 문제를 해결하는 것이 공동체 존속을 위한 답이라는 식이다. 그러나 이민은 절대로 우리 공동체의 문제를 풀 수 있는 열쇠가 되지 못한다. 아무리 이민자들이 한국으로 들어와 잠시 한국의 인구를 늘린다고 해도, 현재와 같이 내재적인 경쟁 압력이 지나치게 강하고 생활 비용도 높은 국가에서는 그 어떤 문화권에서 온 이민자라도 견디기가 어려울 것이기 때문이다.

뒤에서 더 자세히 서술하겠지만, 이민이라는 현상에는 근본적으로 생활수준이 낮은 국가에서 높은 국가로 이동하는 경향이 있다. 또 언어의 장벽을 넘어야 하는 일도 선행된다. 이민을 보내는 국가에서 아무리 엘리트 계층이었다 할지라도 이민을 받는 국가에서는 생산성이 매우 낮은 업종에 종사할 확률이 높다는 것도 엄연한 사실이다. 그렇다면 이들은 한국의 가혹한 황금 티켓 경쟁 환경에서 자녀들을 고생산성 일자리에 취업시키지 못할 수도 있을 것이다. 이런 상황에서 이민을 광범위하게 받았을 경우 한국의 이민자 그룹은 높은 확률로 저소득층을 형성할 확률이 높고, 이 경우 한국도 선진국이 겪었던 문제를 그대로 겪을 가능성이 크다. 이민자 그룹으로 인한 사회 안정성의 저해가 바로 그것이다.

그러므로 이민자들이 한국 공동체의 소멸을 막으려면, 지금 한국인들이 겪는 문제가 선행하여 해결되어서 이민자들은 그 문제를 겪지 않아야만 한다. 그래야만 이들이 기존에 한국 공동체를 구성하던 사람들과 지나치게 불필요한 갈등을 겪지 않고 한국 사회를 지탱해 나갈 수 있게 되기 때문이다. 하지만 이 문제에서도 우리 공동체 구성원들은 이중적인 태도를 드러내곤 한다. 우선 한국이라는 사회의 소멸은 막아야겠지만, 그럼에도 불구하고 이민자들이 우리에게 제공해 줄 수 있는 그 무엇에만 관심이 있고 그들을 위한 지출에는 벌써부터 다소 인색한 태도를 드러내고 있다. 즉, **체리피킹(Cherry picking)**을 한다는 것이다.

공동체를 위해 필요한 것들이 있음을 인식하면서도 그 비용을 체리피킹하고자 하는 한국 사회의 문제점은 이민에 관한 인식에서도 고스란히 드러난다. 이민을 받으면 단순히 인구가 늘어나 공동체 소멸을 막을 수 있을 것이라는 나른한 생각은 이 지점에서 이미 오류를 범하고 있다. 우리는 인구 감소로 인한 미래의 공동체 소멸을 막기 위해 이민이 필요할 수 있음을 강하게 인식하면서도, 그 이민자의 성격에 대해선 **한국인들이 자체적으로 규정한 정상성**을 벗어나지 않는 범주에서의 이민만을 받아들이고자 한다.

요컨대 한국인들은 이민으로 인한 사회 통합성의 훼손을 극도로 경계하며, 이 때문에 자신들과 같거나 상위의 질서 내에서 행동할 것이라고 여겨지는 서구권 고학력자들의 이민을 선호하는 경향이 있다. 한국 사회에 이미 편입되어 있는 외국인들은 한국의 불평등 구조를 고스란히 적용받고 있지만, 우리는 그들이 처한 문제를 제대로 들여다보기는 커녕 한국에 올 일이 없는 '고급 인력'만을 목놓아 기다리는 상황이다. 이를 근본적으로 반성하지 않는 한 이민은 우리 공동체의 미래를 담보하는 해결책이 될 수 없을 것이다.

우리는 이민을 받아들일 준비가 되어 있지 않다

앞에서 언급했듯, 거의 대부분의 이민은 경제력이 낮은 국가에서 높은 국가로의 인구 이동을 수반한다. 특별한 이유가 없지 않고서야 사람이 자신이 태어난 문화권을 완전히 떠나 다른 문화권으로 이주하는 것은 그 문화권의 장점, 특히 경제력이 매력적으로 느껴졌기 때문이다. 장거리 이민의 경우 큰 경제적 메리트가 필요하고, 그렇지 않은 경우 실용적인 이유의 단거리 이민이 선호된다.

이 때문에 한국은 2023년 기준 재외동포 749만명 중 1/3이 넘는 254만명이 미국에, 다른 1/3인 246만명이 중국에 머물고 있다. 하지만 재중동포의 경우 과거로부터 중국에 터를 잡고 살던 조선족 동포를 포함한다는 점을 생각해 볼 때, 순수하게 이민으로 따지면 한국인의 이민 대부분은 세계 제1의 국가인 미국으로 이루어졌다고 할 수 있다.

실제로 이민이 경제적 이유에서 일어난다는 것은 한국인 스스로의 이민 통계로도 살펴볼 수 있다. 한국은 1980년대 중반 연 3만명이 이민을 떠났고 그 중 2만명이 넘는 사람이 미국으로 향했지만 2022년 기준 한국인은 연 1천명도 이민을 떠나지 않는다. 2022년의 한국 해외이주 신고자는 미국 278명을 포함하여 총 499명에 불과하고, 해외이주 이외

한국인은 이제 경제적으로는 이민 필요성이 없어졌다

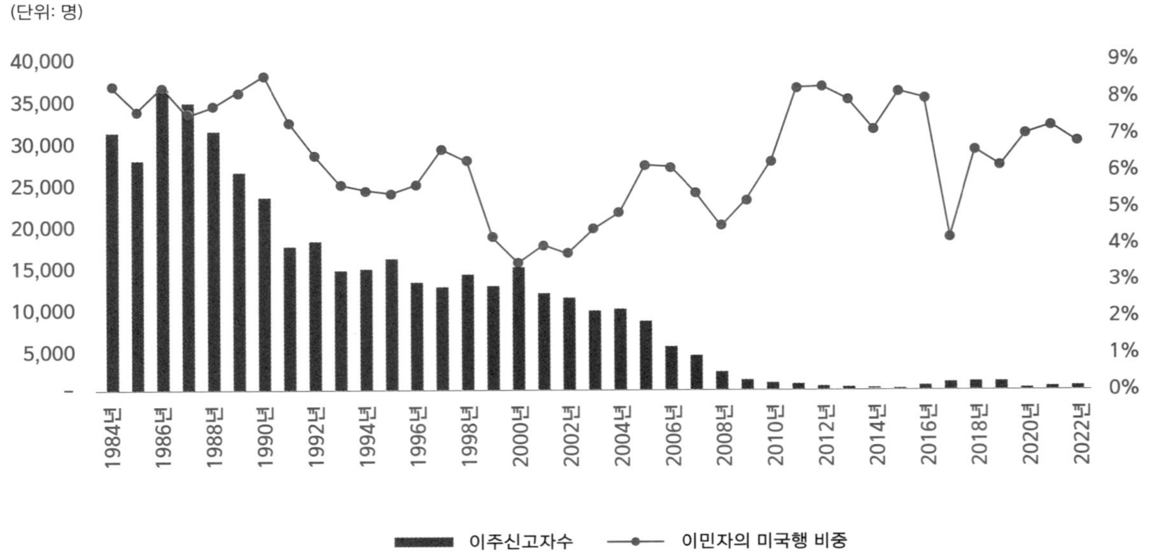

출처: 외교부/재외동포청, 「해외이주신고자현황」, 1984~2016

의 목적으로 출국하여 영주권 또는 그에 준하는 장기체류 자격을 취득한 사람의 이민으로 간주되는 현지이주를 포함해도 2388명에 불과하다. 즉, 한국은 국가 전체의 경제력이 상승함에 따라 더 나은 경제력을 갖춘 국가로의 이민은 불필요해졌다고 볼 수 있다.

한국의 과거 이민 동향을 살펴보았을 때, 우리는 직관적으로 우리가 원하는 형태의 이민이 사실상 일어날 수 없다는 것을 알 수 있다. 하지만 한국 공동체의 이민정책에 대한 태도는 이민자에게 **한국인의 품성**을 포괄적으로 요구하고 있으며, 이 점에서 이민국가로의 전환은 한국 공동체엔 매우 어려운 일이 될 것으로 보인다. 실제로 이민정책연구

외국인이 한국인으로 되려면 가장 중요한 조건, '품행'

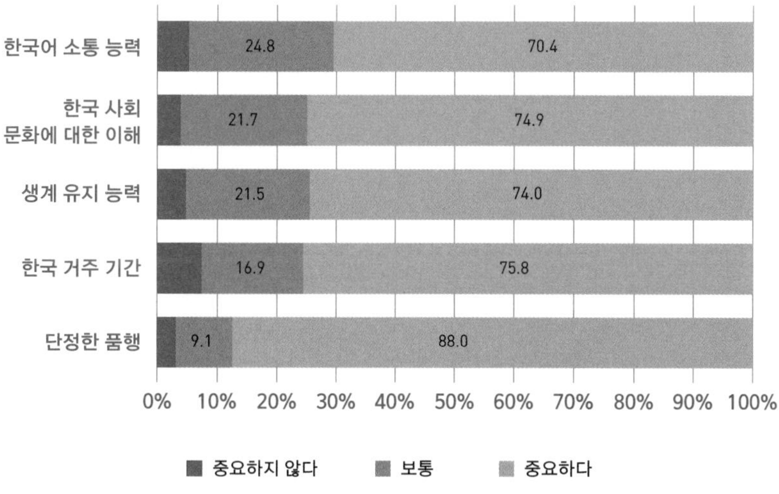

출처: 장주영, 「한국인의 이민정책에 대한 태도」, 이민정책연구원, 《Issue Brief》 2021-03호, 2021. 5.

원이 대한민국 법무부의 의뢰를 받아 2019년에 조사한 바에 의하면,* 외국인의 귀화 요건별 중요도 1위는 '준법의식, 납세의무수행 등 단정한 품행'이었다. 무려 88%의 사람이 이 품행의 문제를 가장 중요한 것으로 꼽았는데, 이는 75.8%로 2위를 차지한 '한국에서 거주한 기간'보다 13%p 높은 수치이다. 한국어 의사소통 능력이 중요하다는 답변은 70.4%였다.

하지만 해당 설문조사는 문항 설계에 다소간의 오류가 있는 것으로 보인다. **품행**이라는 단어가 가지는 일종의 포괄성을 배제하고 설문이 이루어진 것으로 보이기 때문이다. 사실 해당 조사의 문항은 앞서 설명한 3개 이외에도 '스스로 생계를 유지할 수 있는 능력'과 '한국 사회 및 문화에 대한 이해' 2개가 더 있는데, 엄밀히 따지자면 이 두 가지는 모두 품행이라는 단어에 포함이 될 수 있는 문항들이다.

그럼에도 이 조사 결과가 함의하는 바는 뚜렷하다. 한국 공동체가 이민자에 대해 갖는 태도가 사실상 명료하지 못하다는 게 그것이다. 이는 한국이 다인종 다문화 사회를 경험해 보거나, 전근대적인 식민 제국을 운영한 경험 없이 20세기 중후반부에 단일 민족 국민국가로 국가 체제를 처음 운영하기 시작했기 때문이라는 점에 기인한다. 제국주의가 좋다거나 우리도 다문화 사회를 위해 제국을 굴려봤어야 한다는 것이 아니다. 주로 20세기 식민 제국들이 자국을 운영하기 위해 사용했던 방법들이 제국이 해체되고 나서도 현 시대의 그 나라 사람들에게 **이민자를 대하는 기준**을 학습케 하는 역할을 했다는 것이다.

* 장주영, 「한국인의 이민정책에 대한 태도」, 이민정책연구원, 《Issue Brief》 2021-03호, 2021. 5.

앞서 위 설문 문항 5개중 한국어 의사소통 능력, 생계 유지 능력, 한국 사회·문화에 대한 이해 세 가지 또한 한국인들이 생각하는 '품행'이라는 개념에 포함된다고 밝힌 바 있다. 사실상 한국 거주 기간을 제외하면 모든 게 품행에 해당된다고 볼 수 있는 것이다. 한국인들은 존댓말을 똑바로 사용하지 못해도 품행이 바르지 않다고 생각하며, 나이 들도록 능력 없이 집에서 놀고먹어도 품행이 바르지 않다고 생각하고, 한국 공동체를 움직이는 기준을 잘 이해하지 못하고 다른 행동을 할 경우에도 이를 불량하다고 규정한다.

그런데 연령별 조사 결과에 의하면, 이 설문의 항목들에 대해 각 연령대별로 중요시하는 정도가 다르다. 20대의 경우 '한국 사회 및 문화에 대한 이해'를 '단정한 품행' 다음으로 꼽았지만, 30~40대와 60대는 '한국 거주 기간', 50대는 '생계 유지 능력'을 꼽았다. 이것은 무엇을 말하는가? 한국인들은 세대에 따라서도 이민자들에게 요구하는 기준이 모두 다르며 통일된 기준이 없다는 것이다. 물론 설문 조사 자체를 더 세밀하게 조사한다면 유의미한 결과가 도출될 수도 있겠으나, 한국인의 이민정책에 관한 태도에서 직접적인 설문조사를 통한 경향성을 발견할 수 있는 연구가 매우 드물다는 한계점도 있다.

우리가 한국인들의 이민정책 태도에 대한 조사에서 알 수 있는 점은 한국 공동체가 이민자들에게 요구하는 기준 자체가 상당히 일관되지 않고 지리멸렬하다는 것이다. 이 지리멸렬한 기준이 우리 공동체 구성원들의 선입견과 결합했을 때 사실상 이민을 개방할지라도 이민을 아예 받지 않느니만 못한 사회적 갈등이 발생할 수 있다는 건 자명하다. 이민은 때때로 인도주의적인 관점에서 추진되기도 하고, 서구 국가들 역시 주기적으로 불법 체류자들을 한 번에 합법화하는 조치를 취하기도 하지만, 이민 정책 자체가 인도적이든 아니든 대규모 이민을 개방하기로 결심한 사회는 곧 그 사회 통합성이 수십 년에 걸쳐 장기간 깨지면서 고통을 받아야 한다. 이는 좋든 싫든 그냥 사실이다.

이민의 '양극화 구도'는 이미 완성되어 있기에

타 문화권에 대한 자의적이고 명료하지 못한 우리 시민들의 기준은 어떤 방식으로 갈등을 불러일으키게 될까? '품행'이라는 개념은 한국 사회에서 상당히 많은 것을 내포하고 있는데, 이는 뒤집어 말하면 이방인의 입장에서 사소한 실수만을 저질러도 품행 측면에서 낙제점을 받을 수 있는 위험을 내포하고 있다는 뜻이다. 가령 단지 무슬림이라는 사실만으로도 우리 공동체는 특정한 그룹을 품행이 불량하다고 간주할 수 있거나, 단지 우리보다 생활수준이 낮은 국가에서 왔다는 사실 하나만으로도 품행이 불량할 것이라고 예측할 수 있다. 이 장에서 내가 지적했듯 병영국가를 오래 겪어 '정상성'에 대한 강한 관념이 있는 한국 공동체는 '다름'과 '불량'을 따로 떼어놓고 정의하는 것에 익숙하지 않다.

특히 이는 선진국 수준의 도시화를 이루고 서구의 생활 방식을 어느 정도 표준화해서 받아들인 대도시 지역에서 더욱 심각할 것이다. 수도권과 서울은 스스로를 근대 시민이라고 인식하고 근대 질서에 따라 산다고 믿는 사람들이 대다수이기 때문이다. 이들은 **봉건적이거나 전근대적이라고 생각되는 개발도상국 출신 이민자들이 보이는 면모**를 용납할 수가 없을 것이다. **(이는 이따금 발견되는 서울의 지방혐오적 태도와도 관련성이 있다.)**

이러한 리스크는 어떤 이주민을 대상으로 어떤 스탠스의 정책을 펼

대상에 따라 '엄격함이 달라져야 하는' 이민정책

※ 해당 조사에서 '엄격해야 한다'고 답변한 비율

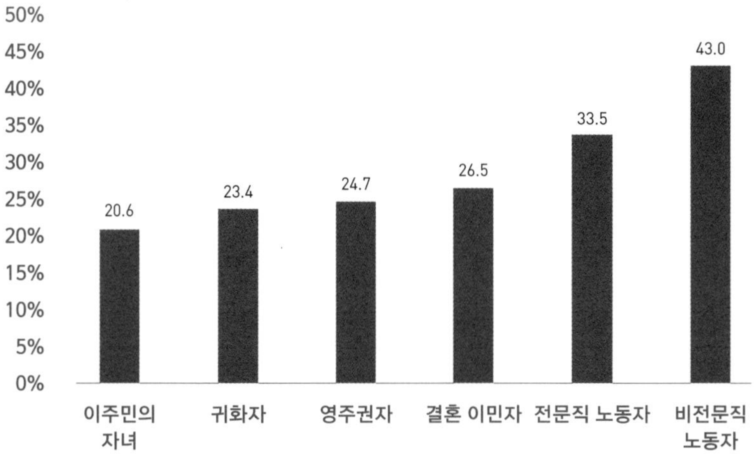

출처: 장주영, 「한국인의 이민정책에 대한 태도」, 이민정책연구원, 《Issue Brief》 2021-03호, 2021. 5.

쳐야 하는가에 대한 조사 결과를 보면 조금 더 자세히 드러난다. 이민정책연구원의 같은 조사에서 한국인들은 귀화자에 대해서는 23.4%만이 '엄격해야 한다'고 답변했으나, 이것이 결혼이민자로 가게 되면 26.5%로 늘어나고, 비전문직 근로자에 대해서는 무려 43%가 '엄격해야 한다'라고 답변했다. 이미 엄격한 조건을 통과하여 한국 공동체의 일원이 된 귀화자에 대해서는 그 품행이 올바르다고 믿는 것에 반해, 일단은 신분도 외국인이고 생산성이 낮은 업종에 종사할 확률이 높은 비전문직 근로자의 경우 그들이 어떤 사람인지도 잘 모르지만 일단은 엄격하게 대해야 한다고 믿는 것이다.

그래서 이러한 품성론적 시각에서 발로하는 이민정책 태도는 한국인들이 서구 선진국 시민 위주의 이민을 바라는 계기가 된다. 그러나 다시 언급하지만 이러한 형태의 이민은 일어날 수도 없고, 일어난다고 해도 딱히 현재 한국인들의 상황에 도움이 되지도 않는다. 가령 서구 선진국에서 높은 교육을 받은 교양 있는 사람들이 대거 한국으로 이민 오는 상황을 가정해 보자. 이들은 한국에 와서 일손이 부족한 일자리로 찾아가지 않는다. 대신 한국의 내재적 경쟁 강도만을 심화시킬 뿐이다. 외국어에 능하고 높은 교육을 받고, 해외와의 교류에 토종 한국인보다 강점이 있는 외국인은 서울에 와서 고연봉 업종의 높은 직급을 차지하고 임대료와 집값을 상승시킬 것이다. 냉정하게 말해 한국 공동체가 원하는 이민자는 **우리가 사는 이곳에 사회적·경제적으로 그다지 큰 의미가 없는 사람들**일 가능성이 크다.

반대로, 한국인들이 엄격하게 대해야 한다면서 벌써부터 눈을 세모나게 뜨고 바라보기 바쁜 개발도상국 출신 이민자들이야말로 향후 계속 한국으로 유입될 사람들이고, 또한 한국 공동체가 경제적으로 필요로 하는 사람들일 가능성이 클 것이다. 실제로 노동력이 넘쳐흐르고 생산성이 좋은 수도권과는 달리 지방은 시나브로 오래전부터 노동력 부족에 시달렸던 게 사실이다. 이 때문에 이미 이주결혼 등으로 조금씩 이민이 진행되고 있었던 수도권 외의 지역들은 현재 거의 다문화사회 문턱에 진입해 있는 것이 사실이다.

이 같은 현상은 현재 국내에 체류 중인 등록외국인들의 비자 성격으로 간단하게 입증된다. 서울 거주 외국인의 경우 비전문취업(E9) 비자 비율이 고작 1.2%밖에 되지 않지만 동남권 지역에서는 무려 28.9%에 달하고, 호남권에서도 27.5%의 외국인이 비전문취업비자로 체류하며 일하고 있다. 또한 결혼이민(F6) 비자로 서울에 체류 중인 외국인은 전체

서울일수록 영주권, 지방일수록 결혼과 비전문취업

비자 구분	서울	수도권	충청권	강원권	대경권	동남권	호남/제주권
유학생	18.1%	4.6%	12.0%	15.3%	13.7%	10.0%	10.7%
비전문취업	1.2%	22.5%	27.1%	18.9%	25.0%	28.9%	27.5%
방문취업	15.2%	14.2%	9.1%	3.1%	3.4%	3.6%	2.2%
방문동거	5.9%	9.3%	9.7%	7.0%	7.9%	7.5%	7.0%
영주권자	21.2%	20.1%	9.7%	8.9%	6.1%	9.1%	8.7%
결혼이민	9.2%	11.7%	12.6%	17.4%	14.5%	14.7%	15.1%
기타	29.2%	17.7%	19.9%	29.3%	29.4%	26.4%	28.8%

※ 서울의 방문취업 비자 발급자 수가 많은 이유는 '25세 이상 재외동포'에게 발급되는 방문취업비자의 특성상 재중동포 인구가 많은 서울 입경자에게 주로 발급되기 때문임.

출처: 법무부, 「등록외국인 지역별 현황 (2022. 3.)」

서울 외국인 중 9.2%에 불과하지만 지방으로 갈수록 이 비율은 높아져 강원특별자치도의 경우 17.4%, 호남권의 경우 15.1%의 등록외국인이 결혼이민 비자로 체류하고 있다. 서울 체류 외국인 중 가장 비중이 높은 것은 영주권(F5) 비자가 21.2%, 유학(D2) 비자가 18.1% 등이었다.

여기서 특히 서울에 영주권자의 비율이 높은 것을 우리는 주목해서 볼 필요가 있다. 왜냐하면 한국은 영주권 따기가 정말로 어려운 나라이기 때문이다. 이는 한국이 영주권 비자를 부여할 때 한 가지 조건을 내걸고 있기 때문인데, 바로 소득조건이다. 한국에서 영주권 비자를 획득하려면 아래와 같은 조건 중 하나를 충족해야만 한다.

① 연간 소득이 전년도 1인당 국민총소득 이상인 자
② 60세 이상으로 외국으로부터 받는 연간 연금총액이 전년도 1인당 국민총소득 이상인 자
③ 전년도 재산세 납부 금액이 50만원 이상인 자
④ 자산총액이 중위 자산 이상인 자
⑤ 대한민국 기업과의 연간 교역 실적이 20억원 이상인 자
⑥ 대한민국에 미화 50만 달러 이상을 투자한 자

한국의 2022년 기준 1인당 명목 국민총소득은 4249만원이며 실질 국민총소득은 3642만원이다. 재산세 납부액이 연 50만원이 넘으려면 2023년 개정 세법 반영 기준 약 3억원 이상의 가치를 지닌 자산이 있어야 한다. 이 정도 자산이 있으면 중위 자산은 초과할 수 있다. 다른 기준은 사실상 자본가의 지위를 요구하므로 논의 대상에서 제외한다고 하더라도, 한국의 영주권 발급 기준은 한국인 기준으로도 일정 수준 이상의 경제력을 요구한다. 그러나 위에서도 언급했듯이 한국으로 이민 오는 사람들의 주류는 대개 특별한 기술이 없이도 한국의 경제력을 배분받기 위해 한국행을 택한다. 그러므로 전체 외국인의 30.3%에 달하는 비전문취업자와 방문취업자들은 영주권 취득이 쉽지 않을 것이다.

결국 우리는 이 사회의 격심한 격차와 쏠림은 내국인과 외국인에게 공히 평등하게 적용되고 있다는 걸 알 수 있다. 이는 대한민국의 이민자들마저도 현재 한국 사회의 소멸에 영향을 끼치는 요인인 노동생산성 격차, 수도권-비수도권 간 격차, 높은 생활 비용 등을 한국인과 똑같이 적용받고 있다는 것을 뜻한다. 서울은 한국의 높은 기준을 뚫고 영주권을 획득한 이들의 공간이며, 소득과 자산을 모두 보유한 자들의 성과 같

다. 반대로 지방은 비전문취업자와 결혼이민자들이 모여 저생산성 노동에 종사하는 곳이라고 보면 정확하다. 한국에서는 이민의 양극화 구도가 이미 철저하게 완성되어 있는 것이다.

다문화 국가 문턱에 서 있는 우리의 선택은

이러한 사실들을 모두 종합해 볼 때, 한국은 미국식으로 이민을 개방하는 것은 사실상 불가능하다. 이민의 문턱을 매우 낮추고 영주권 부여 기준을 대폭 완화해서 이민 여력을 크게 늘리게 되면, 한국으로 쏟아져 들어오는 이민자들은 우리들이 기대하는 바와 크게 어긋날 것이다. 그들은 특별한 계획 없이, 겉으로 보이기에 발전된 한국의 경제력을 누릴 생각에 꿈에 부풀어 무작정 한국행을 택할 확률이 높기 때문이다. 이는 고도성장기 한국 내부에서도 **무작정 상경**이라는 형태로 존재했다. 무작정 상경이 빈번하던 시기 한국은 경제 성장의 여력이 커 그나마 일자리가 계속 증가하는 형태이기라도 했지만 그때에도 서울로 몰려든 청년들은 식모살이 등으로 대표되는 저임금 저생산성 일자리에 종사해야만 했다. 저개발국의 이민자들이 무작정 한국행을 시작한 이후의 한국은 이것보다 더 상황이 나쁠 것이다.

실제로 이촌향도 현상이 폭발적으로 발생하던 1966년 4월 경찰은 대대적인 '식모 신상조사'를 실시한 바 있다. 그 시기에는 식모살이를 하던 상경 청년들이 (특히 여성) 주인집의 값나가는 물건을 훔쳐 야반도주하는 등의 범죄가 대대적으로 등장했고 이 때문에 경찰은 비연고 상경자들을 범죄 가능성이 높은 인물로 간주하기 시작한 것이다. 이주자가 저생산성 노동에 종사하다가 범죄의 길로 빠지고, 이것이 반복된 결과 사회에서 특정 집단을 예비 범죄자 취급을 했던 것은 이민의 역사가 시작되기도 한참 전 한국에서 이미 내재적으로 발생했던 일들이다.

하지만 이 시기 상경한 청년들은 예비 범죄자로 대우받으면서도 그 자신이 범죄 피해자가 되는 일도 잦았던 약자이기도 했다. 1958년 6월 5일자 경향신문에는 경찰이 서울역에 경찰안내소를 두고 상경자들을 선도하는 역할을 담당했으며, 그 과정에서 인신매매 등을 시도하는 자를 무려 한 달 보름 만에 105명을 검거하기도 했다. 한쪽에서는 예비 좀도둑 취급을 했지만, 다른 한쪽에서는 인신매매의 희생자가 되지 않도록 애썼던 노력이 하나의 치안 기관 안에서 일어나는 기묘한 풍경이 있었던 것이다.

이민은 공동체의 유지를 위해서든, 때로는 인도적인 이유를 위해서든 한국 사회가 피할 수 없는 길이 될 것이다. 하지만 우리가 이 책에서 살펴본 다수의 문제점들을 한국 공동체가 수정하지 않는다면, 아무리 많은 이민자를 수용하여 그들이 인구를 채운다고 한들 그들 역시 먼 옛날 무작정 상경한 시골 청년들과 비슷한 운명을 피할 수 없다. 그들 또한 서울이라는 거대한 성에 들어가고 싶어할 것이지만, 서울은 온 힘을 다해 그들을 거부할 것이다. 결국 그들에게는 지방에 머무르며 저임금 일자리에 종사하는 것 말고는 딱히 대안이 없을 것이다. 게다가 품행이라는 단어로 대표되는, 한국 사회에 대한 포괄적이고도 깊은 이해가 수반되지 않으면 공동체의 일원으로 잘 받아주려 하지 않는 한국의 특성상 이들은 소외감을 느낄 가능성이 크다.

현재까지의 한국 이민자들은 잠시 일을 하여 최대한 빠르게 돈을 벌고 고국으로 돌아가거나, 또는 한국인과 결혼 관계로 결합되어 한국 사회의 제도와 방식대로 밀착하거나 또는 임시적으로 머무르는 경우가 많았기 때문에 지방에서 오랜 기간 진행되어 온 다문화 사회로의 전환이 밀도 높은 갈등까지 수반하진 않았다. 그러나 이민을 정책적으로 개방하는 것은 아예 다른 문제다. 현재는 외국인 노동자들이 사업장 단위로 공동체를 구성하고 있지만, 한국에서조차 실업 상태에 놓이거나 경제력 축적이 불가능한 그룹이 많아지게 되면 이들은 지역 단위의 공동체를 구성하게 되고, 선진국은 이 과정에서 종교적 극단주의에 몰두하는 사람들이 증가하여 골머리를 앓기 시작했다. 이것이 한국이라고 일어나지 않으리라는 법은 없다.

현재 한국의 체류외국인은 2022년 기준 224만 6천명가량으로, 전체 인구 대비 4.3%를 차지하고 있다. OECD에서는 이주배경인구가 총인구의 5%를 넘게 되면 다문화 국가로 분류하고 있다. 체류외국인 수는 코로나 대유행 직전 252만명까지 다다랐다가 다소 감소한 것이기 때문에 우리는 곧 좋든 싫든 다문화 국가로 진입할 수밖에 없다. 그러나 데이터가 보여주는 것은 한국인들이 원하는 형태의 이민은 절대로 일어나지 않을 것이라는 사실이다. **높은 도시 생활 비용, 노동생산성 격차, 수도권-비수도권 간 불평등과 성별 불평등으로 인한 결혼·출산의 사치재화 등 우리가 현재 직면한 문제점들을 해소하지 않는다면, 우리가 원하지 않는 형태의 이민을 수용하여 원하지 않는 결과만을 다시 맞닥뜨릴 가능성만 높아질 뿐이다.**

9장

우리의 황혼은 어떤 모습일까

우리 공동체의 크기가 작아질 때 우리가 불가피하게 직면하는 문제는 무엇보다 가난해지는 것이다. 공동체 전체가 규모의 경제를 달성하지 못하기 때문이다. 보통 우리는 물건을 만들어 파는 쪽의 입장에서만 규모의 경제를 생각하지만, 무엇인가를 구입하는 쪽에서도 규모의 경제는 중요하다. 우리는 그 최소한의 규모를 빠르게 무너뜨리고 있다. 우리 스스로가 선택한 길이 우리에게 가장 최대한의 고통을 주는 방향으로 달려가고 있는 것이다.

우리가 두 발을 딛고 살고 있는 공동체의 소멸은 과연 어떠한 형태로 다가올 것인가? 많은 사람들은 인구의 감소를 통한 자연적인 축소와 소멸을 가장 먼저 머릿속에 떠올릴 것이다. 그러나 실제로 인구가 감소했을 때 어떠한 일이 구체적으로 발생할지에 대해서는 다소 형해화된 말들만 부유하고 있다. 국민연금의 고갈, 부동산 가격의 폭락, 국방력의 약화 등이 대표적인 것들이다. **하지만 인구의 감소는 이러한 거시적인 수축과 더불어 미시적인 부분에서 촘촘히 영향력을 발휘하며 우리 삶을 더 가난하게 만들 것이다.** 인구의 감소 현상 자체가 사회 전체의 병폐가 종합된 결과이기 때문에, 그 현상이 불러일으키는 외부 효과 역시 각각의 병폐들에 대응해서 전방위적으로 일어날 것이다.

우선 현재의 인구 상황부터 간략하게 살펴보자. 한국은 지난 2019년 합계출산율 1.0이 붕괴되었다. 2020년 초부터 찾아온 코로나19 대유행은 우리 출산율에 치명타를 안겼다. 2020년 합계출산율은 0.83, 2021년 합계출산율은 0.81까지 감소하였으며 2022년 합계출산율은

0.77~0.78 정도로 추정된다. 2022년의 연간 출생아 수는 25만명에 채 못 미친 24만 9천명가량이었으며, 2023년에는 23만명까지 감소했다. 이어 2024년에는 20만명 선의 붕괴가 예고되고 있다. 현재 한국의 합계출산율은 통계청의 장래인구특별추계 합계출산율 중 중위 합계출산율을 겨우 따라가고 있는 상황이지만 그렇다고 할지라도 출생아 수는 특별한 변화가 없는 이상 연간 30만명을 넘지 못할 전망이다.

물론 인구가 감소한다고 하여 그것이 무조건 파멸적인 위기를 불러일으키리라는 주장은 억측이 될 수 있다. 인구가 감소한다는 것은 사회가 생산하는 자원도 적어지지만, 소비하는 자원도 줄어든다는 뜻이기 때문이다. 또한 인류 사회가 지속적인 기술의 발전을 통해 생산성을 증대해 왔다는 점을 감안할 때 인류 전체적인 시각에서는 인구의 감소가 반드시 나쁜 결과를 초래하리라 단정할 수는 없다. 그러나 한국 사회라는 범위 내로 한정한다면 사정이 달라진다. 이 책의 1장에서 우리 사회의 높은 생활 비용에 관하여 자세히 들여다본 바와 같이, 대한민국은 자급자족이 불가능하여 무역으로만 존재할 수 있는 **'열린 계, 열린 운명의'** 국가다. 그래서 이 나라의 공동체 유지비는 사실 우리 생각보다 훨씬 더 비싸다.

이런 관점에서 볼 때, 인구의 감소 속력이 본격적으로 빨라지기 시작하면 우리가 가장 먼저 직면할 문제는 국민연금의 고갈이나 부동산 가격의 폭락이 아니다. **전반적인 물가 레벨의 추가적인 상승**이 처음으로 우리의 발목을 잡을 것이다. 물론 전 세계적으로 인구 감소와 인플레이션 간의 관계는 아직까지 명확하게 밝혀진 바 없다. 그 이유는 1990년대 골디락스(Goldilocks, 경제 성장은 계속되지만 물가는 크게 상승하지 않는 이상적인 경제 상황) 기간부터 현재까지의 약 30년간은 여성 경제활동 인구 증가, 중국과 동남아시아, 동유럽의 글로벌 밸류체인 참여로 인한 노동력 급증으로 인해 글로벌 제조업 분업화가 세계의 고물가를 실질적으로 억제하는 역할을 했기 때문이다. 그러나 인구가 감소되는 기간은 이제 막 시작이고, 세계에서 고령화율이 가장 높은 일본이 이제 막 30%에 근접하고 있는 상황이다. 그래서 인구 감소와 고령화가 물가에 어떻게 반영되는가는 어떤 변수를 중요시하느냐에 따라 다양한 시나리오가 제시되고 있을 뿐 확실한 결론을 내기는 아직 무리이다.

물가 상승이라는 예견된 리스크

한국의 경우에도 세계적인 추세에서 자유롭진 못할 것이다. 그러나 한국 공동체가 가진 다양한 특성들을 고려할 때, 우리는 인구의 감소가 **물가 수준의 전반적인 상승**으로 이어질 것이라고 조심스러운 예측을 해볼 수 있다. 이 책의 1장에서 나는 한국의 생필품, 특히 식료품 가격이 비싸다는 것은 자세하게 설명했는데, 인구가 줄어서 수요가 감소하면 식료품뿐만이 아니라 소비재 전반을 점점 더 비싸게 수입할 가능성이 증가할 것이다. 왜냐하면 재화를 수출하는 쪽의 관점에서는 한국향 판매의 채산성이 점점 낮아지기 때문이다. 판매자의 입장에서 한국에 물건을 팔아서는 더 이상 규모의 경제를 달성할 수 없는 시점이 다가올 수 있다는 것이다.

가령 프랑스의 농부가 밭 두 뙈기에 각각 감자를 재배한다고 가정하자. 이 밭은 토질이 유사하여 비슷한 생산력을 가지는데, 비료값과 농기계 연료비 등 고정비를 고려할 때 최소 500kg 이상을 수확해야만 평균비용이 낮아지는 상황이라면 어떨까. 이 농부는 항상 뙈기당 500kg 이상을 수확하여 판매하려고 할 것이다. 이럴 경우 한 뙈기는 바로 이웃나라인 독일에, 한 뙈기는 멀리 떨어진 한국에 수출한다면 채산성은 원래부터 독일이 더 낫다고 볼 수 있다. 독일은 트럭에 실어 바로 보내면 그만이지만, 한국은 배로 실어 오랫동안 보내야 하고 그동안 감자가 싹이 트거나 하면 큰일이기 때문에 보관과 저장에도 추가적인 비용이 들기 때문이다.

그런데 만약 한국이 인구가 감소하여 구매량이 줄어들면, 이 농부의 입장에서 한국향 매출을 일으키는 한 뙈기는 채산성이 더욱 줄어들게 된다. 물론 다른 구매처를 빨리 찾아내야 하겠지만, 500kg 팔던 것이 애매하게 400kg나 350kg와 같은 식으로 감소하게 되면 고작 100kg가량의 소규모 물량을 장기적으로 받아줄 거래처를 찾기가 어려울 것이다. 이때 이 농부의 선택은 하나뿐이다. 생산량을 줄이되 같은 수준의 매출을 거두기 위해 한국행 물량은 가격을 올리는 것이다. 이것은 비단 감자뿐만 아니라 밀가루, 토마토, 당근, 양파, 고등어 등의 농축수산품에 모두 해당이 될 수 있다. 일반적으로 우리는 수요량이 감소하면 가격이 하락하는 것이 경제학적인 원칙이라고 알고 있지만, 국제 무역에서는 오히려 반대의 결과가 나타날 가능성도 있는 것이다.

그래서 전 세계적인 관점에서 본다면 미래 인구가 감소한 한국은 **식료품 사막(Food Desert)** 현상이 발생할 우려가 있다. 식료품 사막은 1990년대 영국에서 처음 대두된 개념으로, 주거 반경 500m 내에서 신선한 농산물을 구입할 수 없는 지역을 가리킨다. 현재 식료품 사막 현상이 가장 심각한 곳은 미국의 남부 및 러스트 벨트 일부, 중부의 깊숙한 내륙 지역 등이다. 이런 곳들은 대개 미국에서도 빈곤한 지역으로 알려져 있는데, 인구도 워낙 적고 장거리 도로 교통에 수송을 의존하는 관계로 채산성이 맞지 않아 아예 신선식품 자체가 들어가지 않는 지역도 있다.

미래에 인구가 감소한 한국에서도 이런 식료품 사막 지역이 발생할 수 있다. 수도권이야 원체 경제력이 집중돼 있고, 전체 인구가 줄더라도 수도권의 인구는 줄지 않을 것이기 때문에 촘촘한 유통망이 없어질 가능성이 적어 문제가 발생하지 않을 것이다. 그렇지만 지방 광역시까지만 가더라도 인구가 심하게 유출 및 감소되고 난 후에는 식료품 사막이 될 위험성이 커진다. 같은 나라 안에서 소비재를 배분하더라도 오히려 서울에 가는 물량은 싸고, 대구나 광주에 가는 물량은 비싸지는 현상이 일어날 수 있다는 뜻이다.

물가는 다른 이유로도 상승할 수 있다. 공동체 규모가 축소되면, 필연적으로 그 안에서 유통되는 화폐의 총량이 감소한다. 동시에 화폐의 유통 속도도 현저히 떨어진다. 경제력이 그대로인 상황에서 화폐 유통이 줄게 되면 원화의 가치가 높아질 수 있겠지만, 경제력이 줄어들면서 동시에 화폐 유통이 줄게 되면 우리의 의지와는 무관하게 **원화 가치는 계속 절하될 가능성**이 높아진다. 이는 굳이 수출하는 쪽의 채산성을 따지지 않고도 우리나라 수입물가의 상승과 직결된다.

이렇게 전반적인 물가 수준이 인상되면 무슨 일이 발생할까. 한국인들은 인구가 줄어들수록 다 같이 가난해질 것이다. 이와 같은 **축소로 인한 빈곤화**를 막기 위해선 두 가지 조건이 필요하다. 첫째, 국가 전체가 창출하는 부가가치가 인구 감소에도 불구하고 유지되는 것이고, 둘째, 정부의 재정 부담이 준조세 등의 형태로 민간에 전가되지 않는 것이다. 실제로 첫째 조건이 달성될 경우, 인구가 감소하더라도 전반적인 삶의 질은 오히려 개선될 가능성도 존재한다. 동일한 부가가치를 더 적은 인원을 대상으로 배분할 수 있기 때문이다. 둘째 조건이 달성될 경우, 인구가 적은 세대의 사회적 부양의 부담을 경감할 수 있다는 점에서 충격을 완화할 수 있게 된다. 그러나 안타깝게도 우리 공동체는 둘 중 어느 것도 달성하지 못할 것이다. 그 이유는 무엇일까?

모두가 조금씩 가난해지는 나라

우선 첫 번째 조건인 **부가가치의 유지**에 관해 살펴보자. 인구가 줄어듦에도 불구하고 국가 경제 전체의 부가가치가 유지되려면, 인구가 줄어들면서 함께 작아지는 내수시장의 크기를 메꾸고도 남을 정도의 해외시장 확대가 필요하다. 현재 한국에서 영업을 영위하고 있는 모든 업종 및 기업체의 규모에 무관하게 모두가 글로벌 밸류체인에 더 밀착해야 한다는 뜻이다.

그러나 현재 한국은 중소기업 수출참여도가 선진국에 비해 아직도 매우 낮은 수준이며, 고용의 70% 이상을 담당하고 있는 서비스업은 저생산성 내수시장에만 매달려 있다는 것을 이미 앞에서 상세히 기술하였다. 인구가 줄어든다고 해서 갑자기 모든 서비스업종이 정신을 바짝 차리고 수출의 역군이 되리라고 기대할 순 없으므로, 인구가 본격적으로 감소하기 시작하면 내수에만 의존하는 저생산성 업종의 전반적인 소멸이 찾아올 것이다. 물론 당연하겠지만 이것도 지방 먼저이다.

업종별로 볼 때 가장 위험한 업종은 역시 음식료 및 숙박업일 것이고, 대기업이 진출해 있는 업종 중에서는 유통업이 될 가능성이 높다. 직관적으로 보더라도, 100명이 찾아오던 장소에 50명만 찾아오게 된다면 그 업체의 매출은 당연히 반 토막이 난다. 그렇다면 이 업체가 가장 먼저 할 수 있는 일은 우선 고용을 절반으로 줄이는 것이다. 한국의 서비스업 중에서 특히 생산성이 낮은 업종의 경우 상당수의 고용을 비정규직으로 유지하고 있다는 건 쉽게 확인할 수 있는 사실이며, 비용 절감의 필요성에 따라 고용의 축소 역시 상당히 손쉽게 일어나리란 것을 예상할 수 있다. 이렇게 해고된 사람은 다시 소비 여력이 감소할 것이고, 감소된 소비 여력은 또 다른 업체를 문 닫게 만들 것이다.

결국 현재의 서비스업 저생산성 구조를 근본적으로 뒤바꾸지 않는 이상 한국의 GDP 규모는 극적으로 축소될 수밖에 없다. 2022년 한국의 국내총생산 규모는 세계 13위를 기록했는데, 인구가 줄어들면서 점차 그 규모도 줄어들어 인구가 증가하는 국가들에 하나둘씩 추월당할 가능성이 높다. 인구가 1970년대 후반 수준으로 줄어들 것이라 예측되는 2070년 정도가 되면, 한국의 인구는 3765만명까지 떨어지고 내수시장의 전체적인 규모는 현재의 70% 미만으로 줄어들 전망이다. 그 사이에 우리나라가 연 2000만명 이상의 해외 관광객을 유치할 수 있을 정도의 크나큰 변화가 발생할 수도 있겠지만, 냉정하게 말해 이런 일이 실현될 가능성은 낮다.

이러한 부정적인 미래는 데이터로도 입증된다. 한국경제연구원이 OECD 국가 패널자료를 사용하여 인구구조 변화가 국내총생산에 미치는 영향을 분석해 보면, 다른 요인이 모두 일정할 경우 생산가능인구가 1% 감소할 때 GDP는 약 0.59% 감소하는 것으로 나타난다. 2021년 기준 한국의 생산가능인구(15~64세 인구)는 3694만명 정도로 추산되는데, UN의 인구전망에 따르면 2050년 한국의 생산가능인구는 2398만명까지 줄어든다. 생산가능인구가 35.1%가량 감소하는 것이므로, 한국경제연구원의 분석대로라면 한국의 GDP는 2021년 약 1.8조 달러에서 2050년 20.6% 감소한 약 1.4조 달러 정도를 기록할 것이다. 다른 국가들이 모두 2021년의 GDP가 변동 없이 그대로라면 브라질, 호주, 스페인이 한국을 추월하여 한국은 15위까지 하락하게 된다는 산술적 결론이 나온다. 그러나 지금 한국의 출산율은 예상보다 더 빨리 하락하고 있기 때문에 이보다 더 빠르게 GDP가 감소할 수 있으며, 밀레니얼과 Z세대가 모두 노년층이 되는 2070년이 되면 그때의 한국의 생산가능인구는 전체 인구의 46.1% 수준인 1735만명까지 급감할 것으로 통계청은 예측하고 있다. 이 경우 GDP는 1.2조 달러까지 쪼그라들어 멕시코와 인도네시아에 추월당해 20위권으로 내려앉을 전망이다.

다음으로 두 번째 조건인 **정부의 재정부담** 문제를 살펴보자. 한국에서 언론들이 주기적으로 꺼내드는 주제가 바로 국민연금의 고갈이다. 그러나 이는 앞서 4장에서도 상세히 설명하였듯이 사실상 거짓말에 가깝고, 전반적으로 의미 없는 부르짖음이다. 국민연금은 고갈되지 않기 때문이다. 물론, 지금처럼 계속 제도를 운영한다면 언젠가는 적립금이 모두 소진되기는 한다. 그러나 연금을 그렇게 내버려두는 정부는 여태까지 전 세계에 단 한 곳도 존재하지 않았다. 고갈되어 돌려받지 못할 것이 뻔한 국민연금에 매월 납입을 하는 사람은 아무도 없다. 그러므로 연금 제도를 도입한 역사가 오래된 국가들은 이미 막대한 재정 투입으로 연금을 굴리고 있다. 실제로 연금을 도입한 지 130년이 넘은 독일은 OECD 데이터 기준 정부지출의 23%를 공적연금에 투입하고 있다. 연금 때문에 재정이 적자가 나는 것으로 유명한 일본도 24.2%를 연금에 투입하며, 통념과는 달리 미국도 정부지출의 18.6%를 연금에 투입한다.

요약하건대 연금은 고갈되지 않으며, 국민연금이 고갈된다는 것은 명

백한 거짓말이다. 전 세계 모든 나라는 차라리 재정 적자를 봤으면 봤지 연금을 고갈시키지는 않기 때문이다. 물론, 지금 한국처럼 연금을 굴리면 정말 고갈될 수도 있긴 하겠다. 한국의 공적연금 재정투입률은 미국의 절반 수준인 9.4%에 머무르기 때문이다. 대신 한국은 연금 개혁의 부담을 연금 도입 10년 만에 민간에 아웃소싱하기로 했다. 재정을 투입하는 대신 소득대체율을 인하하고 수급 연령을 인상한 것인데, 다시 말해 정부가 돈을 더 내는 결정을 끝내 거부한 것이다. 세계적으로도 인색한 정부답게 한국은 연금 개혁의 두 방향인 정부 재정 부담과 소득대체율 인하를 통한 민간 부담 중 미련 없이 후자를 선택했다. 이로 인해 출범 당시 소득대체율 70%였던 국민연금의 소득대체율은 1998년과 2007년 두 차례의 연금개혁 끝에 40%대로 낮아졌으며, 수급 연령은 60세에서 65세로 상향 조정되었다.

단 이 시절 한국의 연금 개혁 방식은 마냥 비난할 것만은 아니며, 그 나름대로의 이유가 있었다. 1998년의 대한민국은 외환 위기 발생 직후였던 사정상 도입 10년 만에 재정 투입부터 늘리기에는 무리가 있었던 점을 참작해야 하며, 2007년의 연금 개혁은 기초노령연금제도가 함께 통과되었다는 점을 감안해야 하기 때문이다. 또한 1998년과 2007년에는 미래에 어느 정도의 인구 감소는 예측했지만 현재와 같이 소멸을 걱정해야 할 정도의 인구 감소는 계산에 들어 있지 않기도 했다. 그러나 앞으로의 연금 개혁에서 계속 비슷한 방식을 채택하는 것이 과연 공동체 전체에 유의미할지가 의문이다.

급격한 인구 감소 예측에도 불구하고 재정 투입을 증가하는 대신 연금 가입자들이 소득에서 납부하는 보험료의 비율인 '요율' 인상만 만지작거리고 있는 현재 한국의 의사결정권자들은 **정부 수립 이후부터 언제**

나 복지를 민간에 아웃소싱한 한국 재정정책의 관성을 그대로 답습하고 있다. 낮은 생산성이 유지되는 사회에서 준조세만 계속 늘어나면 공동체의 다른 유지보수 비용을 지출할 여유는 지속적으로 사라지기만 할 것이다. 원화라는 통화의 힘이 그리 강하진 않기에 국가 부채를 무한정 늘릴 수는 없겠지만, 증세가 정말로 어렵고 증세에 대한 사회적 합의가 원천적으로 불가능하다면, 준조세 형태로 민간에 전가를 하는 것보다는 국가 채무를 조금씩 늘리더라도 정부가 돈을 더 투입해서 민간이 쓸 돈에 여유를 만들어주는 것이 미래를 위해 더 나을 수도 있다. 그러나 한국은 현재까지의 관성을 앞으로도 유지할 확률이 높다. 증세를 시도하면 정권이 바뀌기 때문이다. 모두가 손해를 보기 싫어 어정쩡하게 세월이 흐르는 사이 우리는 우리도 모르게 조금씩 가난해지는 운명을 맞이하게 될 것이다.

'국경 바깥'과 연결되지 않으면 몰락하는 순간

내수시장의 축소로 인한 우리 기업의 미래에 관한 이야기로 돌아가보자. 한국은 대부분의 서비스업이 내수시장의 B2C 업종에 집중돼 있고, 공동체의 축소는 상당수 기업들에 생존이 불가능한 환경을 강제할 것이다. 이를 해결하고 국가 부가가치를 유지하기 위해서는 해외와의 비즈니스 연결을 더욱 강화하여 글로벌 밸류체인에 밀착하는 수밖에 없단 것은 앞서 이미 언급한 바 있다.

그러나 이 해결책도 만능은 아니다. 경제 규모를 유지하기 위하여 해외와의 비즈니스 연결에 더욱 애를 써야 하는 상황은 대내외적으로 다음과 같은 여러 가지 문제를 파생시킨다. **첫째는 교육이 불러올 사회 환경의 변화**이다. 물론 그 이전의 한국 사회 역시 교육이 중요하였으나, 향후 한국 사회에서 영어를 중심으로 한 외국어 교육은 그 중요성이 다른 어떤 과목보다도 더 높아질 가능성이 크다. 이는 현재진행형이기도 하다. 유튜브를 하더라도 영어에 능숙한 사람과 그렇지 않은 사람은 장악할 수 있는 시장 자체가 다르다.

이러한 추세는 현재 한국이 세계에 가장 크게 영향력을 행사하고 있는 엔터테인먼트 분야에서 가장 두드러지게 드러난다. 한국의 모든 아이돌 그룹은 이제 글로벌 론칭이 기본이다. 이는 한국이 더 이상 중요하지 않아서가 아니다. 세계 시장이 너무나 거대하기 때문이다. 인터넷과 스마트폰의 수혜를 부가가치 창출에 적극적으로 활용할 수 있었던 업종은 인구의 축소에 따른 공포심이 아닌 부가가치의 확대를 위해 이미 한국보다는 해외를 목표로 삼아 오고 있었다. 아이돌 그룹 멤버들 역시 갈수록 다국적으로 구성되고 있고, 한국인 멤버라고 할지라도 어렸을 적 해외에서 거주했거나 이중국적을 가지는 등 그 배경이 이미 코스모폴리탄적인 성격을 가진 사람들로 채워지고 있다.

이것은 무엇을 말하는가? 내수시장이 축소되고, 얼마나 글로벌 밸류체인에 밀접하느냐에 따라 각 업종간 부가가치의 차이가 극명해질 수 있는 한국 공동체의 미래에서는, 부가가치가 높은 업종에 진입하려면 기본적으로 **외국어 교육에 대한 투자**가 필수적으로 선행되어야 한다는 것을 가리킨다. 이미 서울에서는 그런 움직임이 적극적으로 일어나고 있다. 대학 등록금의 두 배가 넘는 비용을 지불하고 자녀들을 영어유치원에 보내고 있기 때문이다. 이것은 갈수록 확대되어 인구가 상당히 감소한 미래에 이르면 특목고나 자사고의 경우 전체 수업을 모두 영어로 진행할 가능성이 매우 높다고 본다. **영어의 생활화가 공동체 경제력 배분의 핵심 지표가 될 것이기 때문이다.**

그러므로 외국어의 능숙도를 포함한 교육 자본에 대한 투자 ROE는 그 어느 때보다도 증가할 것이고, 특목고와 자사고, 그리고 강남 8학군의 불패 신화는 계속 이어질 것이다. 이것은 **강남이라는 학군지 수요**는 대한민국 인구가 반 토막이 날지라도 오히려 상승한다는 뜻과 같다. 그러면 **강남이 선도하는 서울의 주택 가격**은 인구가 감소해도 계속 상승할 것이다. 한국의 정책의사결정권자들은 그때도 강남의 집값을 잡는 것이 사회 정의의 실현이라고 주장할지도 모르겠다. 실패를 계속 반복하고 나서도 말이다.

한편 이러한 수요의 변화는 의외로 영어 공용화에 대한 사람들의 거부감을 낮추게 될 수도 있다. 지금과 같은 체계로 가면 영어의 생활화는 영어유치원 비용 및 국제중, 특목고, 자사고 등에 자녀를 진학시킬 수 있는 여력이 되는 경제적 계층의 전유물이 되겠지만, 아예 영어를 공용어로 지정하게 되면 그때부터는 사회 전체가 영어와 한국어를 병용해야 되므로 영어 교육에 대한 전반적인 비용이 낮아질 수 있기 때문이다. 물론 국가가 시민 집단 전체를 이중언어 사용자로 만들지 않고 어설프게 병용만 시도했다간 오히려 영어는 귀족 계급의 언어로 남겠지만, 국가가 특정 시점 이후로 성장하는 공동체 구성원들은 모두 이중언어자로 만들겠다는 거시적인 목표를 확고히 하고 추진할 경우에는 국가의 생존에 도움이 될 수도 있기 때문이다.

물론 그렇다고 하여 실제로 영어 공용화가 한국에서 이루어질 가능성은 상당히 낮다. 영어 공용화가 영어 계급화로 연결되지 않으려면 전국의 공교육 기관을 모두 커버할 수 있을 정도의 원어민 강사가 필요하고,

그것이 이루어진다고 하더라도 과연 학교에서 수업을 어느 정도까지 영어로 진행해야 할지 등에 대해서는 길고 지루한 합의가 필요할 것이다. 그 때문에 적어도 40~50년 이상의 계획을 갖고 추진되어야 하겠으나, 사실상 정권이 바뀌면 그 전 정권의 정책을 폐기하기 바쁜 한국의 환국 정치적 특성상 기술적으로 영어 공용화는 불가능할 것으로 본다.

금융과 자본 시장의 축소가 불러일으킬 결과

기업이 생존의 위협을 당하게 됨에 따라 자연스럽게 찾아오게 될 또 다른 문제는 **금융시장의 축소**다. 한국 원화는 지금도 그렇게 강한 통화가 아니지만, 인구가 급격하게 감소되어 고령화의 진전 속도가 현재보다 더욱 강해지면 **원화의 약세**는 더 크게 진전될 수밖에 없다. 이는 공적 부문에서는 앞서 언급한 정부의 재정부담 또는 민간의 준조세부담이 커지는 결과를 낳게 된다. 더욱이 그보다도 주목해야 할 것은 대대적인 주식시장 시가총액의 축소가 선행하여 발생할 것이라는 점이다. 한국 주식의 가장 중요한 매수자 중 하나인 국민연금의 축소가 시작되며, 한국 시장에 대한 매력도가 글로벌 투자자들이 보기에 계속 하락할 것이기 때문이다.

한국 금융시장에는 여러 가지 문제가 있지만, 그 중에서 가장 큰 문제는 소위 코리아 디스카운트라고 알려진, 경제의 전반적 가치를 평가받는 **주식시장의 저평가**라고 할 수 있다. 주식시장의 저평가도 다양한 이유가 있다. 그간 한국 주식시장의 저평가 원인 중 가장 크게 지적받아 왔던 것은 분단 상황으로 인한 지정학적 위험이었다. 그러나 현 시점에서 한국 주식시장의 저평가 원인으로 지정학적 위험을 거론하는 것은 다소 시대에 뒤떨어진 분석이다. 오히려 해외 기업들에 비해 한국 기업들의 자기자본이익률(ROE)이 낮기 때문이라는 관점이 더욱 설득력이 있다. 자기자본이익률은 기업이 주주에게 우호적이지 않을수록 낮아진다는 특성을 갖고 있기 때문이다.

자기자본이익률은 재무제표에서 당기순이익을 자기자본으로 나눈 수치이다. 그래서 자기자본 금액이 같으면 당기순이익이 클수록, 당기순이익 금액이 같다면 자기자본이 작을수록 ROE는 커진다. ROE는 주주가 보유하고 있는 지분 각각에 대한 이익의 창출 정도를 나타내기 때문에, ROE가 높은 기업의 주식을 보유하고 있다면 같은 가격의 주식이라도 더 수익성이 좋은 주식을 갖고 있다는 뜻이 된다. 그러므로 투자자의 입장에서 ROE가 높은 주식이 언제나 더 매력적이다. 우리는 한국에 대한 투자가 늘어나기 위해서는 기업들의 ROE가 증가하는 것이 가장 좋다는 결론을 내릴 수 있지만, 한국 주식시장의 ROE는 그 경제규모와 기업들의 자산규모에 비해 다소 낮은 편이다.

한국 기업들의 ROE는 왜 낮을까? 그 원인은 분모인 자기자본 크기의 측면에서도 발견할 수 있고, 분자인 당기순이익 크기의 측면에서도 발견할 수 있다. 내 관점에서는, 한국의 기업들은 **주주 환원의 두 가지 수단인 배당과 자사주 소각**에 놀라울 만큼 인색하다는 점이 가장 중요하다고 판단된다. 먼저 배당은 회계상 자기자본의 항목 중 이익잉여금에서 지급되기 때문에 현금배당이 지급될 경우 이익잉여금이 줄어들거나 덜 증가하는 효과가 있다. 그래서 자기자본 총액을 감소시키거나 증가를 억제함으로써 분모를 줄여 ROE를 확대할 수 있는 것이다. 다음으로 자사주의 소각은 주식의 총 숫자를 줄이기 때문에 회계상 자기

자본의 항목 중 자본금을 줄여 종국에는 배당의 지급과 같은 방식으로 ROE를 확대한다. 그러나 한국의 대기업들은 이러한 방식을 선호하지 않는다. 이는 한국 대기업의 가장 큰 관심사 중 하나가 **오너 가문의 가업 승계**이기 때문이다.

실제로 2010년대 이후 대기업으로 성장한 플랫폼 기업, 일부 게임 회사 등을 제외한 전통적인 한국의 대기업들은 그 소유주가 기업 실체를 자녀에게 승계해 왔는데, 이 과정에서 늘 상속세가 문제가 되어왔다. 주식의 가치가 높아지면, 자녀에게 승계할 때 납부해야 하는 상속세가 어마어마해지기 때문에 기본적으로 전통적인 한국 대기업의 소유주들은 주식의 가치를 높일 이유를 찾지 못한다. 대신 최고의 인재들이 그룹 컨트롤타워에 모여 승계 작업에만 오랜 시간을 매달린다. 이렇게 된 이상 소유와 경영을 분리하는 조건으로 주식에 관한 상속세 스탠스를 조금 온건하게 바꿀 법도 하지만, 한국의 대기업과 정부는 서로를 신뢰하지 않는다. 이 때문에 정부는 상속에 관해 전향적 태도를 보일 생각이 없고, 기업은 주주 환원을 제대로 할 수 있는 지배구조를 갖추기를 꺼린다.

지금까지도 이런 상황이었는데, 앞으로 공동체 규모의 축소가 본격화되는 시점이 되면 대기업들 사이에선 보수적인 경영이 더욱 중요시될 가능성은 계속 높아질 것이다. 근 10년간의 저금리 기조를 타고 겨우 스타트업 투자를 비롯해 투자의 문을 열어보려 하던 기업들도 다시 현금을 많이 보유하는 태도로 돌아선다면, 상속의 문제는 다시 대기업들의 최우선 과제가 될 리스크가 커진다. 더군다나 국내 주식시장에서 그나마 큰손 역할을 담당하고 있는 국민연금과 사보험사들은 이제 보험료 수입보다 보험료 지출을 감당해야 할 때가 다가오기 때문에 자산을 매각하는 일이 점점 더 증가할 것이다. 이는 전반적으로 자본시장에 하방 압력을 가할 수밖에 없는 환경을 조성한다.

이미 30년 전부터 한국 사회에 앞서 이 같은 모습을 보여 주고 있는 예시가 일본이다. 그나마 일본은 버블경제를 통해 해외에 외화 자산을 많이 구축해 두었으며 이를 통해 엔화의 국제적 지위를 지속적으로 유지하고 있다. 이 때문에 일본은 인구가 감소하는 환경이지만 필요에 따라 엔화 자체의 평가 절하를 통해 일본 주식시장의 매력도를 올리는 일이 가능하다. 또 일본은 한국보다 앞서 경제 발전을 이룩했으며 인구가 줄어도 내수시장이 한국의 2배가 넘기 때문에 기본적인 기업들의 규모가 한국보다 훨씬 거대하다. 반면 한국의 경우엔 경제 성장 과정에서 거품이 일어난 적도 없고, 원화의 국제적인 지위가 미미하다는 것 또한 심각한 문제라고 할 수 있다.

이처럼 우리나라 경제 자체의 대외의존도가 지속적으로 상승하여 글로벌 경기변동에 증시가 더욱 더 많이 의존하게 될 경우엔 **금융시장 자체의 취약성**이 더욱 강해질 수 있다. 물론 수출을 위주로 하더라도 일반경기변동에 일정한 면역을 갖춘 금융시장이 존재할 수도 있다. 그러나 이러한 금융시장은 독점적 시장지배자의 지위를 획득한 기업이 많다는 전제를 가정해야 한다. 제조업 위주의 산업 구조를 보유하고 있는 한국은 항상 다른 국가들과의 전략적 경쟁 상태를 유지할 수밖에 없고, 이처럼 지배적인 기업이 자리 잡기 힘든 우리 환경은 금융시장 불안을 급속히 가속화할 우려가 있다. 가뜩이나 인색한 주주환원정책, 대주주 이익 위주의 자본정책 등으로 인해 신뢰받지 못하는 한국 금융시장의 현실을 생각하면 이는 인구 감소 자체보다 더욱 큰 문제가 될 수 있다.

공동체의 전방위적인 해체와 퇴보가 우려되는 이유

한국식 공동체 소멸에는 또 다른 암울한 면이 있다. **사회의 가장 약한 끝 부분부터 차츰 소멸해 나감에 따라, 원래부터 모든 것이 쏠려 있었던 서울과 수도권의 가치가 더더욱 높아지는 방향으로 전개된다는 전망이 바로 그것이다.** 지방에서도 가까스로 명맥을 이어나가는 곳이 존재하기는 할 것이다. 하지만 그곳은 현재도 입시 실적이 좋은 지방 주요 학군지일 가능성이 높다. 공동체의 소멸은 지방부터 시작될 것이 자명한데, 지방이 소멸하면 할수록 소멸의 끝을 피하기 위해 사람들은 더더욱 서울과 수도권으로 몰려들게 될 것이다. 그 와중에 지방에 있더라도 서울행 티켓을 끊을 수 있는 지방 주요 학군지는 그나마 어느 정도의 가치를 보전하게 될 수 있다.

그러므로 인구가 줄어들수록 우리는 여러 차원에서 사회적 쏠림을 막기가 더 어려워질 것이다. 이미 지금도 서울을 포함한 수도권의 인구는 우리 공동체의 절반을 차지하고 있는데, 인구가 감소하는 구간으로 접어들면 수도권의 유권자 비율이 나머지 지방 전체의 유권자 비율보다 많아질 것은 당연하다. 이는 한국의 선거 제도와 결합되어 **수도권 지역구의 지속적인 증가와 지방 지역구의 감소 및 통폐합**으로 이어질 것이고, 미래에는 의회가 수도권의 이해관계만이 중요하게 다루어지는 대의기관이 될 위험도 있다.

이외에도 공동체의 축소는 다양한 문제를 야기한다. **국방력의 감소**가 그 중 하나이다. 대한민국 국군을 일컫는 호칭 중 하나는 '60만 국군'이었는데, 2023년 8월 기준 한국군 상비군의 규모는 48만명 정도로 이미 50만명을 밑돌고 있다. 2023년 출생아 수는 23만명에 그쳤으므

1988년 이후 역대 총선 지역별 지역구 의석 수

선거	서울	수도권	강원권	충청권	대경권	동남권	호남권	계
13대 총선	42	35	14	27	29	37	40	224
14대 총선	44	38	14	28	32	39	42	237
15대 총선	47	49	13	28	32	44	40	253
16대 총선	45	52	9	24	27	38	32	227
17대 총선	48	61	8	24	27	41	34	243
18대 총선	48	63	8	24	27	41	34	245
19대 총선	48	64	9	24	27	40	33	246
20대 총선	49	73	8	27	25	40	31	253
21대 총선	49	72	8	28	25	40	31	253
증/감	+7	+37	-6	+1	-4	+3	-9	+29

출처: 열린국회정보, 「역대 국회 구성 정보」

로, 이들이 성인이 되는 2040년대 초반이 되면 남녀 모두에게 병역 의무를 부과하여도 현재의 상비군 병력을 유지하지 못할 가능성이 높아진다. 이처럼 징집 대상의 감축은 이제 선택이 아닌 필수가 되어가고 있지만, 정작 직업군인의 다수를 차지하는 부사관은 열악한 처우와 후진적 병영 문화로 인해 병사의 3배를 웃도는 자살률 등을 보이며 갈수록 이 사회의 관심에서 멀어지고 있다.

국방력의 감소는 다른 문제점들과 합쳐져 경제적 상황을 더욱 악화시킬 우려가 있다. 우선 분단 상황에서 북한과의 대치로 인해 발생하는 지정학적 코리아 디스카운트가 다시 부활할 수 있고, 이는 돌고 돌아

또다시 주식시장의 저평가와 원화의 가치 절하를 불러올 수 있다. 이는 장기간에 걸쳐 경제 성장의 토대인 자본력을 약화시키는 동시에 가뜩이나 높은 물가 수준을 더욱 높여 남은 구성원들을 가난하게 만들 것이다. 그렇다고 해서 남녀개병제를 하자니 여성들까지 한꺼번에 경제 활동이 늦어지는 문제가 부각될 것이며, 남성의 병역의무 기간만을 다시 늘리는 것은 불공정하기도 하거니와 그 자체가 전근대적인 방식이므로 활용하기가 어렵다.

요약하자면, 인구 감소라는 대대적인 공동체 축소는 우리 눈앞에 성큼 다가와서 우리가 더욱 가난해질 수 있는 길을 열고 있다. 이와 관련하여 가장 현실성 있는 한국의 미래 대안으로 제시되는 것은 앞에서도 언급했던 이민이다. 그러나 이민정책의 효과는 단기간에 드러나는 것이 아니며, 양질의 일자리가 부족한 상황에서의 이민은 많은 사회적 문제를 야기할 수 있다. 대표적인 경우가 이민으로 오랫동안 골머리를 앓는 유럽이다. 극우적인 태도를 취하는 유럽 정치인들은 자유주의적인 정치권에서 받아들인 이주 자체가 혐오, 폭력, 범죄 등의 문제를 일으킨다고 주장하지만 실제로 그 이면에 숨어 있는 이민의 문제는 매우 복잡하다. 유럽의 가장 큰 문제는 일자리가 부족한 상황에서 언어도 통하지 않는 사람들을 순식간에 너무 많이 받아들인 것이다. 죽음을 피해 도망친 사람들에게 우선 국경을 열어준 그 정치적 방침을 문제라고 할 순 없다.

한국 공동체의 경우도 마찬가지이다. 인구 감소로 인해 사회가 전체적으로 가난해지는 것을 막기 위해 이민을 받아 인구 감소를 단기적으로라도 막아야겠다는 것은 정치적 방침으로서는 틀리지 않을 수 있다. 그러나 8장에서 살펴본 것처럼 이민은 경제력을 따라서 인구가 이동하는 것이기 때문에 우리는 비교적 심리적 거리가 가까운 서구 선진국보다는 저개발국 구성원들의 이민을 주로 받게 될 것이다. 양질의 일자리가 부족한 상황에서 이들은 내국인과 경쟁하기는 어렵기에 내국인들이 기피하는 저생산성 업종으로 몰리게 될 것이다. 이와 같은 과정은 이민자 그룹을 특정 지역 및 직종에 집중시키는 결과를 낳게 되고, 자연스럽게 이들은 한국인들과 두루 섞여 우리가 공유하는 가치관에 녹아들기보다는 자신들끼리 뭉치면서 본래 가지고 있었던 가치관을 지키려는 쪽을 선택할 것이다. 그렇다면 남는 것은 결국 사회적 갈등의 증폭뿐이다.

또한 한국 사회는 서구 국가들이 현재 겪고 있는 이민으로 인한 문제를 다양한 매체를 통해 너무나도 많이 접해왔다. **실제로 한국 사회에서 이민을 둘러싼 심리적 장벽은 서구권 국가들과는 비교할 수 없을 만큼 높으며, 이민에 대한 담론 역시 정치적 성향을 가리지 않고 합리성을 상실한 채 전개되고 있다고 볼 수 있다.** 보수 진영은 벌써부터 이민자들이 한국의 선진적인 시스템에 탑승하여 건강보험 등의 사회보험에서 무임승차자 역할을 한다는 식으로 비난하고 있다. 하지만 건강보험 재정수지를 봐도 한국 공동체 거주 외국인들은 오히려 손해를 보고 있다는 게 명백한 사실이다. 2018년부터 2022년까지의 외국인 건보 재정수지는 2조 2742억원 흑자를 기록했다. 중국인 그룹만 분리할 경우 2022년 기준 229억원 적자를 보였지만, 이는 2018년 1509억원 적자에 비하면 계속 개선되는 추세이다.

반면 진보 진영의 경우 인도주의적인 입장만 내세우며 난민 수용과 이민 정책의 확대를 주장하고 있다. 하지만 현재 유럽에 머물고 있는 난민들이 실제로 그 사회에 융화되지 못하고, 비교적 선진국인 유럽에서도 변함없이 고통 받는 현실이 계속되고 있다는 것은 충분히 고려하지 않는 모양새다. 물론 극단적인 상황에 몰린 난민들에겐 잘못하면 목숨을 잃을 수도 있는 고향보다는 안전한 선진국에서 지내는 게 더 나을 수 있지만, 만약 그들이 고향으로 돌아가지 못하고 그 나라에서 오래 지내게 될 경우 제대로 된 일자리를 통해 경제 활동을 하지 못하는 고통 역시 시간이 지나면서 계속 커지기만 할 것이기 때문이다. 이렇게 고통을 받던 사람들 중 일부는 극단적인 정치적 이념 또는 종교적 신념으로 뭉친 집단으로 흘러 들어가고, 이는 다시 테러 또는 범죄로 이어져 이민자에 대한 시선을 악화시키는 악순환을 보여주는 것이 지금까지 우리가 관찰한 바이기도 하다.

그러므로 우리의 황혼을 늦추기 위해 이민을 받는 것은 세밀한 정책적 고려 없이는 많은 부작용을 불러일으킬 뿐이다. 이처럼 이것도 저것도 답이 되지 않는다면, 우리는 그저 가만히 앉아서 우리의 소멸을 기다려야 하는가? 그렇지는 않다. **우리가 나아가야 할 길은 분명히 존재한다. 그 좁은 길을 향해 가는 과정이 다소 고통스러울지 몰라도, 우리에겐 미래를 개선할 수 있는 기회가 아직 남아 있다.** 이제부터 이 마지막 기회인 '황금 티켓 증후군의 해소'에 대해 살펴보면서 이 책의 전체적인 논의를 마무리하기로 하자.

나가며

'황금 티켓 증후군'을 어떻게 해결할 것인가

> 그렇다면 우리는 이대로 손을 놓고 천천히 사라질 것인가? 물론 그럴 수는 없다. 다만 우리가 답해야 할 중요한 질문은 남아 있다. 무엇을 가장 먼저 해결해야 하는가? 황금 티켓은 그 중심에 놓인 핵심적인 키워드이지만, 그 티켓은 이 공동체의 모든 문제가 차례대로 풀리고 나면 자동으로 힘을 잃게 된다. 우리가 가장 먼저 주목해야 할 것은 결국 고비용의 문제다. 이를 풀어낼 수 있는 주체는 정해져 있다. 바로, 정부다.

지금까지 한 논의들을 정리하자면 이렇다. 한국은 아프다. 그렇지만 아무도 병원비를 지불하려고 하지 않는다. 여태까지 우리 사회는 이런 현상을 한국인들의 정신적 빈곤이나 이기적인 심성 같은 근거 없는 품성론으로 해석하기 일쑤였다. 이 책에서 나는 다른 논의를 펼쳐보았다. 우리는 생각보다 가난하기 때문에 병원을 가고 싶어도 갈 수 없는 상황이었을지도 모른다. 그런 상황이 너무도 오래 이어져서, 우리는 아예 병원에 갈 필요가 없다고 생각했을 것이다. 자신이 가난하다는 건 꿈에도 생각하지 못한 채.

그렇다면 한국인은 왜 가난한가? 우선 물가가 너무 비싸다. 임대료는 그나마 낮은 국가이지만, 그것은 대부분의 사람들이 독립할 때 목돈을 들여 주택을 구매하거나 전세를 살기 때문이다. 그리고 한국은 수도권에 고생산성 일자리가 집중되어 있으며, 이 고생산성 일자리를 획득할 방법은 좋은 입시 성적을 통해 획득할 수 있는 학벌이라는 수단으로 귀결된다. 게다가 전통적으로 시험을 가장 보편적이고 공정한 인간의 평가 수단으로 여겨 왔던 탓에, 거의 모든 사람이 사교육 시장에 깊게 참여하게 되었다. 사교육비는 거의 준조세 수준으로 지출이 되며 그 비중 역시 낮은 편이 아니다. 이 지점에서 한국인들의 가처분소득은 또 한 번 감소한다.

소비 측면에서 이렇게 쓰는 돈이 많지만, 상당수의 한국인들은 돈을 많이 벌지도 못한다. 한국은 노동생산성이 매우 낮은 국가이기 때문이다. 여태까지 노동생산성은 일종의 농업적 근면성의 척도로 여겨졌으나 이는 명백히 틀렸다. 생산성은 그 사회에서 인정하는 부가가치의 크기이므로, 한국은 대다수의 업종에서 하는 일들이 사회에서 부가가치를 인정받지 못한다는 뜻과 같다. 이는 고스란히 한국의 저임금 상태로 연결된다. 특히 고용의 70%를 차지하는 서비스업은 높은 자영업률로 인한 영세성 및 내수시장에만 의존하여 경쟁이 지나치게 심한 나머지 고질적인 저임금에서 벗어나지 못하고 있다. 이런 사실은 생산성이 쏠려 있는 일부 대기업을 향한 노동소득의 집중이라는 결과로 이어지며, 이처럼 집중된 노동소득은 하나의 황금 티켓이 되고, 이 티켓을 획득하기 위한 수단은 또다시 입시로 귀결되는 순환을 만들어낸다.

그 와중에 한국의 모든 것은 수도권, 그 중에서도 특히 서울에 갈수록 심하게 집중되어 있다. 경제력의 수도권 쏠림은 인구의 쏠림을 가속화하고, 인구의 쏠림은 거주 환경을 악화시켜 주기적인 인프라 쏠림을 강화한다. 거주 환경이 개선되는 과정을 거치면 다시금 수도권으로 인구가 쏠리는 악순환이 발생한다. 한정된 땅에 거주 수요가 높으니 부동산 가격은 계속 상승 압력을 받고, 그 와중에 정부의 잘못된 축출적 정책은 그간 부동산 가격의 상승을 가속화했다.

이렇게 수도권으로 인구가 쏠리니 인프라도 자본도 수도권으로 몰려들고, 양질의 일자리를 가지고 고생산성의 열매를 누릴 수 있는 대기업들은 절대로 수도권에서 떠나지 않는다. 이는 수도권 입성을 또 하나의 티켓으로 만들며, 수도권에 입성하기 위한 티켓은 수도권, 특히 서울의 상위권 대학으로의 진학이라는 수단으로 귀결된다. 이는 또 다시 입시, 그리고 사교육의 준조세화라는 문제로 이어진다. **결국 한국의 문제는 모든 것이 유기적으로 맞물려 순환참조를 그리고 있는 모습이다.**

이 모든 것들이 결합되어 나타난 것이 혼인 건수의 감소, 이에 뒤 이은 출산율의 폭락이다. 수도권, 특히 서울에 어떻게든 입성해야 높은 생산성으로 자본주의의 결과물을 분배받을 가능성이 높아지는데, 가뜩이나 비싼 주거 및 생활 비용은 수도권에서는 더더욱 비싸다. 그 와중에 여성의 경우에는 경제력의 축적 강도가 남성보다 뚜렷이 약하다는 사실이 관측되며, 생애주기 관점에서 들여다본 경제적 자원의 축적 수준 역시 높을 수 없다. 이런 상황에서 결혼은 그 누구에게도 이득이 되지 않는 선택이 되고, 한국 특유의 혼인 제도와 겹쳐 출산은 일종의 사치재로 전락했다.

이 문제를 해결하기 위해 한국은 이를 청년 문제로 규정하고 대책 마련에 힘썼으나 크게 이룬 것이 없다. 현 시대의 청년들보다 앞선 시기에 경제활동을 시작해서 은퇴할 때에 다다랐거나 이미 은퇴한 노인의 문제가 해결되지 않았다는 것을 우리 모두가 간과했기 때문이다. 기존의 저생산성이란 환경에서 낮은 자본축적율을 기록한 노년층은 젊어서 획득한 수도권의 부동산 자산을 결코 놓지 않는다. 바로 이들이 문제의 원인임을 깨닫지 못한 채 너무 오랜 시간을 달려온 결과 이제 노인 문제도 청년 문제도 공히 해결이 어려운 지경에 다다른 것이다.

이를 더욱 악화시킨 것은 빠른 경제 성장에 치중하여 재정이 손을 대야 할 부분을 관성적으로 민간에 아웃소싱해 온 정책의사결정자들의 정책태도이다. 한국인들은 소득 수준이 그리 높지도 않고 소비해야 할 것은 많은데, '요람에서 무덤까지' 살아가기 위해 필요한 많은 것들이 민간에 아웃소싱되어 위탁되거나 시장에 맡겨졌다. 이렇게 국가 재정이 투입되지 않는 상황에서 선택은 각 개별 경제 주체들의 몫이 되었고, 이러한 순간순간의 선택이 부족한 여유 자원이라는 토양과 겹쳐 가성비주의적인 소비를 만들어냈다. 가성비를 추구하는 소비에 손해가 있어서는 안 되니, 우리는 조금의 손해도 용납하지 않는 방향으로 나아갈 수밖에 없었다. 이는 민원 공화국이란 현상을 가져오면서 우리 사회에 필수적인 분야가 동시다발적으로 삐걱거리는 결과를 낳게끔 이끌었다.

그러나 이를 지적하고 수정할 수 있는 발언권이 시험을 통과하여 서울 및 수도권의 고생산성 일자리에 입성한 극소수의 사람들에게만 주어진다는 또 다른 문제가 우리의 발목을 잡고 있다. 생산성이 낮은 일자리가 대다수라는 것은 이 모든 양상에 언제나 선행한 문제였는데, 과거로부터 시험으로 너무 많은 권리를 보장하는 데 익숙한 한국 공동체는 구조적 저생산성보다 개인의 노력을 앞세워 구성원들을 책망했다. 이 과정에서 수많은 사회적 약자 그룹이 탄생했으나 그들이 약자성을 탈출하려는 시도가 발언권이 강한 사람들에 의해 차단되고 있는 것이 지금의 현실이다.

상기한 여러 사회적 요소들의 결과물로 나타나고 있는 것이 바로 인구의 극적인 감소다. 일각에서는 이에 대비하기 위해 이민국가로의 전환이 시급하다고 이야기한다. 그러나 생산성 쏠림, 수도권 쏠림, 성별 소득격차, 노인 문제 등이 골고루 해결되지 않으면 이민은 한국 사회의 문제 해결책이 아니라 새로운 문제의 원인이 될 가능성이 훨씬 더 높다. 이민자들이 많이 진입해 봤자 잠시 인구만 늘어날 뿐 결국 공동체가 현재 상태에 다다른 원인이 근본적으로 수정되는 것은 아니기 때문이다. 오히려 고국에서 익힌 언어나 기술 등이 소용없어지고 한국에서 비숙련, 비정규직 노동자로 일해야 할 가능성이 높은 이민자들은 한국인들이 겪는 것과 같은 경쟁 압력 속에서 한 세대도 지나지 않아 한국인들과 똑같은 선택을 할 개연성이 높다.

정부 지출 증대는 선택이 아닌 필수

그렇다면 우리는 이 문제를 어디서부터 풀어야 할까? 지금까지 말한 여러 문제점들의 거대한 순환을 OECD는 **황금 티켓 증후군**이라고 명명했다. 한국은 시험이라는 좁은 문을 통과한 극소수의 사람들만이 경제력을 거머쥘 수 있고, 이 황금 티켓을 붙잡으려 전 국민이 입시에 매달리다 보니 여기에 사회적 역량이 낭비되면서 각종 사회 병폐가 발생한다는 것이다. OECD에서는 고생산성 대기업 직군에 대한 티켓을 주로 언급했지만 사실은 서울행 티켓 또는 서울 자유이용권 티켓 역시 그만큼의 중요함을 지니고 있다. 그래서 우리는 포괄적으로 이 문제를 다룰 필요성이 있다.

먼저 문제의 원인을 당장 해결할 수 있는 것과 그럴 수 없는 것으로 구분하자. 고질적인 저생산성 문제와 수도권 집중의 문제는, 뻔한 이야기지만 한번에 해결할 수 없다. 앞서 언급했지만 노동시장을 유연화하겠다며 대뜸 대기업 정규직의 개별 해고를 쉽게 만든다고 해서 중소기업이나 서비스업 생산성이 대기업을 쫓아올 수 있을 리가 없기 때문이다. 수도권 집중 문제 역시 마찬가지이다. 한국 공동체의 정책의사결정권자들은 우선 공공기관을 지방으로 분산 배치하고 그 주변에 혁신도시를 구성하여 인구 유출을 막으려 시도했으나 이는 그리 성공적이지 못했다. 오히려 지방으로 분산 배치된 공공기관들의 인적자원 저하 등 여러 문제가 끊임없이 발생하고 있는 게 현실이다.

이 문제를 시험을 통한 티켓의 관점으로 본다면 대학의 이전이 하나의 해결책이 될 수 있을 것이다. 대학의 이전은 물론 인위적인 인구의 이동을 가능케 하겠지만, 기업이라는 생산 수단이 반드시 대학을 따라 움직인다는 보장은 없다. 그래서 지방을 청년이 잠시 머무르다 가는 공간으로만 유지시킬 가능성도 크다. 이 경우 서비스업 중에서도 가장 생산성이 낮은 축에 속하는 음식료 및 숙박업의 규모만 계속 비슷하게 유지되고 지방의 전반적인 생산성 상승에는 도움이 되지 않을 가능성이 높다. 충분한 생산성이 고르게 확보되지 못한 상황에서는 결국 사회안전망 확보 등을 위해 필수적인 증세에 대한 사회적 합의가 언제나 실패할 것이고, 그 실패를 지속해서 학습한 정책의사결정권자들은 아예 합의를 시도하려는 노력조차 하지 않을 것이다.

그렇다면 남은 것은 한 가지뿐이다. 점진적인 국가 채무의 증가가 유일하게 '당장' 시도할 수 있는 방법이다.

국채의 발행을 통한 국가채무의 증가는 이자 상환의 부담으로 인해, 미래 세대에 불필요한 경제적 짐 덩어리를 남긴다는 이유로 반대하는 여론 또한 만만치 않다. 그러나 이미 인구의 격감이 확정된 상황에서 현재의 기조를 계속 유지하다가는 현 수준의 부채를 감당할 미래 세대가 아예 남아나지 않을지도 모른다는 사실을 간과해선 안 된다. 물론 나의 주장이 GDP 대비 200%에 가까운 국가채무를 가진 일본처럼 하자는 뜻은 아니다. 예컨대 내국인의 국채 매입을 지금부터 어느 정도 장려하여 개인 국채 보유 비율을 늘린 뒤, 간접적으로 공동체의 유지, 보수 비용을 나눠지게 하는 방법 등을 고려하자는 것이다.*

한국의 개인 국채 보유 비율은 0.1% 수준에 그친다. 이는 미국의 1/5 수준이며 개인 국채 보유 비중이 2.4%인 일본, 10%에 가까운 영국 등에 비하면 거의 없는 것과 마찬가지이다. 우리는 금융자산이 많은 개인을 상대로 점차 이 비율을 늘려 나갈 필요가 있다. 어느 정도 준조세의 성격이 되겠지만, 개인이 자유롭게 선택할 수 있고 이자소득이 발생한다는 점에서 증세 또는 사회보험 지출의 증액보다는 거부감이 덜할 것이다. 블록체인 토큰에 자본이 몰려 있는 것보다 백배 나음은 물론이다.

정부의 지출 증가를 시작으로 문제를 풀어가자는 관점을 채택하기 위해선 먼저 공동체의 축소 자체를 기정사실로 받아들여야 한다. 그 후 이를 단계적으로 보고 각 단계에 맞게끔 방법론을 세우고 지갑을 열어야 한다. 향후 20~30년 동안 공동체의 축소는 가속도가 붙어 대단히 빠르게 일어나겠지만, 현재 청년층인 밀레니얼과 Z세대가 은퇴 후 세상을 떠나고 그들의 자녀가 장년층으로 진입하는 시기가 되면 급격한

* 실제로 현재 집권하고 있는 윤석열 정부는 2024년 상반기 출시를 목표로 개인투자용 국채 도입을 중점으로 한 국채법 시행령 개정안을 추진 중이다.

축소로 인한 인구 불균형 문제가 다시금 안정되는 기간이 찾아온다. 다만 그 전의 **'급격한 축소'** 시기에 우리가 그 흐름 속에서 너무 심각하게 가난해지지 않도록 하는 조치가 최우선이고, 그 방법 중에서 우리 사회가 지금 쓸 수 있는 것은 정부 지출의 증가 외에는 뚜렷하게 관찰되지 않는다.

재정 확장을 둘러싼 오해에 반박한다

하지만 책의 5장에서도 설명했듯 한국 공동체는 차관 도입으로 추진된 경제 발전을 시작했고, 정부가 시장에 깊숙이 개입하여 발전시킬 산업을 정하고 직접 자원을 배분했던 국가다. 역사적으로 봤을 때 관료 사회는 늘 확대 재정에 상당히 부정적이었다. 특히 1997년 외환 위기를 대대적으로 거치면서 재정 보수성은 훨씬 더 강해졌다.

한국의 상당수 경제학자들도 마찬가지 이론을 견지하고 있다. **전통적인 화폐이론에 입각해서, 장기적인 정부의 재정 투입은 화폐 수량의 증가를 불러일으켜 물가를 불필요하게 상승시킬 뿐이라는 주장이다.** 불필요하게 상승한 물가는 중앙은행의 이자율 인상을 이끌게 된다. 중앙은행은 이자율을 인상함으로써 정부가 과도하게 풀어놓은 돈을 다시 은행으로 되돌려서 물가를 안정시켜야 할 필요성이 있기 때문이다. 이자가 오르면 기업의 입장에선 자본조달비용이 상승하기 때문에 기업 투자가 줄게 되고, 이는 다시 고용에 악영향을 끼친다. 이를 경제학에서는 구축효과라고 부른다.

거시경제학에서 말하는 구축효과는 기획재정부라는 거대한 관료 집단이 정부가 재정을 적극적으로 활용하지 못하게 하는 가장 효과적인 무기가 되어왔다. 여기에 또 하나의 근거가 추가된다. 앞서 설명했듯 증세가 불가능할 경우 확장 재정을 위해선 국채의 발행이 필요한데, 국채의 지나친 발행은 이를 상환해야 하는 미래 경제 활동 인구의 부담이 늘어나는 방향으로 이어진다는 게 그것이다.

하지만 이와 같은 전통적인 주장은 두 가지 점을 간과하고 있다. 첫 번째는 **"현재와 같은 급격한 인구 감소가 예상되는 상황에서 과연 재정 건전성이 얼마나 의미가 있는가?"**라는 질문에 누구도 제대로 대답할 수 없다는 사실이다. 지금 아무리 재정 건전성을 지킨다 한들, 신생아 수 20만명 시대의 세대가 경제 활동 인구로 본격적으로 진입하면 한 세대가 고작 200만명 남짓한 수에 머무르는 시대가 되고, 이들은 현재 주 경제활동인구인 X세대와 밀레니얼 세대를 모두 합한 1600만명의 1/4밖에 되지 않는다. 그때가 되면 이미 은퇴한 1980년대 후반생들에게까지 지급할 국민연금 미지급부채 수천조원이 현실화될 가능성이 크다. 지금 재정건전성을 위해 정부 차원에서 아무리 돈을 아낀다 한들, 그때엔 바다에 강물 한 숟갈을 퍼넣은 뒤 바닷물이 민물이 되길 기원했던 일로 보일 것이다.

즉, 미래에 쓸 돈이 많기 때문에 지금 돈을 아끼는 선택은 지금의 시각에서 볼 때는 현명할지도 모르지만, 미래 세대의 수를 늘리거나 차라리 미래 세대의 생산성이라도 보전하기 위해 적극적으로 투자하는 행위보다 훨씬 더 어리석은 행위이다. 저출생의 실질적인 쟁점과는 아무런 관련도 없는 중노년 이상의 대학 교수들이 재정건전성을 앞다투어 부르짖는 건 '생활인'의 입장에서는 그래서 전혀 설득력이 없는 것이다.

두 번째는 정말로 우리가 증세 합의에 실패해서 결국 부채를 감당해서라도 사회를 바꿔야 하는 상황에 다다랐다고 가정할 때, **"정말로 그 부채 때문에 나라가 망할 것인가?"**란 질문에 대해 모두가 국민연금 고갈을 다루듯이 선동 아니면 거짓말을 하고 있다는 사실이다. 결론부터 이야기하자면, 부채가 더 늘어난다고 해서 한국은 망하지 않고, 미래 세대의 등허리가 휜다고 단정할 수도 없다. 한국의 국가부채는 대응 자산이 상당수 존재하는 채무이고, 또한 의외로 일본과 마찬가지로 상장 채권의 대부분을 내국인이 보유하고 있어 과도한 국채에서 발생하는 외환 위기가 또다시 일어날 가능성은 현재 시점에서는 매우 낮기 때문이다.

대응 자산은 무엇인가? 채권을 발행하여 들어오는 돈으로 정부가 매입하는 자산을 가리킨다. 그 채무에 대응하는 자산이라는 뜻에서 대응 자산이라고 명명하는 것이다. 앞서 나는 한국이 기축통화국이 아니라서 경제를 운용할 때 다소 난도가 높고, 원화의 힘이 약하기에 어쩔 수 없이 인구 감소 시 물가 상승의 위험이 더 크다고 지적했다. 그런데 이 때문에 국가 채무 비중에서는 조금 유리한 점이 생긴다. 한국은 기축통화국이 아니므로 국채를 발행하여 외환보유고를 마련하는데, 그래서 국채 상당수의 대응 자산이 바로 상환이 가능한 달러화 등 주요 기축통화로 이루어져 있는 것이다.

2020년 기준 국가채무 847조원 가운데 약 40%에 가까운 330조원은 이렇게 요구불 대응 자산으로 이루어진 채무이다.* 조금 과장해서 이야기한다면, 한국은 모든 외환보유고를 포기한다는 가정하에 국가부채의 40%를 일거에 없애버릴 수 있다. 뒤집어 말한다면 우리가 생각하는 국

* 홍춘욱, 「'국가부채 늘면 나라 망한다?', 상당 부분 틀린 얘기」, 《주간동아》 2023. 9. 20.

가부채 중 60% 정도만이 진짜 빚이라고 할 수 있는 것이다. 나머지는 한국 돈을 빌려서 외국 돈을 사 온 뒤 그것을 저축하고 있는 형태에 가깝다.

한편 기획재정부의『월간 재정동향』2023년 7월호를 기준으로 살펴보면, 2023년 6월의 대한민국 국채 총 발행 잔액은 988.4조원이며 이 중 외국인은 206.3조원을 보유하고 있어, 외국인의 국고채 보유비중은 20.8%가량에 머무른다. 한국은행이 발표한 대한민국의 2023년 9월말 기준 외환보유액은 4141.2억 달러로 약 530조원이 넘는다. 모든 외국인이 당장 내일 한국 국채를 모두 팔고 자국통화 또는 달러화로 환전해도 한국의 외환보유액은 이 같은 충격을 두 번은 버틸 수 있다. 만약 이를 상장 채권 전체로 확대하면, 2020년 8월 기준으로 조금 시계를 뒤로 돌려야 하지만, 외국인의 전체 채권 보유액은 242조 6천억원으로 전체 상장 채권 발행 잔액의 9.7%에 불과하다. **즉, 한국은 국가에 존재하는 부채의 대부분을 기관투자자 중심의 내국인들이 보유하고 있으며, 그 대상을 국채로 한정하더라도 외국인의 비중은 낮기 때문에 국가부채의 팽창으로 인한 대외 신인도 하락이라든지 국가 신용등급 강등이 발생할 가능성은 크지 않다.**

정부가 조금만 재정을 확장하면 미래에 위기가 찾아올 것이라고 말하는 사람들을 내가 모두 거짓말쟁이라고 단언할 수 있는 근거는 무엇이겠는가? 이렇듯 실제로 한국의 부채를 분석하면, 재정을 확장했을 때도 전체적인 국가 경제의 변동성이 높아지지 않을 것이라는 점을 숫자가 뒷받침하고 있기 때문이다. 단, 앞에서도 밝혔듯이 내국인 개인의 국채 보유율을 빠르게 늘려 나가야 한다는 과제가 있다. 현재 내국인의 국채 보유는 기관투자자, 특히 국민연금과 대형 사보험사 위주이기 때문에 이들이 인구 감소 시기에 채권 포트폴리오를 축소할 것을 염두에

두어야 하기 때문이다.

비슷한 관점에서 외국인의 국채 보유가 지나치게 많은 것도 주의 깊게 살펴보아야 한다. 이럴 경우 사실상 국채의 성격은 외채와 비슷해지기 때문이다. 공동체 축소의 시기에 외국인들은 국채 비중을 줄일수록 원화를 팔고 자국의 외화를 조달할 것이어서 오히려 환율을 더욱 불안정하게 할 우려가 있다. 결론적으로 앞으로 한국 공동체의 자원 조달 방향성은 정부의 재정을 늘리되, 기관투자자 중심의 국채 투자자 구성을 개인, 특히 은퇴자 중심으로 점진적인 변화시키면서 그 와중에 지나치게 외국인의 비율이 높아지지 않게끔 조정하는 것이라고 할 수 있겠다.

'증세'를 향한 머나먼 길

물론 이 모든 점들을 고려하더라도 정부 주도의 재정 확장에 반대할 수 있다. '시장 주도의 경제 성장'이라는 또 다른 방법이 있기 때문이다. 성장을 좋아하는 사람들은 우리가 새로운 먹거리를 보장하고 큰 부가가치를 올릴 수 있는 밸류체인 내에 자리를 잘 잡으면 많은 문제가 자연스럽게 해결될 것이라고 생각하는 경향이 있다. 그러나 지금까지 이야기한 내용에서 우리가 알 수 있는 것은, 현재의 사회 체계와 구조를 전면적으로 바꾸지 않는 이상 새로운 성장이 가능하다고 한들 그 과실의 대부분은 수도권이라는 공간과 고생산성 직종이라는 일부 계층에게만 돌아갈 것이라는 불편한 진실뿐이다. 경제에 낙수 효과라는 것은 사실상 없다고 봐야 한다. 낙수 효과가 있다고 주장하는 사람들은 이미 죽은 것으로 검증된 이론을 계속 어루만지고 있는 셈이다.

또한 '경제의 성장'과는 거리가 있는 영역에 돈을 사용한다고 해서 이것을 일종의 소득 분배라고 해석해서는 안 된다. 엄밀히 따지자면 지금까지 개인의 선택을 통해 개인이 소비·지출하게끔 맡겼던 영역을 조금씩 정부의 몫으로 돌려놓는 것에 가깝다. 연금의 재정 지원이 그 시작이 될 수 있으며, 보육 및 노인과 관련된 인프라 제공의 문제, 유아차나 전동휠체어를 끌고도 자유롭게 버스나 지하철을 이용할 수 있게 만드는 문제 같은 간단한 것들의 해결이 이 거대한 순환을 조금씩 풀어낼 수 있는 실마리가 될 수 있는 것이다. 지금까지는 버스와 지하철에서 유아차를 본 적이 거의 없을 것이다. 보지 못했기 때문에 아예 문제라는 인식조차 하지 못했던 것이고, 문제가 아니었기 때문에 해결해야 한다는 생각도 하지 못한 것이다.

이러한 문제들을 우선적으로 해결하여 **일상생활의 고비용**을 차츰 축소해 가야 한다. 일상생활의 고비용이 해결이 되어야 공동체 구성원들의 곳간이 다시 채워지고, 그것이 일정 기간 지속이 되어야만 비로소 우리는 **우리의 소멸을 막기 위해 더 지갑을 열어보자는 이야기**를 꺼낼 수가 있다. 젊어서 매일 밤새도록 일해도 은퇴하고 나면 답이 없고, 수도권에 살지 않으면 아플 때 찾아갈 병원조차 없으며, 유아차를 끌고 커피 한 잔 마시러 가려면 두 시간을 넘게 소비해야 하는 공동체에서는 심리적으로든 금전적으로든 아무도 자신의 일부를 사회와 공유하려 하지 않을 것이고, 기존에 저렴한 가격으로 이용해 왔던 몇 안 되는 서비스를 절대로 포기하지 않을 것이기 때문이다.

황금 티켓의 권력이 해체되는 것은 그다음, 맨 마지막이다. 각자도생의 사회가 계속 유지가 되는 동안에는 서울대학교를 산골짜기로 보내든 삼성전자를 울릉도로 보내든 그 티켓의 파워는 계속 공고하게 유지가 될 것이다. 우선 일상에서 한국인들을 짓누르는 불필요한 고비용 구조를 먼저 해소한 후, 일정 기간이 지난 뒤 정부의 채무 증가를 억제하기 위한 증세의 논의를 시작해야 하며, 이 합의가 완료된 뒤에야 비로소 서비스업에서의 인건비 상승을 통한 생산성의 균형을 맞출 여력이 생긴다. 생산성의 균형이 맞춰지고 나면 황금 티켓은 자연스럽게 그 힘을 잃는다. 모두가 몇 장 안 되는 티켓에 목숨을 걸지 않아도 크게 차이 나지 않는 생산성을 획득할 수 있기 때문이다.

결국 문제의 해결책은 두 가지라고 할 수 있겠다. **첫째는 증세에 대한 국민적 합의를 이끌어내어 현재 한국 공동체의 구조에서 황금 티켓을 이미 획득한 사람들에게 동의를 받아내는 것이다.** 그러나 이 과정은 정말로 어렵고 힘들 것이다. 이 책 본문의 초반부에서 반복적으로 강조했듯이 한국 공동체는 이미 개인들이 여유가 없기 때문이다. 대단한 수준의 정치적 결단을 내리는 정치 세력이 등장하지 않는 이상 이 해결책부터 시작하기에는 쉽지 않다고 본다.

그렇다면 두 번째 방법이 지금 우리가 선택해야 할 유일한 방안일지도 모른다. **우선 정부가 재정을 적극적으로 확대하고, 그와 동시에 아직 경제 활동 인구가 많은 X세대와 밀레니얼 세대의 잉여 자본을 블록체인 토큰 같은 비합리적 투자처가 아닌 개인의 국채 보유로 편입하는 것이다.** 이러한 방식으로 미래 국민연금 및 사보험사들의 인구 감소 시기 자산 축소를 미리 대비하면서 미래를 대비하기 위한 재원으로 남겨두는 게 가능하다.

하지만 영원히 정부가 재정을 무한대로 확대할 수는 없으므로, 일정 기간 이 방법을 써서 마련한 재원으로 한국의 고질적인 높은 생활비용 문제부터 먼저 해결해야만 한다. 이 문제를 해결하면 드디어 증세의 여유가 생길 것이다. 이때부터 전반적인 사회적 증세 논의가 시작되어야 한다. 그럼 그때부터 증세를 통해 확보한 재원으로 우리 사회는 2020년대 현재 시점에서 2천만명이 넘는 경제 활동 인구가 모두 은퇴하고 세상을 떠나는 2070~2100년의 시기를 버텨내야 한다.

인구가 급감하기 시작하고 생산인구와 비생산인구의 불균형이 극대화되기 전에 이 구조를 준비해서 앞으로 올 고통의 30년을 통과해야만 한다. 그래야 인구가 현재의 절반 수준에 다다르는 시기가 도래해서도 최대한 그 후유증을 완화하고 막을 수 있다. 내가 이 책의 제목에서 지금 우리가 가고 있는 길을 '자살'로 표현한 것은 다른 이유 때문이 아니다. 우리가 이런 방식을 선택하지 않고 계속 가만히 있다간 그 길이 우리를 죽이는 길이 될 것이기 때문이다. 단순히 공동체의 크기가 줄어들고 이 사회가 전 방위로 위축되는 게 문제가 아니라, 지금 우리가 선택한 길 끝에 모두가 가난해지고 다들 고통 속에 몸부림을 치다가 소리 소문 없이 사라지는 미래가 놓여 있기 때문이다.

누구의 탓도 않는 담론을 위해

경제 활동을 하면서 늘 가졌던 궁금증 중 하나는, 우리 공동체 구성원들은 왜 그렇게 자신의 이익 보호에는 유독 민감하면서 공동체의 유지 보수를 위한 지출에는 인색할까 하는 것이었다. 특히 가장 이해하기 어려웠던 것은 **세금**에 대한 태도였다. 많은 사람들은 세금에 관하여 자기 노력의 결과물을 국가가 부당하게 약탈해 가는 것이라 인식하고, "피 같은 세금"이라는 말을 매일같이 써가며 공동체를 향한 지출을 적대시하곤 한다. 나는 그것이 언제나 이해가 되지 않았다. 세금은 국가와 시민 간의 일종의 거래일 뿐이다. 그 거래가 누군가에게 그렇게까지 부당하게 느껴진다는 것은 아무리 생각해도 놀라운 일이다.

세금이란 무엇인가? 그것은 사회계약의 징표다. 유무형적으로 국가가 제공하는 인프라에 대해 해당국에 거주하는 시민이 내는 사용료다. 우리가 매일 당연하게 타고 다니는 버스와 지하철, 수도꼭지만 돌리면 나오는 깨끗한 물, 스위치만 나오면 켜지는 전기 등은 공짜가 아니다. 공짜일 수가 없다. 우리나라 사람들은 심지어 유럽연합에 입국할 때 영국 및 주요 선진국들과 한국인의 여권이 같은 줄에서 취급받는 것에 자부심을 느낀다. 그렇지만 많은 사람들은 그 역시 세금의 대가라는 사실을 잘 알지 못한다.

예전에는 이러한 한국 공동체 특유의 인색함을 품성론으로 설명하는 것을 어느 정도는 타당하다고 생각하고 있었다. 그때까지만 해도 공동체 전체의 일반적인 분위기와 사회적 양태를 통계로 검증하는 것이 불가능했기 때문에 품성론은 가장 설명력이 높은 방법이라고 할 수 있었다. 그러한 과정 속에서 한국인들은 '원래 그런 사람들'이 되어갔고, 충분히 잘 살고 있음에도 불구하고 타인과의 비교만 일삼으며 그 간극을 물질적 허영으로 채우는 사람들이 되었다. 일각에서는 한국인들은 분수를 잘 모른다는 논리까지 동원하며 우리 공동체의 심성이 썩었다고들 말하곤 했다.

그러나 이를 그대로 받아들이는 것에는 언제나 마음 깊은 곳에서 강한 거부감이 있었다. 한 국가에 거주하는 사람들은 일정 수준의 경향성을 가질 수는 있지만, 공동체의 모든 구성원이 이기적인 사람으로 존재한다는 것은 그 배경에 물질적인 원인이 있지 않고서는 불가능하다. 사람을 이기적으로 만드는 유전자 또는 타인과 습관적으로 비교하게 하는 유전자가 한국인들의 핏줄에 전해진다는 과학적인 증거가 부재함은 물론이다. 동시에 그럴수록 더욱 강한 궁금증이 일어났다. **그렇다면 우리가 이 지경이 되도록 공동체를 방치하는 이유는 무엇일까? 왜 우리나라는 민원의 천국이 되었으며, 이 사회는 무슨 일이든 사람을 갈아넣어 해결하려고 할까? 왜 저출산 대책에 조 단위의 돈을 쏟아부어도 아무런 변화가 없을까? 왜 항상 사람들은 불행해하기만 할까?**

이뿐만이 아니었다. 나는 우리 공동체의 문제를 그나마 이야기해 보고자 하는 많은 담론들이 왜 그토록 종국에는 특정 정치 진영 또는 '누군가에게' 귀책사유를 묻는 방식으로 끝을 맺는지를 알 수 없었다. 한국의 병리적 현상을 제기하는 책은 『자살하는 대한민국』 외에도 많다. 그러나 대부분의 책에서 논의되는 것들은 앞서 언급한 의미 없는 품성론의 반복이거나 특정 정치 세력의 특정 시점에서의 잘못으로 인해 현재 한국 공동체가 이렇게 되었다는 식의 논리만 되풀이할 뿐이었다. 누구는 86세대의 문제라고 하고, 누군가는 보수 정당이 문제라고 하고, 누군가는 언론이 문제라고 하며, 어떤 누군가는 황당하게도 멀리 거슬러 올라가 조선 시대 이야기부터 꺼내는 경우도 있었다.

하지만 이런 식의 문제제기에 중대한 오류가 있다는 생각을 멈출 수 없었다. 만약 86세대의 어떤 잘못이 문제라면, 그들이 모두 집으로 돌아가 두문불출할 때 우리 공동체의 병리적 현상이 해결되는가? 반대로 보수 정당이 문제였다면, 이들을 선거에서 모조리 패배시켜 역시 집으로 돌려보낸 뒤 가택연금시키면 문제가 해결되는가? 언론이 문제라고 한다면 언론의 입을 그저 다물게 하거나 언론인들을 모두 경제 전문가로 교체하면 일이 해결될까? 그럴 수 없다. 공동체의 문제에 대한 책임소재를 특정한 사람이나 사람들에게 지우려는 시도가 누군가에게 통쾌함이나 시원함을 안겨줄 수 있을지 모른다. 하지만 누군가에게 정치적 만족감을 주는 선에서 끝나는 담론은 절대 공동체에 도움이 되지 않는다.

내가 '돈의 문제'에 주목하게 된 이유

내가 '돈'의 문제에 주목하게 된 이유는 앞서 이야기했다. 정치 진영은 계속해서 바뀌고, 한국은 87년 체제의 도입 이후 40년 가까이 보통선거를 기반으로 한 민주주의를 운영하면서 정권을 여러 차례 교체해 왔다. 그래서 다시 한번 강조하건대, 나는 우리 공동체의 문제를 누군가의 독점적 책임으로 몰 수는 없다고 생각한다. 또 언제나 권력을 주고받기 마련인 정치 세력의 문제와는 달리, 돈은 누가 권력을 갖고 있느냐의 문제와는 관계가 없다. 권력은 제도에 의해 교체되지만 돈은 제도에 의해 아무렇게나 이전되지 않기 때문이다. 바꿔 말한다면 성숙한 민주주의 사회를 가정할 때, 돈은 정치의 헤게모니와는 무관하게 언제나 자본주의 경제의 법칙에 따라 사람들에게 영향을 끼치게 된다.

하지만 여태까지 이 사회의 미래를 우려하고 진단하는 여러 논의들 중에서, 돈 그 자체에 대해서는 별달리 주목하는 담론을 보지 못했다. 이는 우리가 상당히 빠른 발전을 통해, 그래도 겉으로 보기에는 잘사는 나라가 되었으므로 우리에게 경제적 자원이 부족하다는 것은 직관적으로 얼른 떠올리기 어려운 아이디어일 수 있기 때문일 것이다. **그러나 과연 우리의 인색함을 과연 돈이라는 변수, 우리의 기저를 떠받치고 있는 경제 구조의 특수성이 아닌 다른 문제로 설명할 수 있을까?** 나는 그것이 불가능하다는 것을 깨달았다. 곳간에서 인심 난다는 옛말도 있듯이, 우리 모두는 어쩌면 진정한 문제는 돈이라는 것을 내심 알아채고 있었을지도 모른다. 그렇다면 누군가는 이것이 과연 사실인지 검증해야 한다.

『자살하는 대한민국』은 이러한 사고의 흐름 속에서 탄생했다. 우리는 세계의 그 어떤 나라와도 비교가 되지 않을 만큼 공동체의 재생산성을 격심히 파괴하면서 소멸의 길로 달려가고 있다. 만약 이것이 그간의 통념대로 그저 한국인들의 정념 체계의 문제였다면, 이미 한국은 전근대에 소멸했었어야 옳을 것이다. 그렇지만 우리는 소멸하지 않고 번영했다. 다만 그 소멸의 출발을 알리는 시점이 하필 전 세계에 대한 한국의 영향력이 절정에 오른 2020년대라는 것은, 그 현상에 다른 배경적인 요인이 있음을 의미한다. 이 책의 목적은 바로 그 지점을 찾아내는 것이었다. 나는 오랫동안 다수의 통계와 연구를 분석했고, 본문에서 제시한 다양한 근거들로 인해 한국인들은 실질적으로는 아직 가난한 상태와 다를 바가 없다는 결론을 내릴 수 있었다.

나는 조금 더 적극적인 **정부의 재정 확대**를 주문하면서 이 책의 막을 내렸다. 물론 우리나라도 상당히 고도화된 자본주의 사회이고, 그래서 시장과 정부엔 각각의 역할이 있는 법이며 많은 경우 시장에 문제를 맡기는 편이 더 효율적일 수 있다. 하지만 굳이 재정 확대라는, 다소 진부할 수 있는 방안을 제시한 이유는 다음과 같다. **첫째, 우리 공동체가 겪고 있는 문제는 각 문제끼리 복잡하게 얽혀 있으며, 모든 문제가 서로에게 영향을 주고받아 한 문제를 해결하면 다른 문제가 더욱 심해지는 순환참조성을 가지고 있기 때문이다.** 나는 자연스럽게 두면 끝내 불균형을 유지할 수밖에 없는 시장에서 해결책을 찾는 일이 이 문제를 해결하는 데는 적합하지 않은 측면이 있다고 판단했다.

둘째, 아무리 명쾌한 해결책을 제시한다 한들 현재의 상황에서는 우리

가 가장 신경 써서 달성해야 할 지점은 '사회적 합의'이기 때문이다. 사회적 합의는 왜 중요한가? 만약 우리 공동체에 속한 모든 사람들이 자원이 풍부하고 시민사회에서 원활한 의사소통이 이루어져도 본문에서 지적한 내용들은 근본적으로 '돈'의 문제이며, 돈의 문제는 모두가 민감하기 때문에 해결하기가 어렵기 때문이다. 그러므로 지금처럼 계층 간 갈등을 조장하기 바쁜 언론, 커뮤니티발 담론이 계속 횡행하거나, 장기적 관점에서 국정을 운영하지 않는 정치권이 있는 한 문제를 해결하기 위한 올바른 절차보다는 상대방을 패배시키려 하는 대결주의적 담론만이 더욱 성행할 것이다. **하지만 공동체의 성공적인 운영은 누군가의 승패로 결정되는 것이 아니라, 서론부터 반복했듯 우리가 얼마나 기꺼이 지갑을 여는지에 달려 있다.** 그러므로 우리 자신이 실질적으로 가난한 상태라는 것을 직시하고, 앞으로 더욱 가난해질 수 있음을 인지하며, 이 사회를 둘러싼 돈의 논리와 구조를 더욱 철저히 파헤치는 게 중요하다. 사회적 합의는 여기서만 도출될 수 있다.

물론 사실 우리가 지금 당장 이 문제들을 해결하지 않아도, 한동안 어떻게든 우리 공동체가 굴러가기는 할 것이다. 어차피 지금도 양파와 마늘, 감자와 당근은 비싸지만, 버스와 지하철 요금이 상대적으로 저렴하기 때문에 우리는 그럭저럭 살아갈 수는 있다. 2050년이 되면 인구 4000만명 선도 붕괴하게 되지만, 2050년은 아직도 25년도 더 후의 일이다. 엄밀히 말해 지금 이 공동체에 살아가는 모든 사람들에게 그때의 일은 '내 일'이 아직 아니라고 할 수 있다.

우리가 눈치 채지 못할 만큼 우리는 조금씩 더 가난해지겠지만, 그 일은 상당히 느리게 진행될 것이므로 크게 관심을 받지도 못할 수도 있다. 하지만 나는 **정해진 미래는 '미래'가 아니라 바로 '현재'일 것**이라는 관점에서, 마치 누군가에게 호소하듯 본문을 써내려 갔다. '정해진 미래'라는 것은 그 결과가 정해져 있고, 우리에게 주어진 것은 오로지 시간뿐이라는 말과 같다. 뒤집어 생각하면, 우리에겐 시간이 있으므로 지금 이 순간 우리를 둘러싼 온갖 문제들을 수정할 기회 또한 갖고 있다.

우리의 현재를 정면으로 바라보고, 그런 과정을 통해서 미래를 내다보는 일은 어떤 의미에선 지극히 현실적이고 염세적인 과정이 될 수 있다고 생각한다. 그러나 내가 아직 일어나지도 않은 일에 대한 원인을 분석하고, 굳이 앞으로의 방침을 설득하기 위해 이 책에서 노력했던 것은 그 작업이 종국에는 우리 공동체에 필요한 일이라고 확신했기 때문이다. 지금으로부터 약 25년 뒤인 2050년은 얼른 생각하기에는 굉장히 먼 미래 같지만, 꼭 그렇지만은 않을지도 모른다. 그때는 그래도 한 해에 70만명 이상이 태어났던 1990년대생들이 60대로 진입하게 되는 시기이다. 그즈음 한창 30대로 경제활동을 하고 있을 2020년대생들은 현재 한 해에 고작 20만명 정도밖에 태어나지 않는다.

그때가 되면 우리는 청년도 가난하고 노인도 가난하며, 말 그대로 이 사회의 모두가 가난한 상황에 직면할 수 있다. 그러한 충격적인 상황은 미리 막아보자는 게 내가 이 책을 쓰기 시작한 유일한 이유다. 아울러 또 하나의 작은 바람은 결국 우리가 처한 이 사회의 병폐와 결함을 낳은 원인이 구성원들이 지닌 마음의 문제일 수도 있지만, 그보단 돈의 문제일 수도 있다는 점이 더 많이 알려지는 것이다. 우리는 너무 오랫동안 오로지 우리의 마음을 탓해왔다. 우리는 이제 돈의 의미와 돈의 구조, 돈의 흐름이 보여주는 쟁점들에 대해서 우리 스스로에게 질문하기 시작해야 한다. 나의 글을 통해 이에 관한 사람들의 인식이 조금이나마 바뀔 수 있었다면 내가 이 책을 쓴 보람은 충분할 것이다.

감사의 말

지금부터는 『자살하는 대한민국』이라는, 다소 거칠고 공포스러운 제목의 이 책이 세상에 빛을 볼 수 있을 때까지 도움을 준 분들에 대한 감사를 표하고자 한다.

우선 오랫동안 인연을 맺었으며, 이 텍스트의 출간에 가장 결정적인 역할을 한 도서출판 사이드웨이의 박성열 대표에게 가장 큰 감사의 인사를 남기는 바이다. 그가 없었다면 이 책은 존재할 수 없었을 것이다. 그와 함께 원고의 방향성을 고민하고, 한국 사회의 현재와 미래에 대해 생각을 나누면서 책을 준비한 기간은 내 삶에서 매우 행복했던 시간이었다. 작업이 다소간 오래 걸렸던지라 그 부분은 편집자의 입장에서 상당한 인고의 시간이었을 것이다. 그 시간을 기다려준 박성열 대표는 훌륭한 편집자 그 이상의 존재라고 생각한다.

본격적으로 이 책을 작업하면서 타인의 지성이 필요한 순간도 많았다. 그때마다 거절하지 않고 도움을 준 분들이 있었기에 오늘날 한국 사회의 모순을 조금이나마 파헤쳐 보려 했던 이 책이 존재할 수 있었다. 그들의 지성이 모자이크처럼 모여 내 논리의 흐름이 더욱 매끄러워질 수 있었다는 점에서 그분들에게 깊은 고마움의 뜻을 표하고자 한다.

먼저 기쁜 마음으로 이 책의 추천사를 써준, 청년 노동자이자 훌륭한 르포 『쇳밥일지』의 저자인 천현우에게 큰 감사의 뜻을 전한다. 그가 가진 지방에서의 경험 및 블루컬러 노동자로서의 경험은 서울에서 중산층으로만 살아왔던 필자의 사고체계에 균형감을 불어넣어 주는 한편, 수도권 집중의 심각성과 이로 인해 발생한 서울-지방 간 격차의 심연을 좀 더 정확하게 파악할 수 있게 해주었다. 만약 천현우와의 만남이 없었다면, 전형적인 서울 중산층 시각에서 벗어나려 노력한 이 텍스트는 탄생할 수 없었을 것이다.

『미디어 시민의 탄생』 및 『뉴라이트 사용후기』로 우리 사회에 신선한 충격을 던진 한윤형과의 대화 역시 책 내용에 많은 영감을 주었다. 데이터를 눈앞에 두고도 아이디어가 제대로 떠오르지 않아 몇 시간을 멍하게 있을 때면, 그때마다 논리의 활로를 제공해 준 사람은 늘 한윤형이었다. 특히 그 역시 이 책이 집필되고 있을 당시 그의 삶에서 가장 중요한 원고가 될 작업을 진행하고 있어서 같은 작업을 하는 사람끼리 형성되는 유대감도 처음 책을 쓰는 내게 많은 도움이 되었다. 한윤형의 다음 작업물을 크게 기대하는 바이다.

『추월의 시대』의 공저자이자 한국 공동체의 운영 체계를 개선하는 것에 많은 관심을 갖고 있는 하헌기에게도 감사의 뜻을 전한다. 아이디어를 한윤형이 제공했다면, 하헌기는 이 사회 시스템에 대한 그만의 날카로운 통찰력을 활용하여 『자살하는 대한민국』의 각 장 내용을 뒷받침하는 근거를 보강하는 데 많은 도움을 주었다. 그도 본인의 작업물에서 한국사회의 미래를 치열하게 고민했던 만큼 그 지점에서 생각이 맞닿는 부분이 많았고, 이를 언제나 기꺼이 공유해 준 것이 큰 도움이 되었다.

『골목의 전쟁』으로 한국의 자영업 현실에 대해 알리고, 이어 『멀티팩터』로 성공에 대한 우리의 통념에 큰 균열을 일으킨 김영준과, 『아파트가 어때서』 및 『전지적 건설 엔지니어 시점』으로 건축물과 주거 환경에 대해 뛰어나고 참신한 시각을 보여준 양동신과의 친분과 교류 역시 이 책의 논의를 정돈하는 과정에서 많은 도움이 되었다. 직접적인 교류뿐만 아니라 그들의 작업물을 읽으며 떠올렸던 생각들이 이 책의 뼈대를 구성하는 데 많은 역할을 했으며, 그들의 생각은 책의 메시지를 정립하는 데 중요한 기여를 해주었다. 두 차례의 대담을 통해 많은 지적 아이디어를 얻을 수 있는 계기를 마련해주었던 유시민 작가님, 그 귀중한 기회를 제공한 도서출판 돌베개의 고운성 차장님에게도 이 자리를 빌려 감사의 인사를 전한다.

우리나라가 왜 민원의 왕국이 되었는지, 왜 사람들이 이기적으로 변하였는지에 대한 이야기는 친구이자 변호사인 박현익과의 대화에서 다양한 시사점들을 도출할 수 있었다. 또 필수의료의 붕괴와 이로 인한 여러 문제점의 발생에 관해서는 응급의학과 의사와 한의사로 각각 우리 사회에서 역할을 다하고 있는 김동근, 박홍찬의 도움이 있었다. 그들에게도 고마움을 전한다.

더불어 천현우 외에도 기꺼이 책의 추천사를 작성해 주신 분들이 계신다. 정혜승 전 청와대 디지털소통센터장님, 《한국경제신문》의 이상은 기자님께 진심으로 감사의 마음을 전하고 싶다. 또 추천사와 함께 학자의 관점에서 원고에 관한 날카로운 비평을 제시해 주셨던 서울대학교 경영대학의 이관휘 교수님께도 고개 숙여 감사의 말씀을 드리는 바이다.

마지막으로 이 책을 쓰는 동안 언제나 곁에서 응원해주고, 차트와 표로 작성된 근거 자료의 기초 데이터를 스프레드시트로 정리하는 작업을 맡아준 사랑하는 나의 아내에게도 깊은 감사를 표한다.

자살하는 대한민국

우리가 선택한 파국과 소멸의 사회경제학

발행일 2024년 4월 30일 초판 1쇄
2024년 7월 19일 초판 3쇄

지은이 김현성
편집 박성열, 이옥란
디자인 박은정
인쇄 민언프린텍
제본 라정문화사

발행인 박성열
발행처 도서출판 사이드웨이
출판등록 2017년 4월 4일 제406-2017-000041호
주소 서울시 영등포구 당산동3가 522-2, 304호
전화 031)935-4027 팩스 031)935-4028
이메일 sideway.books@gmail.com

ISBN 979-11-91998-29-0 03300